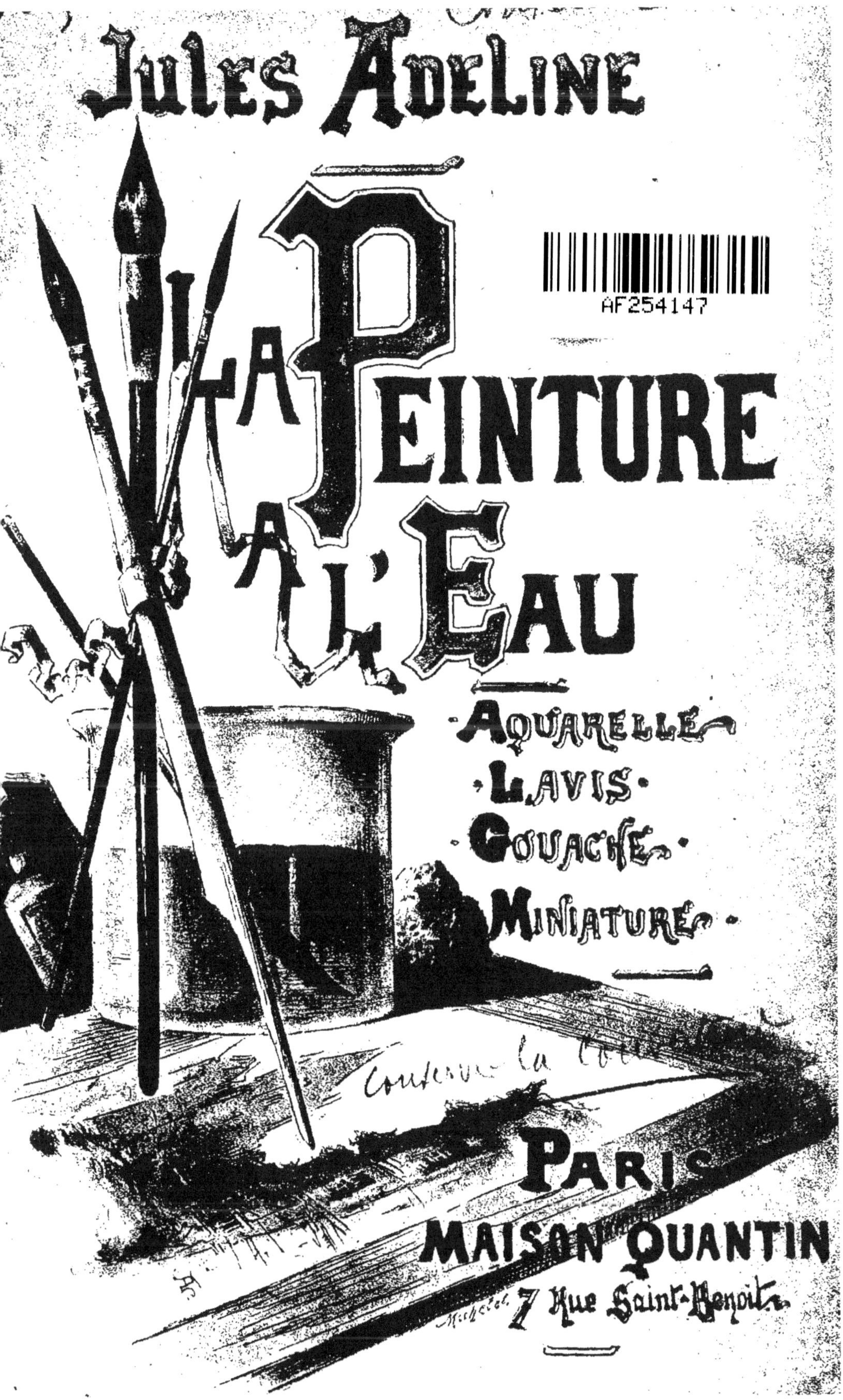

Jules Adeline
LA PEINTURE A L'EAU
AQUARELLE
LAVIS
GOUACHE
MINIATURE
PARIS
MAISON QUANTIN
7 Rue Saint-Benoit
AF254147

LA

Peinture à l'Eau

OUVRAGES, TEXTE ET DESSINS DU MÊME AUTEUR

Lexique des termes d'art (Bibl. de l'enseignement des Beaux-Arts), avec 1,437 fig. In-4° anglais. Paris, A. Quantin, 1885. — 3 fr. 50

Hippolyte Bellangé et son Œuvre. In-8° avec 35 vignettes et eaux-fortes. Paris, A. Quantin. 1880. — 20 fr.

L.-H. Brevière et son Œuvre. In-8° avec 5 vignettes et eaux-fortes. Rouen, 1876. — Épuisé.

Les Illustrateurs des vieilles villes. In-8° avec eau-forte. Rouen, 1881. — Épuisé.

Le Musée d'antiquités et le Musée céramique de Rouen. In-4° avec 35 eaux-fortes. Rouen, 1884. — Épuisé.

Les Sculptures grotesques et symboliques. Préface de Champfleury. In-8° avec 100 vignettes et 2 eaux-fortes. Rouen, 1879. — 15 fr.

Rouen disparu et Rouen qui s'en va. 2 vol. in-4° avec 40 eaux-fortes. Rouen, 1876. — Épuisé.

Rouen en 1655. Fac-similé du plan de Gomboust. 6 eaux-fortes, in-folio. Rouen, 1873-1875. — 100 fr.

Les Quais de Rouen autrefois et aujourd'hui. In-folio avec 50 eaux-fortes. Rouen, 1880. — 100 fr.

Fête historique de 1880. (Entrée à Rouen de Henri II en 1550.) In-4° avec 22 eaux-fortes. Rouen, 1880. — 20 fr.

Raretés et Facéties normandes. 4 vol. in-8° avec 35 eaux-fortes. Rouen, 1877-1881. — Épuisé.

Promenades et Excursions en Normandie. 7 broch. avec vignettes. Rouen, 1873-1880. — Épuisé.

JULES ADELINE

LA Peinture à l'Eau

AQUARELLE

LAVIS — GOUACHE

MINIATURE

Ouvrage illustré de 145 Figures dans le texte
ET DE 5 PLANCHES EN COULEUR

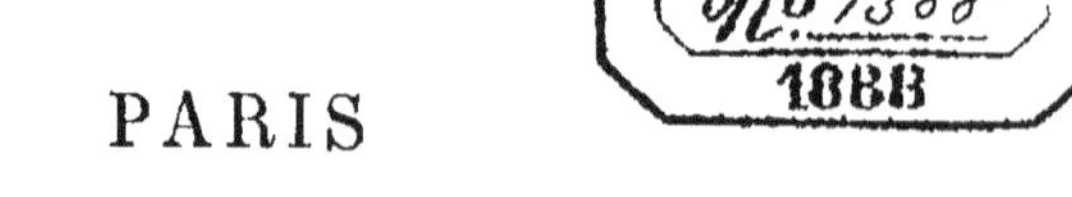

PARIS

MAISON QUANTIN

COMPAGNIE GÉNÉRALE D'IMPRESSION ET D'ÉDITION

7, RUE SAINT-BENOIT

AVANT-PROPOS

Sur la peinture à l'eau comme sur beaucoup d'autres points, d'ailleurs, critiques d'art et écrivains n'ont jamais été bien d'accord.

Suivant les uns, l'aquarelle n'a que des ressources très bornées, et elle ne vit que de subterfuges et de compromis.

Suivant d'autres, au contraire, elle permet d'exécuter certains travaux impossibles avec les autres procédés.

Suivant d'autres enfin, l'aquarelle est un art autonome, qui a des règles propres et qui vit sur des ressources à lui particulières.

Ne semblerait-il pas résulter de ces appréciations diverses que les avantages de la peinture à l'eau sont indiscutables,... mais que pour les bien apprécier il faut être éclectique ?

Eh ! sans doute, il n'est pas bon d'appliquer le procédé de la peinture à l'eau à tout ce que l'on veut reproduire. Tel sujet sera beaucoup mieux traité à l'huile qu'à l'aquarelle, cela est évident ; mais ce qui est vrai pour l'aquarelle l'est également pour le pastel, le fusain et pour tous les différents procédés d'exécution usités dans les arts du dessin.

Longtemps l'aquarelle fut regardée comme un art d'agrément, et l'on sait quel mépris il y avait jadis dans cette qualification dédaigneuse. Art d'agrément, cela voulait dire art inutile, passe-temps sans importance, auquel un *amateur* seul, autre injure déguisée, pouvait se livrer, mais procédé auquel jamais un véritable artiste ne consentirait à avoir recours.

Les temps sont bien changés. A la dernière exposition des aquarellistes, un compte rendu ne commençait-il pas ainsi :

« L'aquarelle est un genre à part, qui a ses sujets préférés, ses moyens d'expression et son charme. J'entends, écrivait M. Paul Desjardins, l'aquarelle fraîche et sincère, sur un papier à gros grains, avec un pinceau hardi et point de retouches. Tout ce qui échappe par sa fluidité ou son inconstance aux efforts consciencieux de la palette et de l'huile est du domaine de cette fugitive aquarelle : transparence de l'eau, rayon oblique du soleil, silhouette mobile des nuages, vite il faut saisir cette nuance qui déjà s'évanouit, cet orangé du couchant, ce violet du crépuscule ; ce n'est qu'une note prise, un souvenir du regard ; *mais si c'est juste, aucun tableau n'en pourra faire oublier la fraîcheur.* »

Pourquoi faut-il qu'un éloge si juste soit gâté, selon nous, par le second alinéa de ce même article :

« Quant à ces miniaturistes, à ces gouacheurs myopes et appliqués, j'ai beaucoup de peine à les proclamer artistes, » s'écrie avec indignation le même critique.

« Vous entendez bien le contraste de ces deux écoles? continue-t-il : ici, J. Jacquemart, les grands partis d'ombre et de lumière, les chocs de couleur d'une témérité inouïe, qui, de près, n'offrent plus qu'un bariolage, une route aveuglante de soleil, trois arbres, un mur blanc, la mer. Là, Louis Leloir, des retouches infinies à la loupe, des fondus patients, de petites têtes de poupées grosses comme un pain à cacheter, lisses, ratissées, hachurées, ombrées à la terre de Sienne et au carmin, des accessoires prodigieux de rendu, un Meissonier à l'eau, un Van Ostade pour boîtes de dragées.

« Voilà, représentées par deux hommes de grand talent, morts tous deux, les deux aquarelles rivales : le petit tableau et l'esquisse, l'artificiel et la nature. »

Ah! c'est que tant qu'il est question d'aquarelle *pure*, on peut encore s'entendre, mais dès qu'aux couleurs *transparentes* on ajoute des couleurs *opaques*,... tout est perdu.

« Les reliefs gouachés ne donnent que de la dureté. Le coloris

devient alors faux et conventionnel, » a dit M. de Calonne, et Delé-
cluze a ajouté : « Pendant longtemps, si on se permettait d'ajouter des couleurs gommées, et par suite plus vives, on était traité
comme un homme qui triche au jeu. »

N'avons-nous pas lu quelque part que certains amateurs
d'aquarelle, certains amateurs de goût, s'assuraient, avant de
faire une acquisition, que le dessin ne contenait pas de gouache, et pour cela le regardaient par transparence? Malheur au pau-
vre dessin dont les parties lumineuses étaient opaques! Il n'était
pas *digne* d'entrer dans la collection d'un véritable amateur! Con-
naissait-il ce détail, celui qui, à la première Exposition des arts
incohérents, raillait si drôlatiquement cette manie, — l'aquarelle
pure seule admissible, toute teinte de gouache devant être proscrite, — lorsqu'il exposait un vaste panneau sur lequel avaient été
exécutés un ciel et un terrain à l'aide de couleurs à l'eau transparentes ; mais sur cet horizon irréprochable, on avait collé de petits
moulins en bois? Ces petits jouets d'enfant aux ailes d'un rouge
vif et dont les ficelles pendaient encore semblaient inviter les
visiteurs à les mettre en mouvement pour animer le paysage. Et,
fièrement, l'exposant avait écrit sous son œuvre : « Aquarelle
avec moulins *en relief*, MAIS SANS GOUACHE ! »

Gavarni, lui aussi, a plaisamment raconté que lorsqu'il exécutait d'après nature ses premières aquarelles, il était de l'école
qui réservait les blancs, mais qu'une jeune Anglaise travaillant
près de lui était bien plus forte encore,... car elle réservait les
marges !

Aujourd'hui on est plus indulgent. On admet, — tout le monde
encore n'est pas de cet avis pourtant, — qu'une aquarelle peut
fort bien être gouachée. Sans doute, l'introduction de la gouache
n'est pas sans inconvénient, mais elle offre aussi certains
avantages, et on admet très bien maintenant que les couleurs
transparentes et les couleurs opaques se prêtent un mutuel
appui.

Voilà donc pour les procédés. Quant aux genres à traiter, il
y a aussi diverses opinions.

Les uns n'admettent que l'aquarelle de premier jet, les autres
n'admettent que l'aquarelle extrêmement travaillée.

Quant aux dimensions, pour les uns, il ne faut jamais faire grand ; pour les autres, on peut aborder les pages les plus vastes sans aucune crainte : c'est uniquement une question d'habileté et d'audace.

Pour les premiers, l'aquarelle est un art tout intime ; pour les seconds, l'aquarelle permet de tout entreprendre ; ce n'est qu'une question de talent.

Ne sait-on pas que, depuis longtemps déjà, Meissonier travaille à une aquarelle de plus d'un mètre cinquante de haut, et que, de l'aveu de tous les critiques, cette vaste page aura toutes les qualités d'un tableau ?

Pour se faire, d'ailleurs, une idée des différentes façons dont on peut comprendre la peinture à l'eau, et indépendamment des expositions annuelles, ne trouve-t-on pas dans nos musées des spécimens fort nombreux d'aquarelles, de lavis, de gouaches et de miniatures ?

Une simple visite au Louvre ou au Luxembourg a souvent aidé une vocation à se révéler. Là, en effet, on peut juger et comparer des œuvres qui, exécutées avec des partis pris différents, doivent précisément pour cela être étudiées avec soin.

Pour les dessins rehaussés de lavis, — pour ces ancêtres de l'aquarelle, — quels plus beaux modèles à regarder que ces lions de Rembrandt, dont le trait de plume simple et énergique à la fois limite des teintes de sépia posées avec franchise ! Dans un autre ordre d'idées, les marines de Van de Velde, avec leurs ciels limpides et leurs eaux miroitantes, ne montrent-elles pas quel parti on peut tirer de ces teintes aqueuses, si transparentes et si délicates ?

Voilà pour les anciens procédés deux spécimens qui sont deux chefs-d'œuvre, et, à côté de ceux-là, il y a des centaines de dessins qui, eux non plus, ne sont pas à dédaigner pourtant, et ces modestes feuilles de papier à peine teintées valent bien de médiocres tableaux et des toiles encombrantes, comme il ne s'en présente que trop, hélas ! chaque année, aux expositions annuelles.

Les sépias de Charlet, si elles rappellent un peu trop les aquateintes de Jazet et de Sixdeniers, semblent un intermédiaire tout naturel entre le dessin rehaussé et l'aquarelle traitée en lavis monochrome. Là, les tons superposés sont plus nombreux, le modelé s'accentue plus énergiquement et des blancs lumineux sont rattrapés au grattoir. Mais Charlet n'a pas exécuté que de semblables lavis, et plusieurs amateurs possèdent des aquarelles de lui qui sont d'une charmante exécution et d'une fort jolie couleur.

Granet, lui aussi, dans des intérieurs qui eurent leur heure de célébrité, usait de teintes aqueuses. Decamps, au contraire, et Delacroix maniant l'aquarelle avec une maestria extraordinaire, arrivaient à l'aide de touches à pinceau sec, à l'aide de grattages et de gouachage, à donner à leurs petits dessins une puissance de coloration véritablement extraordinaire. Puis vint Bonington; c'est chez cet artiste doué d'une incomparable virtuosité qu'il faut étudier les ciels étincelants posés à plein pinceau, les esquisses indiquées d'un trait de bistre léger, et ces touches de gouache posées audacieusement, et ces coups de grattoir hardiment lancés. Là, l'aquarelle atteint son maximum d'intensité, grâce à une exécution aussi simple que savante.

Pour ce genre de peinture à l'eau qui tient le milieu entre l'aquarelle et la miniature, quel plus beau spécimen à étudier que les grands dessins de J.-B. Isabey, dont le lavis à teinte plate est soutenu d'un travail de pointillé et de grené d'une singulière habileté !

Quant au lavis artistique, quant à ces aquarelles reproduisant, avec une pureté de dessin remarquable, les chefs-d'œuvre de l'art, et interprétant le coloris déjà altéré des vieilles peintures à l'aide d'habiles mélanges de couleurs à l'eau soutenus par des travaux de crayon, une visite aux salles du musée Thiers fait voir quel parti on peut tirer de ces traductions qui ne sont pas encore estimées à leur juste valeur.

Si maintenant on quitte le Louvre, en se promettant bien toutefois d'y revenir pour de nouvelles visites et de longues stations devant les œuvres préférées, au Luxembourg aussi on trouvera nombre d'œuvres intéressantes et dignes d'être étudiées.

Comme spécimens des plus remarquables des aquarelles à figures nombreuses enlevées avec une incomparable habileté, n'a-t-on pas, dans la *Fête aux Tuileries* de H. Baron et dans *le Souper dans la salle de spectacle de Versailles* d'Eugène Lami, deux merveilles! Coloris chaud et énergique, délicates figures de femmes aux costumes chatoyants, uniformes chamarrés de broderies, petits personnages microscopiques campés avec désinvolture, touches franchement posées, tout est à étudier et à admirer dans ces deux pages.

Veut-on encore plus d'énergie et d'audace, plus de virtuosité, *la Madrilène* et *le Paysan de la Manche* d'Henri Regnault, sont le dernier mot de l'habileté de facture.

Pour quiconque a tenu un pinceau, si peu de temps que ce soit, il y a dans ces deux aquarelles des détails d'une hardiesse d'exécution admirable. A regarder seulement pendant quelques instants ces audacieuses touches posées à plein pinceau, ces frottis qui n'ont fait qu'effleurer le grain du papier, on verra quel parti on peut tirer des heureux hasards d'une touche habilement conservée ou modifiée suivant les nécessités de l'effet voulu.

A côté de cette aquarelle primesautière et enlevée, veut-on placer l'aquarelle travaillée et modelée avec un soin extrême? L'*Ariane abandonnée* de F. Ehrmann est un modèle du genre.

Veut-on, au contraire, n'étudier que les vues de ville? Quel plus limpide dessin pourrait-on proposer pour modèle que *la Rue Saint-Jean à Chaumont* de H. Guiot. Là, les teintes aqueuses ne semblent plus qu'un léger lavis voilant à peine une esquisse très précise et dont tous les détails sont accusés, et l'aquarelle gagne à cette facture « blonde » et transparente une tranquillité d'aspect qui n'est pas sans charme.

Est-ce le paysage ou la marine que l'on se propose d'étudier? Il y a des œuvres de genre tout différent qui toutes demandent à être regardées attentivement et qui toutes peuvent être proposées pour modèle.

Isabey, dans la *Rade de Saint-Malo*, nous montre une mer écumante d'une intensité de ton admirable, déferlant sur un rocher qui apparaît sombre et noir au milieu des flots d'écume.

Français, avec ses *Vues de Tivoli et du lac de Nemi*, nous présente deux aquarelles touchées d'un pinceau délicat et fin, un peu méticuleux peut-être, mais avec une science incomparable.

Puis, à côté de ces œuvres d'un extrême fini, comme con-

traste, il faut étudier et admirer comme des œuvres d'une remarquable habileté *la Place du Carrousel* et *la Vue de Paris* de J. Jacquemart. Là, ce ne sont plus que des indications si l'on veut,
mais ces indications sont tellement précises qu'elles donnent
une sensation exacte de la nature. Pour le ballon captif, le modelé de cette grosse boule d'un ton gris bleuâtre est obtenu avec
une teinte d'une exquise transparence, et sur cette cour enso-
leillée et vaste, de petites taches noires simulent avec une exactitude admirable et malgré leur apparente négligence la foule où
des groupes de promeneurs isolés se détachant en vigueur sur un
sol aveuglant de lumière. A côté, dans la *Vue de Paris prise des
fenêtres du Carrousel*, l'artiste a fixé sur le papier ce coin merveilleux que domine la masse du Panthéon. Tout le lointain se
perd dans une brume qui noie les détails; malgré cela, on devine
plutôt qu'on ne voit cette superposition de toits, ces milliers de
cheminées qui hérissent les hautes constructions. D'un côté, les
vieilles maisons formant l'angle de la place Dauphine et du pont
sont indiquées en quelques touches, mais avec une réalité d'aspect dont n'approcherait pas la photographie la plus nette. Les
tendelets projetant de l'ombre sur les trottoirs, toute l'animation
d'une foule invisible semblent rendus même par des touches
posées çà et là avec une merveilleuse justesse. Puis au centre
de l'aquarelle est un bouquet d'arbres aux puissantes tonalités
qui donne le maximum d'effet, et sur le bord du dessin les ba-
teaux-mouches et les hirondelles indiqués d'un trait précis qui
a disparu en partie sous des teintes rapidement appliquées, semblent, par leurs contours effacés, donner presque la sensation
du mouvement.

A côté de cette aquarelle vivement enlevée, il faut placer
l'étonnante gouache de Detaille : *l'Inauguration de l'Opéra*. Voilà,
certes, deux œuvres qui se ressemblent aussi peu que possible au
point de vue de la facture, et cependant toutes deux sont des
chefs-d'œuvre. On voit qu'en art l'éclectisme a du bon.

Le dessin de Detaille, — il a été reproduit en fac-similé avec
une merveilleuse exactitude, — est une sorte de lavis à l'encre de
Chine, avec de nombreuses touches de gouache, variant du blanc
jaunâtre au blanc le plus pur. Les habits noirs forment des taches

d'une justesse de ton irréprochable, mais, de plus, toutes les figures sont d'une précision de dessin extraordinaire. On reconnaît l'élève de Meissonier dans ces petites touches si franchement posées, et dans leurs proportions microscopiques tous ces petits personnages sont d'une vérité d'attitude admirable. Ce dessin presque monochrome si précis n'est pourtant pas une miniature ; à quelques pas de là se trouve le portrait de Mme Parmentier par elle-même, qui prouve quelle différence il existe entre le fini extrême de la miniature et le fini d'un dessin ; et cependant cette miniature elle-même n'est pas touchée avec la mièvrerie de touche, avec les procédés de pointillé rigoureux dont certains artistes abusaient. Cette miniature moderne est un modèle de la franchise et de la liberté d'exécution permises dans un genre dont les petites dimensions exigent un certain fini.

A côté de ces œuvres aujourd'hui placées dans une collection nationale et toujours visibles, que de belles choses à étudier encore aux salons et aux expositions.

L'habitué de l'exposition annuelle des aquarellistes y peut étudier à loisir les procédés et la facture habituelle de plusieurs artistes dont quelques-uns sont des maîtres.

L'aquarelle et la gouache mélangées heureusement permettent à ces gens habiles entre tous de produire des œuvres d'un charme indiscutable.

Les paysages d'Heilbuth avec leurs masses d'arbres se reflétant dans l'eau et servant de fond à de délicieuses figures de femmes d'une exquise modernité, les brillants cavaliers de Brown, les fleurs étincelantes de Mlle Lemaire, les cardinaux aux vêtements somptueux de Vibert, les paysages si limpides de Mme de Rothschild, les chats si spirituels de Lambert, et cent autres aquarelles de tous ces membres titulaires de la Société des aquarellistes français, sont à voir et à admirer, et, pour celui qui voudra se livrer à la peinture à l'eau, à étudier avec grand soin.

A côté de ces œuvres d'art, n'y a-t-il pas place encore pour l'amateur à quelque agréable passe-temps, à quelque travail dans lequel le goût peut aussi s'affirmer et qui demande même une certaine habileté de main ?

Il est toujours agréable de revoir des croquis de voyage; on se reporte par la pensée aux jours heureux où on a contemplé ou le monument ou le petit coin d'horizon dont on a cherché à conserver le souvenir. Quelques traits hardiment jetés, quelques teintes indiquant bien les plans, et ce document relevé sur nature peut servir plus tard dans l'atelier de point de départ à une œuvre plus importante.

Tout cela dépend, il est vrai, des aptitudes et de la vocation; mais quant à ceux qui trouvent le sujet, — ce que l'on appelle l'art pur, — trop au-dessus de leurs forces, il reste encore l'art appliqué, c'est-à-dire la décoration de quelque objet d'une utilité plus ou moins incontestable. Jeter une guirlande de fleurs sur la feuille de soie d'un éventail, combiner des sujets sur les panneaux d'un paravent et le faire heureusement, n'est certes pas encore à la portée du premier venu. Dans l'agréable disposition de quelques brindilles de feuillage, on peut déployer tout autant de goût que dans la composition d'un paysage ou d'une scène d'intérieur avec figures.

Les Japonais, qu'il faut toujours citer quand on prononce le mot décoratif, ont fait des merveilles dans ce genre, et chez eux la feuille d'un simple écran est traitée avec autant de soin que le plus riche kakémono.

Mille et un objets de nos jours se prêtent à ces décorations fantaisistes quelque peu inspirées de l'art japonais.

Enfin, pour ceux plus patients encore et aussi un tant soit peu bibliophiles, n'y a-t-il pas dans la miniature des manuscrits une occasion de déployer un certain goût d'arrangement et de coloration?

Aussi, pour répondre à ces divers besoins, pour permettre à chacun de trouver rapidement et suivant ses aptitudes des renseignements sur les différents procédés de la peinture à l'eau, nous avons divisé cet ouvrage en cinq parties.

La première partie, concernant *l'Aquarelle*, comporte elle-même deux subdivisions, la première traitant de *l'Outillage*, la seconde des *Procédés d'exécution*.

Pour élucider autant que possible nos définitions ou nos descriptions, nous avons semé notre volume de petits croquis.

Tantôt ce sont des figures purement géométriques destinées à bien préciser les indications que donnent le texte, tantôt ce sont de petites figures pittoresques. Quant aux procédés d'exécution, les planches en couleur tirées hors texte sont accompagnées de légendes spéciales qui complètent les renseignements donnés dans les divers chapitres.

Disons de suite, cependant, que le premier surtout de ces deux chapitres devra être consulté même par ceux qui n'auraient en vue que de chercher des renseignements sur le lavis ou la peinture à la gouache. Bien que chacune des quatre autres parties : *Lavis, Gouache, Miniature en portraits* et *Miniature en manuscrits,* réunisse sous un même titre : *l'Outillage et les Procédés d'exécution,* et par suite contienne tous les renseignements spéciaux relatifs à l'outillage, il sera bon néanmoins de parcourir rapidement quelques alinéas des premiers chapitres de l'*Aquarelle* pour se rendre mieux compte de certains détails.

Le *Lavis* comporte, lui aussi, un certain nombre de procédés différents. Suivant que l'on voudra exécuter un lavis d'architecture ou des dessins pour la reproduction, on trouvera à des alinéas spéciaux des renseignements précis à ce sujet. De même que l'on trouvera dans un autre chapitre des indications sommaires sur le tracé des ombres, tracé qui joue un grand rôle dans l'effet des dessins au lavis et avec lequel il sera bon de se rendre familier, sauf à rechercher dans des ouvrages techniques la façon de tracer ces véritables épures géométriques que nous ne pouvions que signaler ici.

Quant à la *Peinture à la gouache,* quant à la peinture à l'aide de couleurs à l'eau opaques, les détails les plus complets ont pris place, soit dans le chapitre traitant de la *Miniature en portraits,* soit dans le chapitre traitant de la *Miniature en manuscrits,* par lequel nous avons terminé notre volume, voulant donner quelques détails sur un genre de peinture à l'eau qui permet d'exécuter de curieux exemplaires uniques.

Mais pour bien faire saisir d'un seul coup d'œil la différence qui existe entre les procédés de la peinture à l'eau à l'aide de couleurs transparentes et de la peinture à l'eau à l'aide de couleurs opaques, nous avons réuni sur une même planche un motif présenté dans les principales phases de l'exécution. L'ébauche à l'aquarelle réserve les lumières, l'ébauche à la gouache indique le ton local, sans nul souci des points lumineux qui seront rapportés après coup.

Dans l'aquarelle, c'est le blanc du papier qui fournit les lumières; dans la gouache, c'est à l'aide des couleurs au contraire que ces lumières sont obtenues.

Dans ce second cas, l'artiste, bien qu'employant des couleurs à l'eau, travaille comme s'il peignait à l'huile sur une toile ou sur un panneau, sans tenir nul compte du fond, et obtenant tous ces effets à l'aide de tons plus ou moins éclatants, la note lumineuse devant le plus souvent être superposée en dernier.

Malheureusement et bien que ce mode d'exécution soit fort séduisant, il ne faut pas perdre de vue que les ressources de la gouache sont bien inférieures à celles des couleurs à l'huile, aussi bien au point de vue de l'intensité des tons qu'au point de vue de la variété.

Il est donc utile de savoir combiner parfois les deux procédés, qui peuvent souvent se prêter un mutuel appui. Il est utile aussi de savoir quels sont les inconvénients des touches de gouaches trop nombreuses et quelles sont les couleurs qui doivent être employées de préférence à beaucoup d'autres. Enfin, il ne faut pas perdre de vue que certaines œuvres de petite dimension ou de peu d'importance demandent une exécution très rapide, quelquefois même très sommaire.

Savoir traiter avec une négligence parfois plus apparente que réelle certains croquis d'après nature, c'est souvent faire preuve d'un véritable sentiment artistique.

De plus, il faut ne jamais l'oublier, que l'on traite un sujet artistique ou un motif purement décoratif, en art il n'y a pas de genre inférieur, il n'y a que des œuvres inférieures.

Une belle aquarelle, — gouachée ou non, — vaudra toujours mieux qu'un mauvais tableau; une modeste miniature peinte par un homme de talent vaudra cent fois une fresque immense d'une exécution insuffisante.

Ce n'est pas déroger que travailler sur le papier avec des couleurs transparentes ou opaques, et il ne faut pas croire qu'en travaillant ainsi, on produit nécessairement des œuvres moins importantes au point de vue de l'art que si on couvrait une toile de vastes dimensions.

Un joli croquis à peine indiqué, lavé de quelques teintes discrètement posées, est cent fois préférable à un grand tableau fort mal dessiné et fort mal peint.

J. A.

LA
PEINTURE A L'EAU

I

AQUARELLE

I. — OUTILLAGE

I. — Papiers.

Les papiers sur lesquels on peut peindre à l'eau sont assez nombreux.

En général, ils doivent être fortement *collés*.

Cette règle n'est pourtant pas sans exception, car on peut aussi exécuter des aquarelles sur papier *non collé*; mais il faut pour cela : d'abord, traiter des sujets spéciaux, ensuite, une prestesse de main peu commune. Toutefois, lorsqu'on est suffisamment maître des procédés, on peut obtenir sur les papiers *non collés* des effets qu'il est impossible d'obtenir sur les papiers collés. Il y a pour cela des précautions à prendre, mais on peut surmonter ces difficultés assez aisément, et on peut obtenir des teintes d'une tonalité remarquable sur ces papiers, qui cependant ne doivent être employés que très exceptionnellement, répétons-le.

Les papiers collés que l'on emploie doivent être aussi parfaitement collés que possible et surtout fort également. On comprend facilement pourquoi cette dernière condition est de rigueur. Les papiers absorbent plus ou moins les teintes qu'on applique à leur surface; un papier collé absorbe peu, un papier non collé absorbe beaucoup.

Si la pâte du papier n'est pas absolument homogène, une même teinte sera alternativement foncée ou pâle, suivant que le papier absorbera peu ou point. Il y a dans la peinture à l'eau tant d'écueils à éviter qu'on ne saurait donc attacher trop d'importance au premier point de départ : travailler sur un papier aussi parfaitement homogène que possible.

II. — Papiers collés et papiers non collés.

Pour s'assurer qu'un papier boit ou ne boit pas, pour s'assurer qu'un papier est collé ou ne l'est pas, il y a d'ailleurs un moyen bien simple :

On humecte légèrement avec la langue l'angle d'une feuille de papier; si, en regardant par transparence, la partie humide n'est pas sensiblement plus translucide que la partie sèche, le papier ne boit pas, c'est un papier collé. Si, au contraire, la partie humide est d'une transparence tranchant franchement avec l'opacité du restant de la feuille, le papier boit, c'est une feuille de papier non collé.

Mais cette expérience sommaire ne sert qu'à distinguer le papier collé du papier non collé.

Pour distinguer le papier imparfaitement collé du papier collé d'une façon homogène, il faut avoir recours à une expérience beaucoup plus compliquée et qui ne peut être exécutée que dans l'atelier. Il suffit, en effet, de passer sur l'un des côtés de la feuille de papier une couche d'eau pure, soit à l'éponge, soit préférablement au pinceau, et avec une régularité aussi absolue que possible. En relevant de suite la feuille encore humide dans toute son étendue et en la regardant par transparence, on verra si la pâte du papier est homogène ou si elle ne l'est pas. Dans le premier cas, la feuille, devenue transparente sur toute sa surface, n'offrira que de rares parties un peu plus opaques. Dans le second cas, la même feuille de papier encore humide présentera, à côté de parties transparentes, des parties opaques qui indiqueront par place des surabondances, des amas de colle qui, plus longs à se détremper, ne se sont pas humidifiés aussi rapidement que les autres parties environnantes.

Est-ce à dire pour cela qu'une feuille de papier présentant un semblable aspect doive être rigoureusement proscrite? Non assurément. Toutefois, comme on sera prévenu par cette expérience, on ne devra pas se hâter de condamner les teintes, qui ne sécheront dès lors que fort irrégulièrement.

Avant de savoir exactement si une teinte est réussie

ou non, il faudra donc attendre une siccité parfaite et sur toute la surface ; il faudra ne point s'épouvanter de taches irrégulières semées de-ci de-là et dont l'intensité, comparée aux parties déjà sèches, serait bien faite pour effrayer. Lorsque la moindre trace d'humidité aura disparu, la teinte sera uniforme ; mais si la feuille de papier avait été régulièrement collée, elle eût toujours présenté cette uniformité ou tout au moins n'eût-elle offert que des taches fort peu nuancées.

III. — Encollage des papiers.

Disons, enfin, que dans, certains cas, lorsque le grain d'un papier convient pour un certain travail par exemple, — nous allons tout à l'heure parler en détail des différents grains du papier, — il est facile d'encoller soi-même les papiers qui ne paraissent pas suffisamment homogènes au point de vue du collage ou qui même sont absolument sans colle.

On fait dissoudre à chaud un mélange de savon blanc et de colle de Flandre dans un verre d'eau, on ajouté de l'alun en poudre et quelques gouttes d'alcool. Ce mélange peut être employé tiède ou à froid, et à l'aide d'une éponge on en imbibe la feuille de papier en la tamponnant aussi également que possible et des deux côtés. Lorsque la nature du papier le nécessite, on répète plusieurs fois cette opération, et si le papier a été bien également imprégné des deux côtés de cette solution, la feuille de papier doit, après siccité complète, se tendre d'elle-même.

IV. — Papiers lisses et papiers à grain fin.

Le grain du papier pour la peinture à l'eau est ce qu'est le grain de la toile pour la peinture à l'huile. Il serait aussi ridicule de vouloir peindre un paysage de plusieurs mètres de longueur sur une toile fine que de choisir une toile rugueuse à l'excès pour un tableau de chevalet. Il est impossible de poser de petites touches sur des surfaces irrégulières, et parfois au contraire ces mêmes surfaces irrégulières, si nuisibles dans le premier cas, sont d'un grand secours pour certaines parties qui demandent à être exécutées largement, et avec une sorte d'irrégularité voulue provenant du pinceau et du fond sur lequel on travaille.

Les papiers à grain se divisent en trois catégories :

Les papiers à grain fin, les papiers à grain ordinaire et les papiers à gros grain, que l'on appelle aussi gros grain torchon, ou par abréviation papier torchon.

Dans la série des papiers à grain fin, on peut faire rentrer les papiers lisses, offrant une surface aussi unie que possible. Les cartons Bristol légers, les papiers du Japon, sont les types les plus parfaits des papiers lisses.

V. — Cartons bristol.

Les cartons bristol sont de force et d'épaisseur variables. Un carton bristol trop faible offre l'inconvénient de se *gondoler* sous l'action des teintes, c'est-à-dire que, lorsque les teintes sont sèches, la feuille de bristol n'offre pas toujours une surface bien plane. Si le dessin n'a pas été tendu par l'un des moyens dont nous parlons plus loin, la feuille offre des dépressions qui nuisent à l'aspect du dessin, et ces dépressions ne font que s'accentuer avec le temps.

Tout le monde sait l'effet désastreux que produit au théâtre un rideau de fond mal posé. Si un pli vient maladroitement traverser un ciel d'azur et couper en deux la silhouette d'un édifice, toute illusion disparaît, et le plus beau décor du monde est d'un effet désagréable. On a là un exemple en grand du déplorable effet que produit en petit un dessin exécuté sur une feuille de papier mal tendue ou qui, sous l'influence de teintes aqueuses trop abondantes et trop nombreuses, se déforme au point de rendre incompréhensibles les grandes lignes du dessin. Le carton bristol est difficile à tendre ; de plus, il faut prendre certaines précautions pour passer des teintes à sa surface, — précautions sur lesquelles nous insisterons quand nous nous occuperons des teintes. — Voilà pour ses inconvénients. Quant à ses avantages, il offre une surface lisse et unie qui permet d'exécuter les travaux les plus fins et les plus délicats que l'on puisse souhaiter, et de plus il est ordinairement d'un blanc pur qui laisse toute leur valeur et toute leur intensité aux teintes d'aquarelle.

Les cartons bristol se trouvent dans le commerce dans toutes les dimensions, depuis le format *grand-aigle* (1^m,08 sur 0^m,75), jusqu'au format *raisin* (0^m,63 sur 0^m,48).

Les deux formats les plus usités sont le format raisin

et le format demi-grand-aigle, et ils sont désignés comme épaisseur sous les noms de *forces* n° 2, n° 3, n° 4, etc., etc.

Plus les numéros sont élevés, plus les feuilles de bristol sont épaisses; aussi les désigne-t-on ainsi parfois : raisin ou grand-aigle *en 4, en 5, en 6...,* etc., pour préciser encore davantage le nombre de feuilles qui, par leur collage et leur superposition, forment, après des satinages réitérés, le carton bristol.

VI. — Papier du Japon.

Le papier du Japon, papier très brillant et d'un beau reflet nacré, est presque indéchirable. Le papier fabriqué avec soin par les manufactures impériales du Japon, — le papier de provenance authentique, bien entendu, — est en général assez épais, assez fort. Il ne ressemble nullement aux feuillets d'albums japonais, qui offrent l'aspect d'une pelure mince et soyeuse. Le beau papier du Japon que l'on trouve aujourd'hui dans le commerce est presque aussi résistant que le beau parchemin et est d'un très beau ton jaune pâle. Le papier du Japon est peu difficile à tendre, mais il se déforme facilement sous l'influence de l'humidité. De plus, il est interdit de se servir de la gomme élastique quand on l'emploie. Le moindre trait de crayon, la plus légère esquisse ne peuvent être effacés sur ce papier. Par le frottement, on irrite l'épiderme du papier et on donne à cette feuille un aspect filandreux et cotonneux qui tranche par trop brusquement avec le poli et le satiné des autres portions de la même feuille, et qui, en outre, ne donne plus aux teintes le même aspect et les rend aussi irrégulières et pleines de taches qu'elles peuvent être uniformes sur les parties lisses. Mais, à côté de ces inconvénients, le papier du Japon offre plusieurs avantages. D'abord, il contribue à donner aux teintes employées une délicatesse de ton charmante. Telle teinte qui, appliquée sur un papier blanc ordinaire, paraîtra dure et sans charme, sera très moelleuse sur le papier du Japon. De plus, le ton jaunâtre du papier, formant une demi-teinte générale, permet d'appliquer des touches de gouache, et le blanc de la gouache, se détachant sur ce fond pâle, prend ainsi une délicatesse de ton que l'on chercherait vainement à obtenir avec d'autres papiers. Malgré cela, le papier du Japon n'est employé jusqu'à présent dans l'aquarelle que fort rarement, et cependant il est facile de se le procurer dans toutes les dimensions désirables. On fabrique des feuilles de $0^m,33$ sur $0^m,34$ jusqu'à $0^m,74$ sur $0^m,56$. Ces feuilles, vendues en gros par rames de cinq cents feuilles, sont de prix assez variables suivant le poids et par suite suivant l'épaisseur de chaque feuille; mais, en général, le prix du très beau papier du Japon est assez élevé, et très souvent il est fort difficile de se le procurer au détail.

VII. — Papiers mécaniques.

Parmi les papiers lisses, il faut placer au premier rang les papiers mécaniques fabriqués au rouleau.

En général, ces papiers, d'une fabrication très soignée

et très régulière, sont d'une blancheur éclatante ; la pâte
en est homogène, et, pour de grands travaux, ils doivent
être choisis de préférence à beaucoup d'autres.

Les papiers en rouleaux se trouvent en trois dimensions principales : 0^m,75 de haut, 1^m,35 et 1^m,50 de haut
sur une longueur de 10 mètres au moins. C'est surtout pour
le lavis, et pour le lavis d'architecture principalement, que
ces papiers sont utilisés. Toutefois, quelques grandes aquarelles ont été exécutées sur papiers mécaniques, de préférence à tous autres papiers, parce que cela a permis d'éviter les collages, d'un effet toujours fâcheux dans les dessins
artistiques.

La surface de ces papiers mécaniques, du carton bristol, du papier du Japon, du papier Canson, est absolument
lisse, ou tout au moins, pour quelques-uns parmi ces derniers, n'offre-t-elle qu'un grain très fin ; mais il existe des
papiers spéciaux très recherchés d'un certain nombre
d'artistes dont le grain est plus accusé.

VIII. — Papiers à grain ordinaire et à gros grain.

Ce sont d'abord les papiers dits à grain ordinaire,
dont la surface rappelle celle d'une peau de chagrin couverte d'une multitude de petites aspérités alternant avec
des creux irrégulièrement espacés. Ce grain permet aux
teintes de se déposer plus abondamment dans les cavités, et
ce dépôt se traduit comme effet par une opposition de points
foncés, — les cavités, — et de points plus pâles, — les
reliefs, — qui, même dans certains cas, restent absolument

blancs lorsque la teinte est passée rapidement. Ces alter-
nances de points blancs et de points foncés, produites par le
grain des papiers, rendent à l'œil la teinte plus légère, plus
transparente, et c'est pour cela que les papiers à grain
sont préférés par les aquarellistes, car dans l'aquarelle le
papier doit toujours *travailler*, c'est-à-dire qu'il faut que le
ton blanc du papier contribue à l'effet cherché.

IX. — Papiers anglais et Toiles.

Parmi les papiers à grain, les papiers anglais sont de
beaucoup préférables à tous les autres. On trouve des
Whatman de tous grains, depuis le grain ordinaire jusqu'au
gros grain, dit gros grain torchon. Ce grain offre l'aspect
d'une toile épaisse dont les rugosités nombreuses présentent
une vague ressemblance avec les fils croisés d'une étoffe
dont la trame serait irrégulière. Ce papier à gros grain
torchon accentue encore bien plus que le papier à grain
les différences d'intensité d'une même teinte, mais il ne
doit être employé que pour les aquarelles d'assez grande
dimension et pour les paysages, les sujets pittoresques,
et jamais pour les aquarelles dans lesquelles les figures,
— de petite dimension surtout, — jouent le principal rôle.
On comprend qu'il serait impossible de modeler de petits
morceaux sur une surface aussi rugueuse, tandis qu'au
contraire ces rugosités sont d'une grande ressource pour
certains effets pittoresques.

Les principaux formats du papier anglais pour l'aquarelle sont le Grand-Monde ($1^m,30$ sur $0^m,76$), dont une

qualité spéciale, l'Antiquarian (marque Griffon), est d'un prix fort élevé. Puis viennent le Double-Éléphant ($1^m,02$ sur $0^m,68$), l'Impérial ($0^m,76$ sur $0^m,53$) et le Royal ($0^m,61$ sur $0^m,48$).

A ces différentes sortes de Whatman, il faut encore ajouter les papiers Cartridge, Cattermole, Cresswick et Harding, qui se partagent avec le Whatman les faveurs des aquarellistes. Ces trois sortes de papier ne doivent être classées cependant qu'après le Whatman, mais on peut se les procurer de force et format différents et avec des grains spéciaux qui parfois conviennent bien à certains travaux; de plus, leur pâte légèrement teintée, — l'un d'eux mêmes, le papier Cattermole, est d'un ton jaune assez intense, — permet aussi d'obtenir certains effets qu'il serait impossible de réaliser sur des papiers d'un blanc absolu. Enfin certains aquarellistes emploient de préférence le papier Harding, à cause de l'excellent effet que produisent sur ce papier peu collé et absorbant les teintes et les touches de gouache, qui prennent ainsi une remarquable intensité.

Dans certains cas enfin, on exécute aussi des aquarelles sur toile. La toile a deux avantages : elle permet d'abord d'exécuter des aquarelles de très grande dimension, et elle permet de plus de conserver ces grandes aquarelles tendues sur châssis et sans verre. Mais elle offre un inconvénient : la toile dont on se sert est ordinairement assez fine et elle doit être préalablement encollée à l'aide d'une solution de gomme arabique et d'alun; mais, malgré cet encollage, les couleurs à l'aquarelle ordinaire, qui donnent sur le papier de très beaux tons, donnent toujours sur la toile des tons bien moins intenses. Les aquarelles sur toile offrent toujours une mollesse d'aspect bien difficile à éviter, surtout si on se borne aux procédés d'aquarelle pure. Si on emploie les couleurs opaques, la peinture à l'eau sur toile peut donner de meilleurs résultats; mais, dans le cas où on emploie les couleurs de gouache, on peut alors peindre aussi sur soie ou sur gaze, ainsi que nous le verrons plus loin.

X. — Blocs.

La première opération de l'aquarelliste, lorsqu'il a fait choix de son papier, est de fixer et de tendre cette feuille de façon qu'elle ne se déforme point sous l'influence des teintes aqueuses dont on va couvrir sa surface.

Lorsqu'on exécute des aquarelles dont le format ne dépasse pas le format in-octavo ou même celui de l'in-quarto, ou bien lorsqu'on travaille en plein air d'après nature, on a tout avantage à ne se servir que de *blocs*.

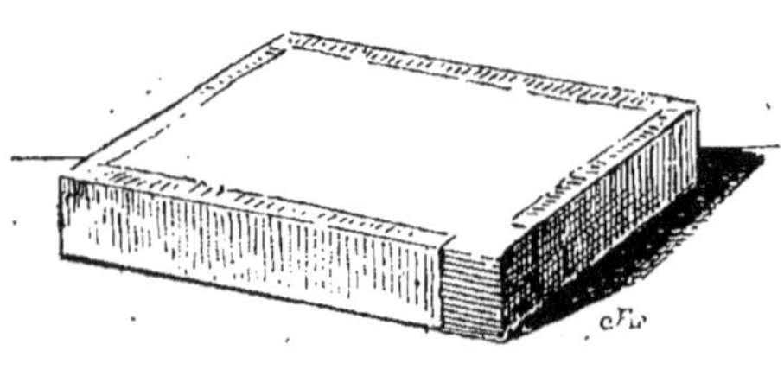

Fig. 1.

Les blocs (fig. 1) ou albums de papier de grains divers sont formés de feuilles rognées de même format, posées les unes sur les autres et maintenues par des bandes de papier verticales, fortement collées sur la tranche de ces feuilles superposées. Les bords de chaque feuille se trouvent ainsi suffisamment fixées pour résister aux mouvements d'ondulation que l'humidité communique au papier, et, le travail achevé, la feuille reste tendue comme elle était auparavant. On peut alors la détacher (fig. 2) en introduisant la pointe d'un couteau à papier entre la feuille utilisée et la suivante, et l'on continue ainsi à se servir du bloc jusqu'à complet épuisement.

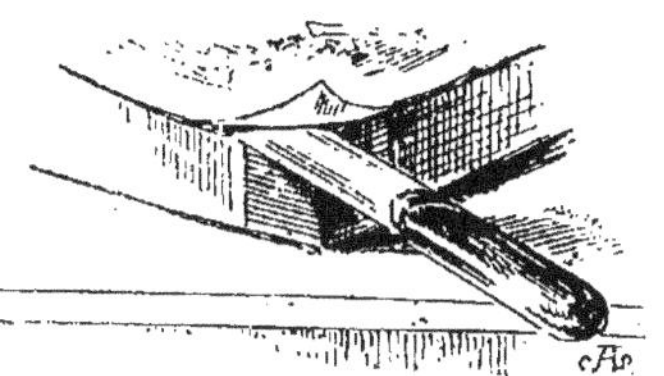

Fig. 2.

On fabrique dans le commerce des blocs de papier avec ou sans couverture : les premiers destinés au travail de l'atelier, les seconds (fig. 3) réservés pour les études au dehors ; quelques-uns de ces derniers sont munis de pochettes avec cadres isolateurs (fig. 4) formés de feuilles de

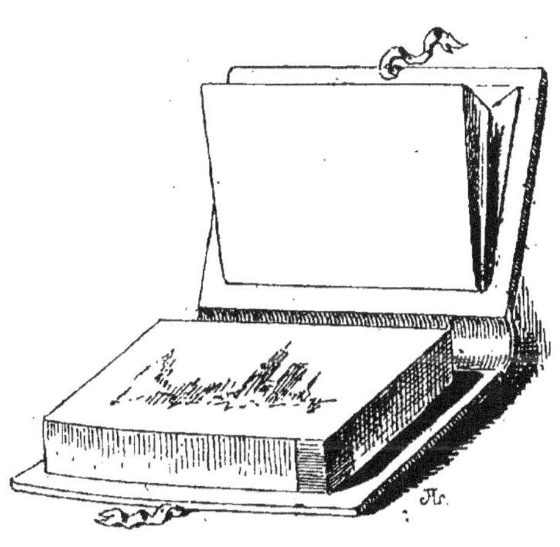

Fig. 3.

carton d'une certaine épaisseur, qui permettent de conserver à l'abri et sans frottement les études terminées et détachées du bloc.

Pour les travaux d'atelier, il est préférable et de beaucoup de tendre chaque

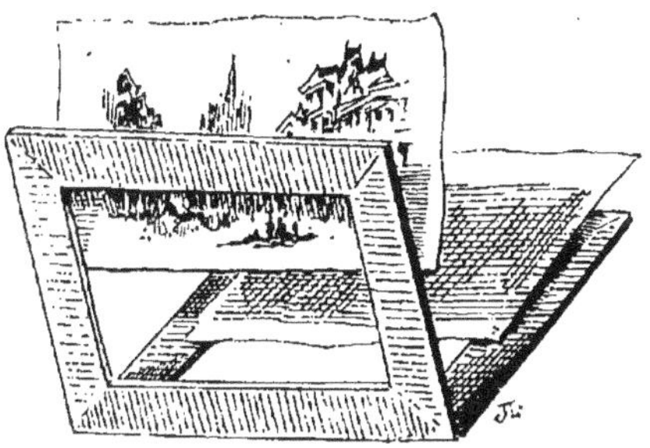

Fig. 4.

feuille de papier séparément, soit sur le stirator, soit sur la planchette, soit encore, comme le font certains artistes, sur une simple plaque métallique.

XI. — Stirators.

Le stirator (fig. 5) se compose d'un cadre en bois de

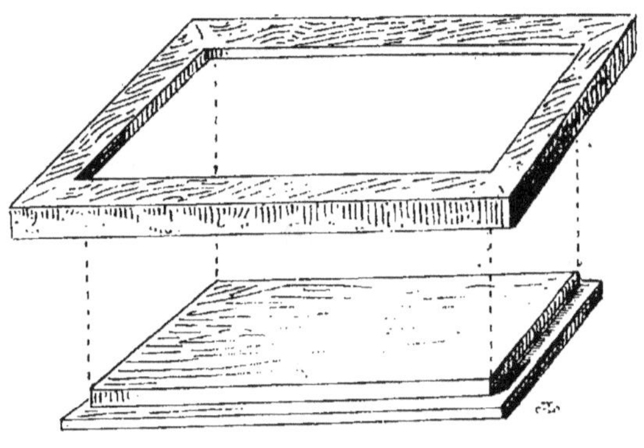

Fig. 5.

forme rectangulaire, offrant l'aspect d'un encadrement uni pourvu, du côté du vide, d'une feuillure à angle droit.

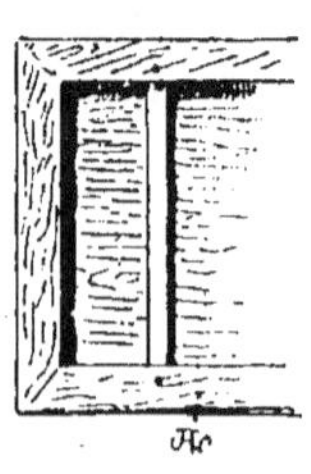

Fig. 6.

Dans cette feuillure vient s'adapter exactement une planchette dont les bords, ayant le même profil en sens inverse, permettent ainsi au cadre et à la planchette de se trouver rigoureusement sur le même plan. Cette planchette est maintenue dans cette position par deux traverses mobiles (fig. 6) qui, s'engageant dans des entailles découpées en quart de cercle, peuvent être aisément déplacées lorsqu'on veut la mettre en place ou la retirer.

Ce stirator est dit stirator à fond plein ; il y a aussi des stirators dont la planchette est percée d'une large ouverture tendue ordinairement d'une toile légère; les stirators à fond en châssis sont préférés par certains artistes comme présentant un fond plus élastique et permettant dans certains travaux d'humecter l'envers de la feuille de papier sur laquelle on travaille. Lorsqu'on emploie le stirator à fond plein, il faut avoir la précaution de placer sur la planchette une feuille de papier assez épaisse pour servir d'intermédiaire entre le bois et la feuille de papier sur

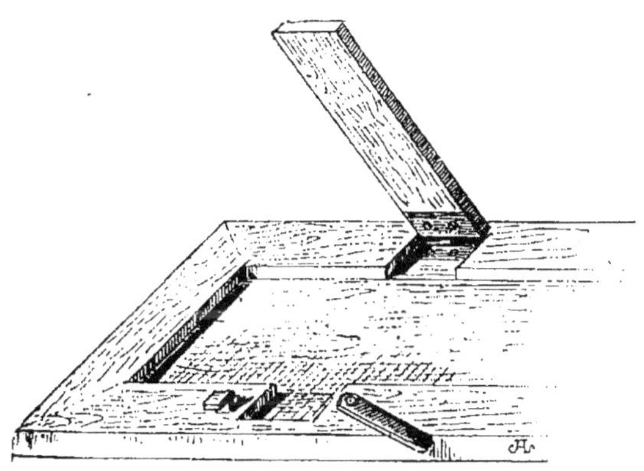

Fig. 7.

laquelle on travaille; sans cela, les traces d'humidité marbreraient l'envers de cette dernière feuille de taches fort désagréables.

On fabrique aussi des stirators à charnières (fig. 7), c'est-à-dire dans lesquels la planchette, au lieu d'être mobile, reste toujours fixée par un côté, et d'autres dans lesquels les tiges, au lieu d'être complètement mobiles, se relèvent comme les tringles d'un châssis à photographie. D'autres stirators se composent d'un cadre maintenu d'un

côté par des charnières fixées sur le fond, tandis que les
trois autres côtés de ce fond sont garnis de pointes fixes
qui servent à fixer le papier et qui s'engagent dans des
trous pratiqués dans les trois autres côtés du cadre.

Les stirators se trouvent, en général, dans le commerce
dans trois dimensions spéciales, format raisin (c'est-à-dire
mesurant 0^m,65 sur 0^m,50), format demi-raisin (0^m,36
sur 0^m,50), et quart raisin (0^m,25 sur 0^m,36).

XII. — Manière de tendre la feuille sur le stirator.

Pour tendre une feuille de papier sur le stirator, on
humecte fort également cette feuille des deux côtés avec

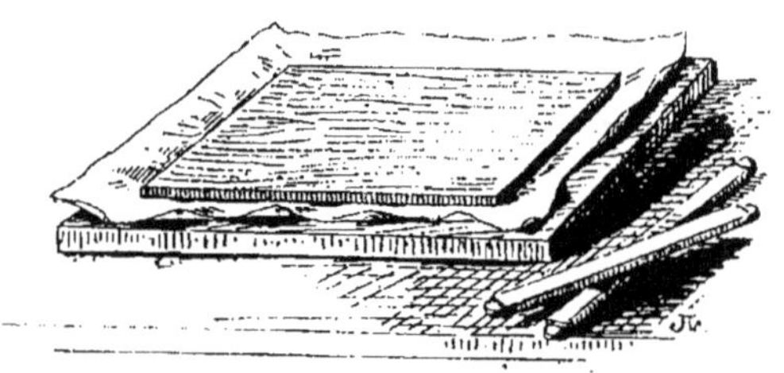

Fig. 8

une éponge très propre et imbibée d'eau parfaitement
pure, et on l'étend sur une table. Puis on retire la planchette ou le châssis tendu de toile de son cadre. On glisse
le cadre du stirator sous la feuille de papier humide. On
replace la planchette par-dessus le tout (fig. 8), en posant
les feuillures de la planchette à l'intérieur des feuillures
du cadre; de cette façon, les bords de la feuille de papier
(fig. 9) se trouvent pincés entre ces deux feuillures. On

emboîte exactement la planchette ou le châssis dans son cadre, et on le fixe à l'aide des deux tringles qui ont été préalablement retirées et qui, entrées à force dans leurs entailles, maintiennent énergiquement le tout. Il y a cependant une précaution à prendre pour ne pas déchirer les angles de la feuille de papier. La partie qui dépasse formerait de trop gros plis aux angles du stirator, et, au lieu de déchirer irrégulièrement le papier, il vaut mieux, à l'aide de quelques coups de ciseaux, découper un angle droit et ménager

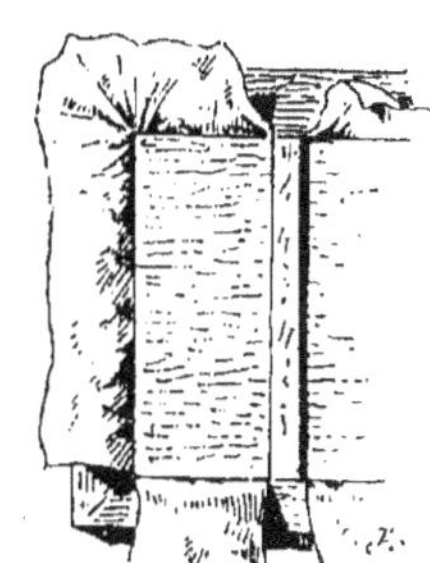

Fig. 9.

l'emplacement des tringles, comme le montre la partie inférieure de la figure 9, tandis que la partie supérieure montre l'aspect de la feuille non découpée.

En relevant le stirator ainsi chargé et en le retournant, opération qui doit être faite rapidement et avec assez de légèreté pour ne pas faire de plis à la feuille de papier humide, — les plis accentués ne disparaissant que fort difficilement, — on trouve que, sous l'action de l'humidité, la feuille de papier offre des creux et des saillies assez profonds. En séchant, la feuille se tendra, et si l'opération a été bien menée, si l'on s'est servi d'un stirator à châssis, après siccité complète, la feuille de papier tendue doit vibrer sous le choc.

Certains artistes, au lieu d'humecter le papier avec de l'eau pure, préfèrent passer à l'éponge une solution d'eau saturée d'alun d'un côté, c'est-à-dire du côté sur lequel on veut travailler et une solution d'eau d'amidon sur le côté opposé. Ce n'est là qu'une sorte d'encollage de la dernière heure, dont l'application n'est pas sans difficulté. L'amidon, il est vrai, donne du corps à un papier peu collé, et l'alun absorbé par les pores du papier le rend également moins spongieux; mais si l'on emploie du papier de bonne qualité, il est inutile d'avoir recours à ce nouvel encollage. D'abord le maniement des deux éponges et des deux solutions est une complication dans une opération qui, nous l'avons déjà dit, doit être vivement menée, surtout avec une température d'atelier qui aide à sécher rapidement les feuilles humides; de plus, il ne faut pas perdre de vue que moins on abuse du papier, meilleur il reste pour les travaux ultérieurs. Il ne faut pas fatiguer l'épiderme du papier par des frottements inutiles, même en se servant d'éponges souples et molles, et nous verrons que, dans certains cas, pour éviter même le frottement du pinceau, on se contente de projeter simplement de l'eau sur une feuille de papier lorsqu'on veut en humidifier la surface.

XIII. — Planchettes.

Au lieu du stirator on peut employer, pour tendre le papier, une planchette bien plane, épaisse de 1 centimètre et demi à 2 centimètres par exemple, et dont les bords sont

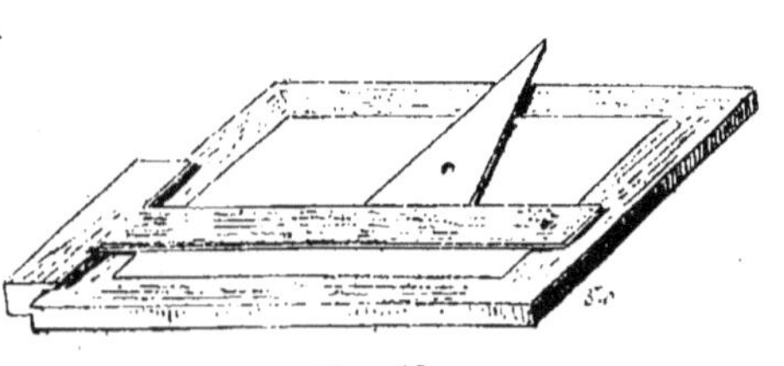

Fig. 10.

bien dressés. Dans les dessins d'architecture, dans les vues de perspective exigeant des tracés rigoureusement exacts, cela permet de se servir du T comme règle et des équerres (fig. 10); cela permet de plus de travailler sur un fond résistant, et la planchette, si elle est plus encombrante que le stirator, si elle exige d'être toujours posée sur une table, est parfois aussi maniable et est presque toujours préférable pour des travaux de longue durée.

XIV. — Manière de tendre la feuille sur la planchette.

Pour tendre une feuille de papier sur une planchette, il y a divers systèmes.

Le premier et le plus ancien consiste à employer la colle à bouche. On pose sur la planchette la feuille de pa-

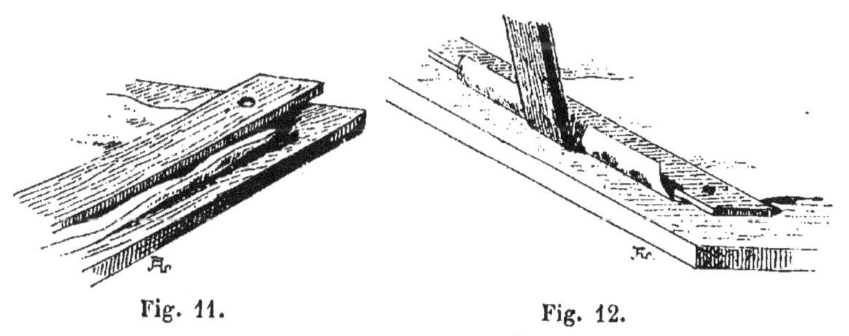

Fig. 11.   Fig. 12.

pier sur laquelle on passe une couche d'eau pure à l'aide de l'éponge. Sans avoir égard à la surface gondolée de la feuille que l'on a pris soin toutefois de moins humidifier sur ses bords, on pose à un centimètre environ de l'un de ces bords une règle plate plus longue autant que possible que la feuille que l'on veut fixer (fig. 11). On relève à l'aide des doigts ce centimètre de bordure et on l'applique verticalement sur l'épaisseur de la règle, on passe la

colle à bouche, que l'on a eu soin d'humidifier quelque
peu auparavant avec les lèvres, sur ce bord relevé (fig. 12)
et on répète vivement cette opération en faisant glisser
la colle à bouche d'une extrémité à l'autre de la feuille
et en appuyant assez fortement sur le papier. Lorsque l'on
juge, — et avec un peu d'habitude on y arrive facilement,
— que le papier est suffisamment imprégné de colle, on
rabat le bord du papier d'un coup d'ongle du pouce et, en
se servant d'un petit morceau de papier que l'on déplace
constamment, on frotte énergiquement la partie collée
sur le bois, et une adhérence complète doit être obtenue
presque instantanément si le papier a été suffisamment

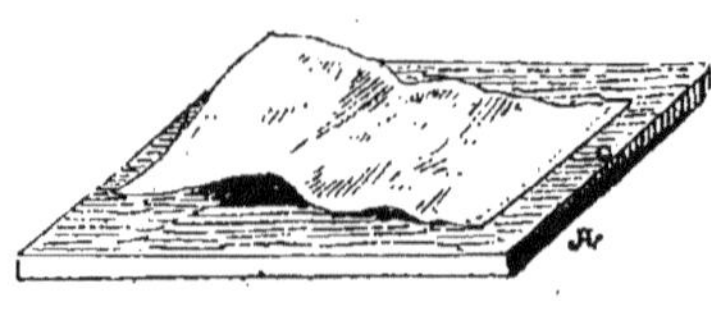

Fig. 13.

enduit de colle à bouche. On
commence cette opération
par l'un des petits côtés de la
feuille (fig. 13). On la répète
immédiatement pour le côté
opposé. Seulement, avant de
frotter pour faire adhérer le bord du papier, on exerce une
légère traction sur le papier d'abord au milieu, puis aux
deux angles ; on continue de même pour les deux grands
côtés, toujours en ayant soin de tirer assez fortement sur les
milieux et sur les angles, et si ces tensions et ces collages
ont été bien réguliers, on doit obtenir après siccité une
surface absolument tendue et d'une régularité parfaite.

L'emploi de la colle à bouche tend à disparaître, et on
préfère généralement aujourd'hui enduire au pinceau
(fig. 14) les bords retroussés contre la règle d'une couche
de colle d'amidon assez épaisse.

A cette seconde méthode de collage, on peut cependant

en ajouter une troisième d'une application encore plus simple.

Dans les deux méthodes précédentes, si on veut que le collage réussisse il faut avoir soin, avons-nous dit, d'humidifier la feuille en réservant les bords. C'est là un petit détail, mais qui a son importance, car si la colle était appliquée sur une surface humide, le papier

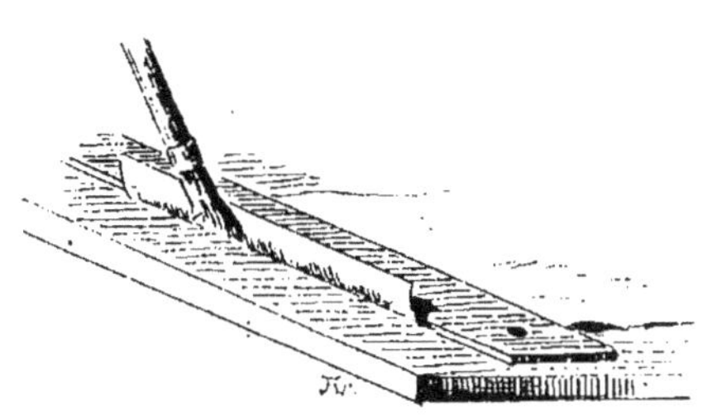

Fig. 14.

adhérerait moins rapidement sur la planchette ; et, d'un autre côté, il n'est pas toujours facile de réserver ces bords bien également. Avec le troisième procédé, on n'a plus à se préoccuper de ce détail. On humidifie la feuille partout et abondamment toujours avec l'éponge et on la pose sur la planchette, puis on enduit d'une colle de gomme arabique assez épaisse, et à l'aide d'un pinceau, de petites bandelettes de papier de un à deux centimètres de

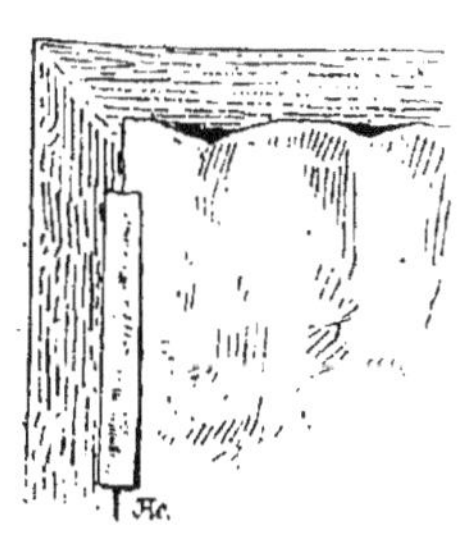

Fig. 15.

largeur, on pose ces bandelettes (fig. 15) de façon à ce que la moitié de leur largeur pose sur le papier et que l'autre moitié pose sur la planchette. On appuie et on frotte légèrement pour fixer ces bandelettes ; la colle étant assez épaisse prend rapidement, les bords sont ainsi fixés solidement avant que le milieu de la feuille qui a été imprégnée d'eau pure soit sec, et lorsque la siccité s'accentuera la feuille ne pourra faire que de se tendre, ses bords étant maintenus sur la planchette par les bandelettes déjà sèches depuis longtemps.

An lieu de planchettes très commodes, mais un peu lourdes, il faut le reconnaître, certains artistes préfèrent employer, soit des cartons très épais, soit des châssis comme les toiles à peindre, c'est-à-dire de grands cadres de bois tendus de toile sur lesquels on fixe les feuilles de papier par l'un des procédés ci-dessus.

Enfin on emploie aussi des plaques de zinc disposées

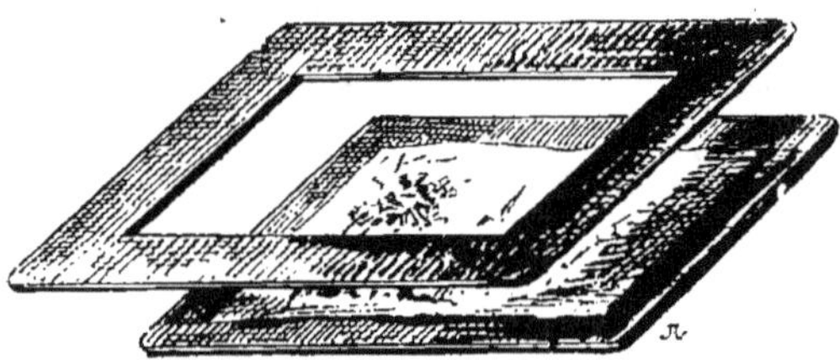

Fig. 16.

de façon que l'une forme fond et que l'autre forme cadre (fig. 16). Celle de dessus maintient la feuille de papier par son propre poids, celle de dessous soutient cette même feuille que l'on peut humidifier facilement ainsi chaque fois qu'il est besoin, et dont on fixe les bords immédiatement en posant la plaque découpée.

Il est bien entendu que ces plaques de zinc ne peuvent être employées que pour les travaux d'atelier; de plus, elles ne peuvent servir que pour des dessins de même format, tandis que, sur les planchettes ou sur les châssis, on peut travailler à des aquarelles de différentes dimensions, et, suivant le format du papier adopté, on peut substituer à une feuille in-8° un quart de feuille et même une feuille grand-

aigle, en admettant toutefois que les dimensions de la planchette ou des châssis le permettent.

XV. — Crayons et moyens d'effaçage des esquisses au crayon.

Pour tracer son esquisse, on doit se servir de crayons
à la mine de plomb, un peu durs; les crayons trop mous
déposent une poudre noire trop abondante, qui, dans certain cas, peut ternir une teinte claire. Par contre, un trait
de mine de plomb assez léger joue par fois un certain rôle
dans les indications des différents plans,
et ce trait, persistant à apparaître sous
les teintes aqueuses, peut contribuer à
une certaine fermeté de modelé qu'il ne
faudrait cependant pas exagérer. En général, l'esquisse au crayon (fig. 17) doit
toujours être très légère, mais très précise, et autant que possible il faut éviter
les faux traits.

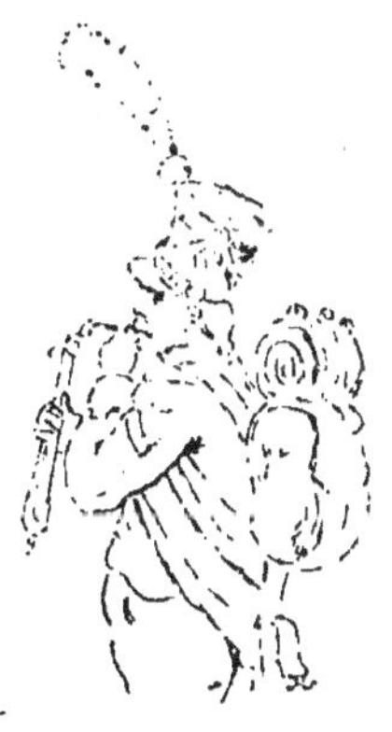

Fig. 17.

Autrefois, les crayons Conté, entou-
rés de bois de cèdre, avaient seuls la
vogue. De nos jours; les crayons Faber, en graphite de
Sibérie, tiennent le premier rang. Après eux viennent
différentes marques que l'on trouve dans le commerce à
des prix forts variables.

Tous les crayons portent des numéros d'ordre ou des
lettres qui indiquent leur degré de résistance. Les crayons,
désignés sous le n° 1, sont tendres, et les crayons portant

le n° 3 sont assez durs. On trouve des crayons depuis le n° 0 (très mou) jusqu'au n° 5 (très dur).

Les crayons Faber, marqués d'un B, sont assez tendres, ceux marqués de plusieurs H sont d'une dureté qui permet d'incruster des traits dans le papier comme à l'aide d'une véritable pointe de métal. Leur gradation est, d'ailleurs, la suivante : BB, très tendre, très mou; B, tendre; HB, dur; F, moyen; H, dur; HH, plus dur; HHH, très dur, HHHH, plus durs; HHHHH, extrêmement dur, le trait gris paraissant gravé en creux dans la pâte du papier.

Autrefois, il était absolument indispensable de tailler les crayons à la mine de plomb à l'aide du canif. Il fallait d'abord dégager le bois, puis enfin gratter la mine de façon à obtenir une pointe aiguë. Depuis nombre d'années, le canif peut être rangé parmi les instruments inutiles par l'invention des porte-mines. Ces porte-mines, de la dimension d'un crayon ordinaire, sont creux et permettent, à l'aide d'une virole, de loger à l'intérieur un tube de mine qui, maintenu par cette virole, est descendu au fur et à mesure que le crayon est usé. Pour aiguiser les petites mines cylindriques dont on se sert dans ces porte-mines, on prend une feuille de papier émeri très fine (n° 0 ou 00) et

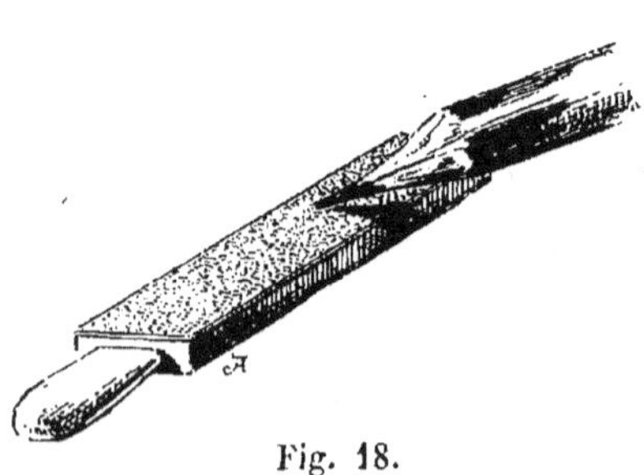

Fig. 18.

on frotte dessus rapidement et en tournant entre ses droigts le crayon, qui, en quelques secondes, forme une pointe d'une finesse extrême. Ayant toujours à côté de soit, pendant son travail d'esquisse, ce petit morceau de papier que certains artistes emploient collé sur un morceau de bois plat (fig. 18) avec un seul crayon, et en répétant cette opération chaque fois qu'il est nécessaire, on peut ainsi dessiner constamment avec une pointe bien fine.

Quant à l'effaçage des traits de crayon, il n'est pas sans inconvénients. Si le tracé, qui est reconnu faux, est légèrement indiqué, s'il ne doit nuire que fort peu le travail terminé, il vaut mieux le conserver, parce qu'avant tout on doit chercher à ne pas froisser l'épiderme du papier. Dans les lointains, dans les ciels, si on a un faux trait, il faut donc, autant que possible, ne pas chercher à le faire disparaître.

S'il est nécessaire de faire disparaître des traits trop appuyés, des contours trop accusés, on doit se servir de mie de pain, de gomme élastique, et surtout d'une substance bien préférable, mais bien abandonnée aujourd'hui : les fragments de gants blancs hachés en petits morceaux à l'aide d'un canif.

La mie de pain offre l'inconvénient de rendre la surface du papier tellement grasse, que parfois les teintes refusent de prendre. La gomme élastique enlève avec trop de dureté l'épiderme du papier; cependant quelques gommes élastiques, désignées dans le commerce sous le nom de gomme naturelle, c'est-à-dire de simples morceaux de caoutchouc végétal, peuvent être employés sans inconvénient, surtout si on a soin de choisir des gommes assez molles, et surtout si on veille attentivement à les conserver très propres et à les débarrasser, après chaque effaçage, des parties déjà noircies. Faute de quoi, au lieu d'effacer le trait de crayon, on produit sur le papier une tâche noire fort difficile à faire disparaître. La gomme élastique naturelle seule doit être employée ; nous ne saurions trop insister sur ce point. Mais il ne faut pas se laisser séduire par les gommes-grattoirs, les gommes blanches, les gommes cannelées, les gommes striées, même garnies de brosses de velours, pour enlever les peluches produites par la friction sur papier, et que l'on trouve en quantité dans le commerce.

Se servir du dolage des gants blancs, c'est encore le meilleur moyen d'effacer des traits de crayon trop accusés ; mais c'est un procédé fort ancien, aussi inconnu peut-être aujourd'hui qu'il était familier aux artistes du commencement du siècle, qui attachaient le plus grand prix à conserver intacte la pâte du papier, c'est-à-dire cette fraîcheur de l'épiderme dont l'importance est telle qu'une même teinte passée sur une partie frottée et sur une partie non frottée donne des résultats absolument différents.

XVI. — Couleurs.

Les couleurs pour l'aquarelle se fabriquaient autrefois sous deux formes principales : les pastilles et les tablettes. Maintenant, on les trouve ordinairement dans le commerce sous forme de pains carrés, de godets et en tubes.

XVII. — Couleurs en tablettes.

Les tablettes d'autrefois, de forme rectangulaire, mesuraient environ un centimètre et demi de largeur sur deux

centimètres de longueur. Leur épaisseur assez variable ne
dépassait pas en général un demi-
centimètre; on les conservait dans
des boîtes en fer-blanc ou en bois à
compartiments, et on délayait ces
couleurs en les frottant circulaire-
ment sur les palettes avec quelques gouttes d'eau.

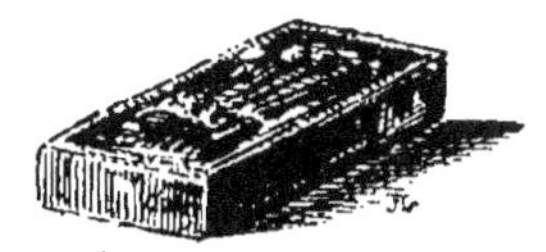

Fig. 19.

XVIII. — Couleurs en pastilles.

Les pastilles (fig. 20) se conservaient dans des boîtes
offrant une série de disques creux (fig. 21), à l'intérieur

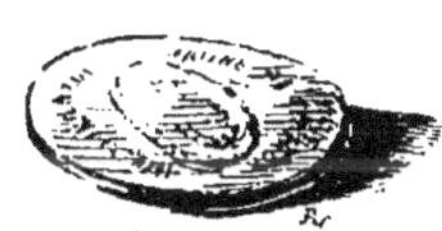

Fig. 20.

desquels était fixée, à l'aide d'un peu
de gomme arabique, une pastille de
couleur différente.

Pour se servir des couleurs en pastilles, on déposait une goutte d'eau au
centre de la pastille, et, au bout de quelques secondes,
à l'aide du pinceau, on prenait la quantité de couleur suffisante pour la déposer sur la palette et
s'en servir pour les mélanges.

L'inconvénient de l'emploi des pastilles est celui-ci : si on humidifie trop
abondamment certaines couleurs, elles
sont très longtemps à sécher et parfois

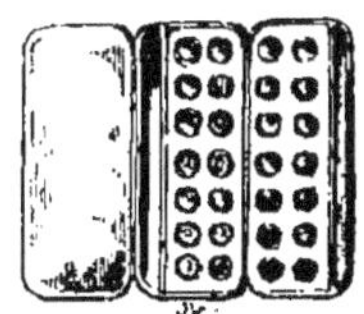

Fig. 21.

elles coulent, et, en se mélangeant avec les couleurs voisines, elles forment des tons sales qui altèrent la fraîcheur
des autres couleurs. De plus, si on prend de la couleur, à
l'aide du même pinceau, sur plusieurs pastilles, on altère

le ton naturel de chacune de ces pastilles; et, d'un autre côté, il est impossible d'avoir un pinceau spécial pour chaque couleur, et avec quelque soin que l'on nettoie le même pinceau, comme cette opération est faite assez rapidement, il reste presque toujours dans ce pinceau une très petite quantité de teinte, qui suffit parfois pour ternir certaines couleurs. Aussi les boîtes à pastilles, dans lesquelles les couleurs sont au nombre de 12, de 18 ou de 24, tendent-elles à être abandonnées de jour en jour.

XIX. — Couleurs en bâtons.

En outre de ces deux formes, — déjà quelque peu démodées, — on trouve encore les bâtonnets cylindriques (fig. 23) et les pains carrés (fig. 24). Certaines

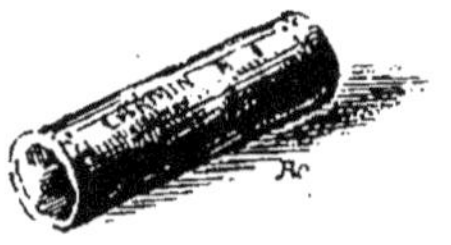

Fig. 23.

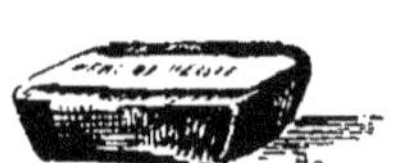

Fig. 24.

couleurs sont souvent vendues en bâton : le carmin et la sépia, par exemple, pour ne citer que deux couleurs au hasard. Cette forme est très commode pour délayer les couleurs sur les palettes. Cependant il ne faut pas croire que ces bâtons cylindriques sont aussi résistants que les bâtons d'encre de Chine. Il faut donc les délayer avec précaution, sans appuyer, car certains bâtonnets, très friables, s'écrasent facilement sous les doigts.

Les tubes et les godets, voilà les deux nouvelles formes

sous lesquelles les couleurs d'aquarelle sont le plus fréquemment livrées par le commerce aujourd'hui. Car les
pains ne sont, à vrai dire, que des tablettes d'une autre
forme : ce ne sont que des tablettes plus épaisses que les
anciennes, et dont les bords, au lieu d'être verticaux, sont
inclinés en talus.

Les couleurs en godets et les couleurs en tubes sont un
peu molles et offrent plutôt l'aspect d'une pâte épaisse,
tandis que les tablettes et les pastilles offrent l'aspect d'un
corps dur et résistant. Toutes les couleurs en tubes ou en
godets sont finement broyées et se délayent toutes facilement dans l'eau, presque aussi rapidement les unes que
les autres, tandis que certaines couleurs en tablettes sont
au contraire très longues à s'humidifier et, par suite, très
dures à délayer sur la palette.

XX. — Couleurs en godets.

Les couleurs en godets sont prises au pinceau pour
être déposées sur la palette. Elles offrent donc le même
inconvénient que les couleurs en pastilles au point de vue
de l'altération des couleurs voisines, faciles à ternir. Mais
cet inconvénient est cependant moins grand, parce que les
couleurs en godets, toute proportion gardée, se délayent
plus rapidement que les pastilles sous le pinceau.

Ces couleurs qui, placées dans leurs petits compartiments (fig. 25), présentent d'abord une surface légèrement convexe, ne tardent pas à se creuser au bout de
quelque temps de travail. Dès lors, les bords tendent à

sécher plus rapidement, la couleur durcit un peu, et on devra toujours prendre avec le pinceau au milieu du rec-

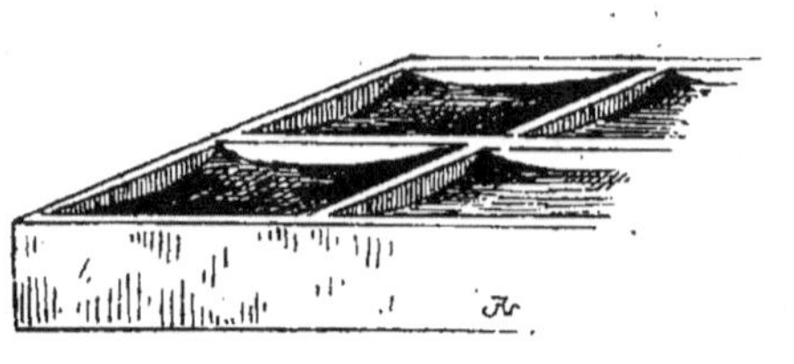

Fig. 25.

tangle pour les teintes que l'on désire obtenir avec la plus grande pureté possible.

On trouve ces couleurs sous forme de godets et de demi-go-dets, et on fabrique des boîtes pour recevoir de 6 à 30 godets et de 4 à 24 demi-godets. Enfin on fabrique également des boîtes minuscules ne tenant pas dans la poche plus de place qu'un porte-cartes ou qu'un mince porte-feuille (fig. 26), et qui peuvent contenir de 6 jusqu'à 14 couleurs, mais en très petite quantité naturellement. Les boîtes de petit format contenant ces couleurs, que l'on nomme aussi couleurs moites, peuvent servir à indi-

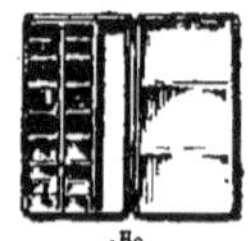

Fig. 26.

quer les tons sur un croquis d'après nature; mais elles ne doivent être utilisées que pour cet usage. Elles contiennent

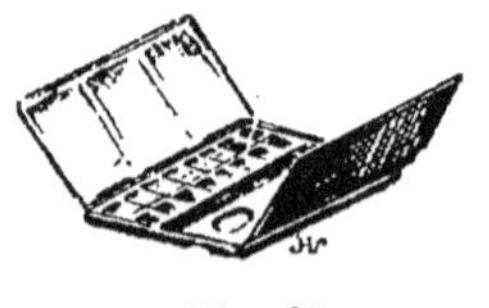

Fig. 27.

trop peu de couleur pour les travaux d'atelier. Aussi devrait-on, autant que possible, avoir deux boîtes, de préférence une boîte-pochette très petite, ou une boîte pourvue de ré-servoir à eau, avec palette même, pour les travaux de plein air, et une boîte assez grande et assez complète, — sans excès cependant, — pour le travail d'atelier.

XXI. — Couleurs en tubes.

Les couleurs en tube (fig. 28) sont de beaucoup préférables à toutes celles dont nous venons de nous occuper.

Les tubes sont de même forme que les tubes contenant les couleurs à l'huile. Ce sont de petits cylindres dont une extrémité est repliée et fermée, et dont l'autre extrémité se termine par une sorte de petit canon auquel s'adapte un bouchon à vis. En dévissant ce bouchon, en pressant légèrement avec les doigts l'extrémité opposée du tube, il sort une quantité de couleur proportionnelle à l'énergie de la pression et au

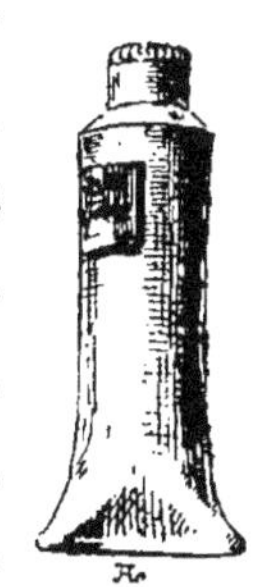

Fig. 28.

temps que dure cette pression. Il faut, autant que possible, avoir soin de ne déposer ainsi sur la palette que la

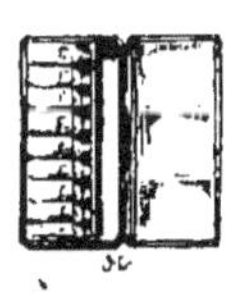

Fig. 29.

quantité de couleur nécessaire pour un travail immédiat. Les couleurs en tube se conservent dans des boîtes carrées (fig. 29), offrant ou non des divisions rectangulaires qui permettent de placer tous les tubes en un seul rang, de façon de trouver facilement et du premier coup les couleurs dont on a besoin, grâce aux petites étiquettes de diverses couleurs placées sur chaque tube.

On trouve dans le commerce des couleurs d'aquarelle de fabrication française et de fabrication anglaise. Les premières sont très bonnes; cependant certains artistes préfèrent de beaucoup les couleurs anglaises, qu'ils trouvent surtout plus fines et plus homogènes. Il n'y a pas cependant, sauf pour quelques couleurs spéciales, une grande différence entre les deux fabrications, qui toutes deux offrent des produits très soignés.

XXII. — Couleurs primitivement employées.

Il y a peu d'années encore, les peintres aquarellistes n'employaient qu'un nombre de couleurs fort restreint, et il ne faut pas oublier que de cette époque datent des œuvres qui, comme les aquarelles de Bonington, de Delacroix, d'Isabey et d'Eugène Lami, conservées au Louvre et au Luxembourg, sont encore des modèles de coloration énergique près desquels nombre d'œuvres contemporaines se tiennent même difficilement.

Les couleurs adoptées par ces artistes étaient au nombre de quinze, pas plus.

Trois jaunes : la gomme-gutte, le jaune indien et la pierre de fiel.

Six rouges : le vermillon de Chine, le carmin de garance, la laque de garance, le brun rouge, la terre de Sienne brûlée et la chicorée.

Trois bleus : l'outre-mer, le bleu de Prusse et l'indigo.

Trois noirs : l'encre de Chine, la sépia et le noir de bougie.

Et quand ils gouachaient, c'est-à-dire quand ils voulaient se servir, en plus des couleurs transparentes, de couleurs opaques, ils employaient en plus : le blanc de gouache et trois jaunes : le jaune d'ocre, le jaune de chrôme et le jaune de Naples.

Un certain nombre de ces couleurs sont encore utilisées de nos jours; telles sont :

La *gomme-gutte*. — Couleur d'un beau jaune doré, tirant légèrement sur le vert, qui, mélangée avec des bleus, donne des verts de tonalités différentes, et qui, additionnée de carmin, donne des nuances orangées variant suivant les proportions de jaune et de rouge employées.

Le *jaune indien*. — Couleur d'un très beau jaune doré.

Le *vermillon de Chine*. — Couleur d'un rouge éclatant, mais légèrement opaque.

Le *carmin*. — Couleur d'un beau rouge rosé très vif et très intense, qui, mélangée avec les bleus, donne des violets de nuances diverses, et qui, additionnée à la sépia, rend cette dernière d'un ton chaud plus brun et plus coloré.

La *laque de garance*. — Sorte de carmin dont on se servait surtout pour additionner le bleu de Prusse et l'encre de Chine.

Le *brun rouge*. — Terre d'ocre d'un ton énergique, mais très opaque.

La *terre de Sienne brûlée*. — Couleur d'un beau ton doré tirant sur le rouge, et qui, mélangée avec le bleu de Prusse et l'indigo, donne un vert foncé se rapprochant du vert bronze.

Le *bleu d'outre-mer*. — Couleur d'un beau bleu intense, qui offre l'inconvénient de se déposer inégalement, et que certains artistes n'employaient autrefois que délayée avec une solution de gomme arabique, additionnée de quelques miettes de sucre candi.

Le *bleu de Prusse*. — Couleur d'un bleu tirant sur le vert, parfois fort dure à délayer, et qui servait à refroidir certaines teintes, de même que la terre de Sienne était employée à réchauffer.

L'*indigo*. — Couleur d'un bleu un peu sombre, employée surtout pour les mélanges avec les jaunes, et permettant d'obtenir des verts de nuances sombres.

La *sépia*. — Couleur d'un brun roux dont on réchauffait encore le ton avec la terre de Sienne ou du carmin, et qui ne s'altère pas sensiblement à l'air.

Mais, à côté de ces couleurs, les autres sont maintenant presque inconnues, sauf la *Pierre de fiel*, dont on se sert encore, et qui, d'un ton jaune et doré, donne, lorsqu'elle est mélangée avec le carmin, des tons transparents et assez chauds, mais moins toutefois que ceux additionnés de terre de Sienne brûlée.

XXIII. — Préparation de certaines couleurs.

Deux couleurs, presque absolument inusitées aujourd'hui, et que les artistes fabriquaient autrefois eux-mêmes bien simplement, étaient la *chicorée* et le *noir de bougie*.

La chicorée avait, vers 1830, un grand succès dans les ateliers; elle rappelait les tons bitumineux de la peinture à l'huile; il n'en fallait pas tant pour enthousiasmer les aquarellistes; aussi en abusait-on et en lavait-on les aquarelles avec une telle prodigalité que les tons en devenaient parfois d'une monotonie désespérante. Mais, à côté de cet abus, il y avait pourtant place pour un usage raisonné d'une belle couleur d'un ton jaune roux, d'une transparence parfaite, et c'est à ce titre que nous allons dire ici comment on la préparait.

De vieux manuels d'aquarelles relatent donc que les artistes d'autrefois, ne trouvant pas cette couleur dans le commerce, achetaient purement et simplement un petit paquet de racines de chicorée brûlée et en poudre, et semblable à celle qu'on emploie pour le café « dans quelques provinces ».

On faisait bouillir cette poudre dans un litre d'eau, pendant quatre heures, puis on filtrait à l'aide d'un linge blanc très fin. Après avoir évaporé au bain-marie cette liqueur filtrée, on obtenait une poudre que l'on faisait sécher « à l'ombre », pour ne pas la décolorer par la lumière, et cette poudre, déposée dans un vase vernissé, devait être conservée avec soin à l'abri de l'humidité et de la chaleur.

Avec la chicorée, le noir de bougie était encore une couleur de prédilection des artistes d'autrefois, que ceux-ci préparaient encore eux-mêmes.

Ils exposaient à la flamme d'une bougie de « cire pure », — et ils étaient assez difficiles sur ce point, — un objet en porcelaine, une petite soucoupe, par exemple. En maintenant cette soucoupe au-dessus de la flamme pendant un quart d'heure environ, on recueillait ainsi une certaine quantité de noir de fumée. Lorsque le vase était refroidi, on réunissait ce noir au centre du vase à l'aide d'un pinceau sec, puis on ajoutait une solution de gomme arabique dissoute dans l'eau additionnée de quelques miettes de sucre candi, et on délayait le tout ensemble à l'aide d'un pinceau hors d'usage.

Il ne faut pas chercher ailleurs que dans les soins que donnaient les artistes d'autrefois à la préparation de leurs couleurs l'excellente conservation des dessins dont nous admirons aujourd'hui le coloris.

Se servir de couleurs simples et simplement préparées était une excellente méthode. Aujourd'hui, on préfère acheter des couleurs toutes préparées ; mais autrefois les artistes broyaient eux-mêmes leurs couleurs d'aquarelles comme les peintres à l'huile ; ils les réduisaient en poudre, les passaient au tamis de soie, les additionnaient d'eau ; ils filtraient, décantaient les liqueurs obtenues, répétaient jusqu'à quatre fois ces minutieuses et longues opérations, et les poudres impalpables ainsi obtenues étaient conservées avec grand soin et on les employait avec l'eau gommée.

A cette première liste de couleurs à l'aquarelle, de couleurs transparentes, nous avons ajouté quatre couleurs opaques, desquelles nous devons dire quelques mots.

Ces couleurs opaques sont un blanc pur, le blanc de céruse, et trois jaunes : le jaune d'ocre, le jaune de chrôme et le jaune de Naples. De ces trois jaunes, un seul est résistant, c'est le premier ; c'est aussi le moins éclatant de tous. Le jaune de chrôme est très brillant ; il offre plusieurs nuances, depuis le jaune orangé jusqu'au jaune vif ; mais il se décolore assez rapidement ; quant au jaune de Naples, il tire légèrement sur le vert, et c'est de toutes les couleurs presque la plus dangereuse à employer. Il noircit, en effet, avec une singulière facilité, et telle teinte jaune qui séduit par sa fraîcheur de ton lorsqu'elle vient d'être passée se rembrunit rapidement si on la glace ou si même on lui juxtapose une teinte formée d'un composé de sel ou d'oxyde de fer.

XXIV. — Principales couleurs qui se trouvent dans le commerce.

Les couleurs que l'on trouve aujourd'hui dans le commerce sont en général très bonnes, répétons-le; mais il n'y a aucune comparaison à établir entre ces couleurs fabriquées commercialement et celles que les artistes préparaient eux-mêmes.

La liste des couleurs d'aquarelle que l'on peut se procurer dans le commerce est assez nombreuse :

Rouges.

Vermillon,
Écarlate,
Laque écarlate,
Rouge indien,
Rouge de Saturne,
Rouge de Venise,
Rouge de Mars,
Rose Carthane,
Rose Tyrien,
Garance foncée,
Garance rose,

Géranium,
Grenadine,
Carmin,
Laque carminée,
Carmin brûlé,
Carmin de garance,
Sang de dragon,
Orangé de Mars,
Laque brûlée (laque rose foncé).

Jaunes.

Jaune indien,
Laque indienne,
Jaune de cadmium (citron),
Jaune de cadmium (pâle),
Jaune de cadmium (foncé),
Jaune de chrôme clair,
Jaune de chrôme foncé,
Jaune de Naples,

Gomme-gutte,
Jaune de Mars,
Laque jaune,
Safran,
Ocre jaune,
Stil de grain jaune,
Auréoline (jaune orangé).

Bleus.

Outremer,	Bleu minéral,
Bleu de ciel,	Bleu de Prusse,
Bleu de cobalt,	Indigo.
Bleu intense,	Smalt (bleu foncé).
Bleu pâle,	

Verts.

Vert olive,	Vert de cobalt,
Vert de Venise,	Vert émeraude,
Vert végétal,	Vert Véronèse (cendre verte).
Vert de Prusse,	

Bruns.

Brun rouge,	Terre d'ombre naturelle,
Brun Van-Dyck.	Terre de Sienne brûlée,
Ocre brune,	Terre de Sienne naturelle,
Ocre de Ru,	Brun de Mars,
Stil de grain brun,	Brun de Madder.
Terre de Cologne,	

Sépias, teintes neutres, violets, nuances diverses.

Bistre,	Violet,
Sépia naturelle,	Pourpre,
Sépia colorée,	Laque violette,
Gris de Payne (gris bleuâtre),	Pierre de Fiel,
Teinte neutre,	Graphite (teinte noire).

Blancs.

Blanc d'argent,	Blanc de Chine.

Noirs.

Encre de Chine,
Noir de bougie,
Noir d'ivoire,

Noir de vigne.
Noir de pêche.

Un aquarelliste muni de ces soixante-dix-neuf couleurs trouverait *encore des tons impossibles à rendre avec ces couleurs pures* employées, très foncées ou très étendues d'eau. De plus, ce grand nombre de couleurs est parfois plus embarrassant qu'utile, et ce serait un grand tort que de couvrir sa palette de toutes ces couleurs à la fois. L'œil le plus exercé ne pourrait arriver à s'y reconnaître.

Un des maîtres de l'aquarelle, dont les œuvres ont un éclat exceptionnel et une grande solidité, n'emploie que treize couleurs : le noir d'ivoire, la terre de Sienne brûlée et la terre de Sienne naturelle, le brun, de Madder et le brun rouge, le jaune indien, le jaune de Naples et l'ocre jaune, l'outremer et le cobalt, le vermillon et le carmin.

En portant à *vingt* le nombre des couleurs adoptées, on peut aisément obtenir tous les tons cherchés. Ces *vingt* couleurs sont les suivantes :

Deux rouges. — Garance rose et vermillon de Chine.

Quatre bleus. — Cobalt, outremer, indigo et bleu de Prusse.

Cinq jaunes. — Jaune indien, jaune cadmium, jaune brillant, gomme-gutte et ocre jaune.

Deux verts. — Vert émeraude et vert Véronèse.

Cinq bruns. — Terre de Sienne naturelle et terre de Sienne brûlée, sépia, brun rouge et brun de Madder.

Un noir. — Noir d'ivoire.

Un blanc. — Blanc de Chine.

Ce sont bien plutôt les mélanges des couleurs entre elles qui contribuent à donner le ton cherché que les couleurs toutes faites. Nous expliquerons cela en détail lorsque nous traiterons des mélanges, tout en faisant remarquer cependant que, sur le grand nombre de couleurs que nous venons d'énumérer, un petit nombre seulement est indispensable à l'aquarelliste, le choix devant naturellement varier suivant les travaux adoptés, figures ou paysages.

XXV. — Couleurs fixes (procédé Vibert).

A toutes ces couleurs déjà connues et employées avec succès depuis longtemps par plusieurs générations d'aquarellistes, il faut ajouter les nouvelles couleurs fixes fabriquées suivant le procédé J.-G. Vibert.

Pour peu qu'on ait suivi le mouvement artistique depuis quelques années, on doit se rappeler les aquarelles brillantes signées Vibert, qui, aux expositions des aquarellistes, attirèrent l'attention de la critique et du public surtout par une intensité de tons véritablement extraordinaires.

Ces couleurs participent à la fois de la gouache et de l'aquarelle, en ce sens qu'elles permettent d'obtenir des teintes opaques et des teintes transparentes à volonté. Suivant l'inventeur, les blancs employés en empâtements ou en glacis seraient toujours moins plâtreux que les blancs de gouache, et les tons sombres, quoique restant mats, seraient toujours très vigoureux.

Ces couleurs spéciales perdent de leur intensité en séchant, mais, — et c'est là une des grandes originalités du procédé, — les couleurs fixées à l'aide de l'air chaud reprennent leur intensité et sont, prétend-on, d'une durée indéfinie et d'une solidité à toute épreuve.

Ces couleurs blanches, dont le nombre est plus restreint que celui des couleurs ordinaires, comprennent deux blancs : le blanc d'argent et le blanc de zinc ; — quatre bleus : le bleu de Prusse, l'indigo, le cobalt et l'outremer ; — huit rouges : le vermillon de Chine, le vermillon anglais, le rouge de Saturne, le rouge de Mars, la garance brune, la garance foncée, le carmin de garance et la laque rose ; — dix jaunes : le jaune de Naples clair, le jaune de Naples foncé, le jaune de Mars, la laque jaune, l'ocre jaune, l'orangé de Chine, l'orangé de Mars, le cadmium pâle, le cadmium moyen, le cadmium foncé ; — deux verts : le vert Véronèse et le vert émeraude ; — neuf bruns : le brun Van-Dyck, le stil de grain brun, la terre d'ombre naturelle, la terre d'ombre brûlée, la terre de Sienne brûlée, la terre de Sienne naturelle, la terre de Cologne, le brun de Mars et le noir d'ivoire.

Ces trente-cinq couleurs, que l'on trouve en tubes dans certaines maisons spéciales, sont préparées non à la gomme comme les couleurs d'aquarelle, mais à la glycérine ; malgré cela, on les délaye et on les emploie comme les autres couleurs.

Pour fixer les couleurs, on chauffe la surface du dessin aussi également que possible et à l'aide d'un appareil spécial formé d'une lampe à alcool, au-dessus de laquelle est placé un tuyau destiné à conduire l'air chaud (fig. 30).

En maintenant le dessin à une petite distance de l'orifice par où s'échappe l'air chaud, à une distance suffisante pour ne pas brûler le papier ou la toile, bien entendu, et

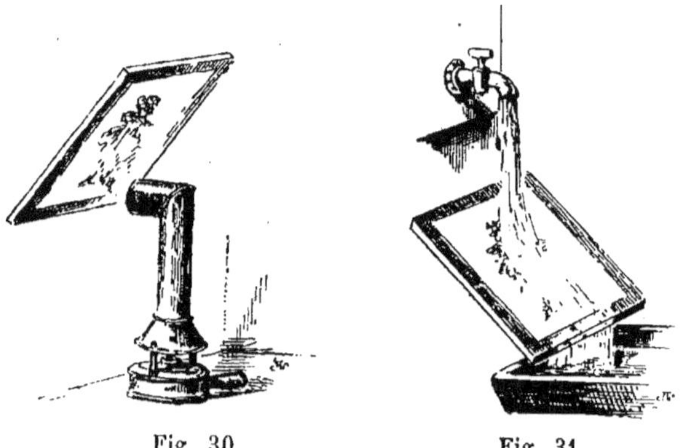

Fig. 30.   Fig. 31.

au bout de quelques minutes à peine, les couleurs sont fixées, et on s'aperçoit que l'opération est terminée lorsque les tons reprennent l'intensité qu'ils avaient lorsqu'ils étaient humides et qu'on venait de les poser.

Il ne reste plus alors qu'à laver le dessin à grande eau (fig. 31); si des taches apparaissent, on chauffe légèrement et on lave de nouveau ; le dessin ainsi fixé peut être conservé sans verre, et s'il se ternit sous la poussière, on peut le savonner, le laver à pleine eau, en un mot le traiter comme on traite des peintures à l'huile que l'on veut débarrasser d'une couche de crasse qui altère la valeur des tons.

XXVI. — Palettes.

Pour délayer les couleurs ordinaires, c'est-à-dire celles dont on se sert beaucoup plus volontiers que des couleurs fixes, on se sert de palettes en porcelaine, en verre, en métal peint et même en carton recouvert d'un enduit qui le rend imperméable.

Les palettes en porcelaine et en verre sont réservées aux travaux d'atelier. Les deux autres palettes sont excel·lentes pour les travaux en plein air.

Les palettes en porcelaine sont de forme ovale (fig. 32)

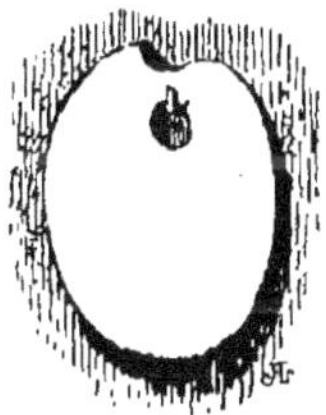

Fig. 32.

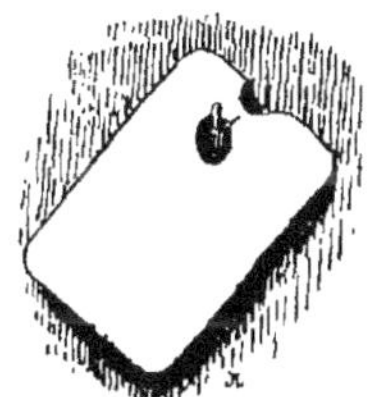

Fig. 33.

ou rectangulaire (fig. 33); elles mesurent ordinairement sur leur plus grande dimension de quinze à vingt-cinq centimètres et au delà. Elles sont, comme les palettes destinées à la peinture à l'huile, percées d'un trou par lequel on peut passer le pouce. On les tient cependant rarement de la main gauche, dans l'atelier surtout. Les couleurs d'aquarelle demandant à être maniées parfois avec une assez grande quantité d'eau, il est plus prudent de poser la palette sur la table de travail.

Les palettes en biscuit de porcelaine étaient aussi très

recherchées autrefois, mais on employait également les glaces épaisses enchâssées dans des moulures en bois et sous lesquelles on étendait une couche de peinture blanche destinée à les rendre opaques et à faire ressortir les nuances des couleurs.

Enfin, une simple feuille de verre, assez épaisse toutefois pour ne pas se briser lorsqu'on appuie dessus les couleurs en tablettes que l'on veut délayer et sous laquelle on glisse

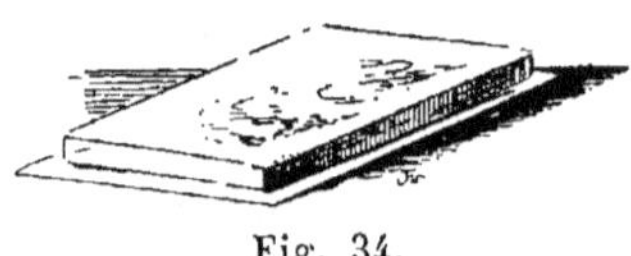
Fig. 34.

une feuille de carton bien blanc, peut encore servir de palette d'atelier (fig. 34).

Les palettes en métal, destinées au travail en plein air, sont ordinairement fixées par des charnières aux boîtes de couleurs. Elles se replient comme les feuillets d'un livre.

Quelquefois cependant elles sont indépendantes, et les palettes en carton, plus légères encore, sont dans ce cas.

Ces deux dernières palettes, métal et carton, exigent de préférence l'emploi des couleurs moites ou en tubes. Si on voulait se servir de couleurs en tablettes, il faudrait employer la palette en porcelaine, car certaines couleurs, assez dures à délayer, ne tardent pas à rayer l'enduit qui recouvre les palettes de métal ou de carton, et cet enduit se détache assez promptement.

XXVII. — Palettes-plaques.

Indépendamment de ces palettes, on emploie aussi, mais pour le travail d'atelier seulement, les palettes-plaques et les godets.

Sur les palettes ordinaires, on ne peut préparer qu'une
très petite quantité de teinte ; on ne se sert donc de ces
palettes que pour de petits travaux ou pour des touches
de détails ; pour préparer des ciels, des terrains, des grandes
masses, il faut, au contraire, avoir à sa disposition une
assez grande quantité de couleur délayée, surtout si l'aquarelle est de grande dimension.

On emploie alors la palette-plaque. Ces palettes
consistent en une sorte de bloc
de porcelaine assez épais, dans
lequel sont pratiquées des cavités de deux sortes, les unes
rondes ou ovales et à profil con-
cave, les autres rectangulaires et offrant une surface inclinée en pente douce (fig. 35).

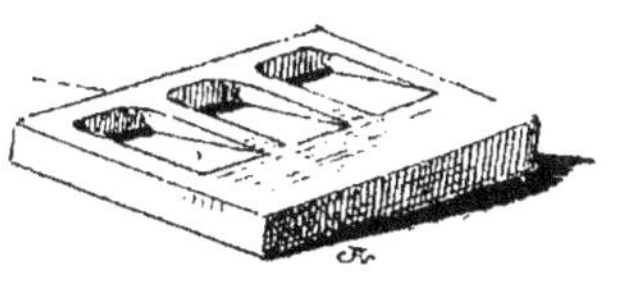

Fig. 35.

On délaye, soit dans les cavités rondes, qui sont,
à proprement parler, des godets, soit dans les creux
de forme rectangulaire, les couleurs avec la quantité
d'eau nécessaire, et, si le travail l'exige et si les
dimensions de la plaque le permettent, on réserve, à
côté de la cavité pleine d'une teinte foncée, une autre
cavité dans laquelle on peut, soit faire un mélange de
deux teintes différentes, soit préparer une teinte plus
faible que l'on pourra augmenter, renforcer au besoin, à
l'aide de la teinte plus foncée placée à côté.

On trouve dans le commerce des palettes-plaques renfermant jusqu'à quinze cavités et même au delà, et mesurant environ une vingtaine de centimètres sur leur plus
grande dimension.

Malgré cela, les cavités des palettes-plaques ne contiennent pas toujours assez de teinte pour recouvrir de grandes surfaces ; aussi, lorsqu'on veut avoir à sa disposition de grandes quantités de teinte d'une même intensité, on doit les préparer dans des godets.

XXVIII. — Godets.

Les godets sont en porcelaine ou en verre.

On préfère généralement les godets en porcelaine creusés suivant un profil en arc de cercle et peu pro-

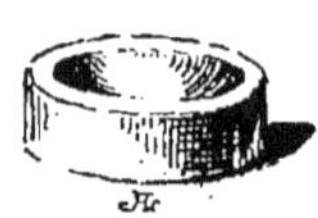

fonds. Ces godets varient de cinq à dix centimètres de diamètre. Certains godets sont ronds (fig. 36), d'autres sont creusés dans des plaques carrées ou à pans coupés.

Fig. 36.

Il y des systèmes de godets qui permettent de les superposer, le dernier formant couvercle et se renversant.

On trouve aussi, dans le commerce, des plateaux en glace (fig. 37) destinés à recouvrir les godets. Il est toujours utile de recouvrir les godets pour éviter la poussière, lorsqu'on veut conserver une teinte, mais il y a un inconvénient à cette conservation : l'eau des teintes s'évapore, et telle teinte qui était assez claire

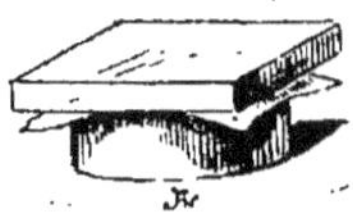

Fig. 37.

devient rapidement par évaporation une teinte foncée.

Dans certains cas, lorsqu'on veut conserver plusieurs jours mêmes une teinte avec la même intensité ou à peu près, on emploie le moyen suivant. On place sur le godet une feuille de papier blanc légèrement humide ; sur cette feuille, on pose un morceau de vieux linge imbibé d'eau, et par-dessus on pose le couvercle du godet. De temps en temps, on renouvelle l'humidité du morceau de linge, et, grâce à cette précaution, la teinte ne s'évapore que fort peu.

En outre, de ces godets ronds, carrés et octogonaux, il existe aussi, surtout pour le lavis, des godets avec remarques en couleurs dans lesquels on conserve d'une façon permanente les teintes conventionnelles : encre de Chine, carmin, gomme-gutte, etc.

Enfin, il est utile encore d'insister sur ce point : que certaines couleurs étant fort lourdes se déposent plus ou moins rapidement au fond des godets. Or, quand on prend de la couleur avec le pinceau, il faut d'abord attendre que ce dépôt soit terminé, autrement on commencerait un travail avec une teinte qui irait toujours en diminuant d'intensité. De plus, lorsque le dépôt s'est effectué, il faut en décanter la teinte et mettre de côté la partie limpide dont on se sert seule, où, si l'on se sert d'un seul godet, il faut prendre la teinte, en évitant de toucher le fond du godet avec la pointe du pinceau, car on enlèverait alors une partie de cette poudre fine, et le premier coup de pinceau sur le papier se traduirait par une tache parfois fort gênante.

XXIX. — Bouteilles à eau.

Le maniement des couleurs à l'aquarelle exige toujours d'avoir à portée de la main un ou deux vases pleins d'eau, que l'on doit pouvoir même renouveler facilement et assez fréquemment, si besoin est.

Pour les travaux en plein air, il faut naturellement réduire l'outillage autant que possible. Aussi se contente-t-on parfois d'un seul petit godet de fer-blanc. Certains artistes préfèrent les godets fixés dans des boîtes spéciales près de la palette; d'autres ont adopté des sortes de bouteilles en métal avec couvercles vissés qu'ils peuvent porter dans la poche. On trouve aussi, dans le commerce, des bouteilles en métal (fig. 38) plaquées d'argent, — afin que l'eau ne soit pas altérée par la rouille du fer-blanc, — et mesurant de huit à dix centimètres de hauteur. D'autres artistes enfin s'aventurent au hasard avec leur boîte et leur bloc, espérant que leur bonne étoile leur fera toujours rencontrer, auprès de l'étude cherchée, une chaumière où l'indispensable verre d'eau pourra leur être offert.

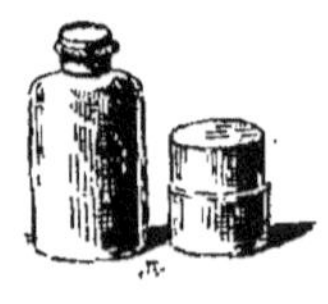

Fig. 38.

XXX. — Vases à eau.

Dans l'atelier, on se sert en général de deux vases en verre, sortes de gros cylindres à bords ronds dont la dimension est très variable (fig. 39). Le premier contient de l'eau pure, de l'eau dont on ne se sert que pour délayer les couleurs, pour étendre les teintes trop foncées. Le second contient aussi de l'eau pure au commencement du travail; mais, si on veut étendre une teinte et débarrasser son pinceau de la teinte plus foncée qu'il contient, c'est dans ce second vase que l'on trempe son pinceau, afin de conserver pendant toute la durée du travail l'eau du premier vase absolument pure. L'eau de ce second vase, qui se trouble rapidement, doit parfois être changée plusieurs fois pendant le travail.

Cette opération de lavage sommaire ne dispense pas d'un lavage complet des pinceaux, et pour cela on se sert d'un autre vase dans lequel on laisse les pinceaux séjourner quelques secondes au plus, de façon à ce qu'ils soient bien imprégnés d'eau, mais en ayant soin cependant de

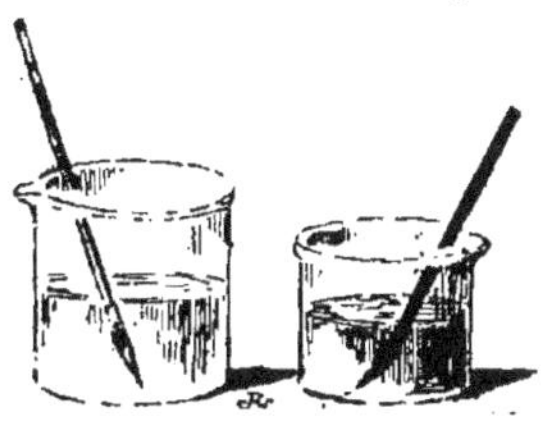

Fig. 39.

veiller à ce que leur pointe ne se fatigue pas en posant sur le fond du vase.

Avoir toujours des pinceaux très propres, tel est le secret des aquarelles brillantes. Aussi l'eau pure et sans cesse renouvelée est-elle une des premières conditions nécessaires pour arriver à ce résultat.

XXXI. — Pinceaux.

Les pinceaux pour l'aquarelle sont de différentes dimensions. Pour les grandes teintes, on doit se servir de pinceaux larges et plats; pour les petites touches, on se sert au contraire de très petits pinceaux ; cela est tout indiqué.

Certains artistes attachent encore aujourd'hui une importance extraordinaire au choix des pinceaux.

Les uns préfèrent les pinceaux en *petit-gris,* qui sont

toujours relativement assez bon marché, quelle que soit leur dimension ; les autres ne veulent employer que les pinceaux en martre rouge ou en martre noire, qui sont au contraire d'un prix assez élevé, surtout pour les pinceaux assez gros.

En général, les pinceaux que l'on trouve dans le commerce comportent une dizaine de numéros, les numéros les plus bas correspondant aux pinceaux les plus fins.

Les pinceaux ordinaires les plus fins (fig. 40) mesurent six à sept millimètres de longueur sur un millimètre

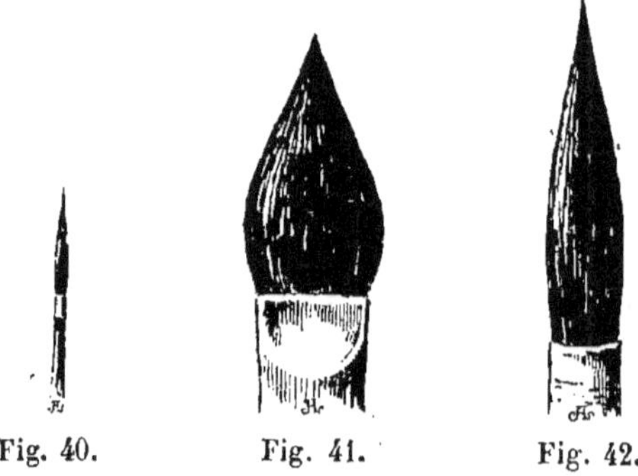

Fig. 40.   Fig. 41.   Fig. 42.

environ. Les plus gros mesurent jusqu'à quatre centimètres de longueur et un centimètre de diamètre.

Il y deux sortes de pinceaux : les pinceaux *plats* (fig. 41) et les pinceaux *ronds* (fig. 42). Les pinceaux plats sont nécessaires pour couvrir de grandes surfaces, et, dans certains cas, on se sert de pinceaux plats dont la largeur atteint deux centimètres et même plus.

On emploie aussi les pinceaux montés à l'aide de tubes de plumes d'oie, de cygne ou d'aigle, suivant les dimensions du pinceau, ou fixés à des manches de bois par des viroles

plates en fer-blanc. Pour se, servir des pinceaux en plumes,
on en augmente la longueur à l'aide d'une ante ou hampe.
Cette hampe doit être en bois léger, — ou formée d'un
simple papier roulé, ce qui est encore moins
lourd, — et doit être adaptée avec soin, de façon
à ne pas briser le tube de plume et de manière
cependant à y bien adhérer sans ressaut si possible (fig. 43), car ce ressaut, se trouvant précisément à la hauteur des doigts, peut gêner pour
le maniement du pinceau, qui exige une certaine
dextérité et une certaine rapidité de mouvements.

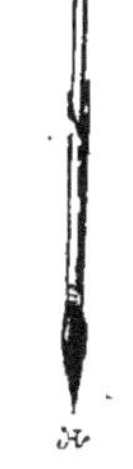

Fig. 43.

On n'emploie pas, en général, de pinceaux avec
hampes ou de pinceaux en bois d'une longueur de manche
supérieure à vingt centimètres.

Quelques artistes cependant, voulant donner à leurs
aquarelles une grande simplicité de touche et un grand
effet, emploient des pinceaux pourvus de manches de
plus d'un mètre.
Dans ce cas, on exé-
cute son aquarelle,
la feuille de papier
posée à terre hori-
zontalement, et l'ar-
tiste travaille de-
bout (fig. 44); par

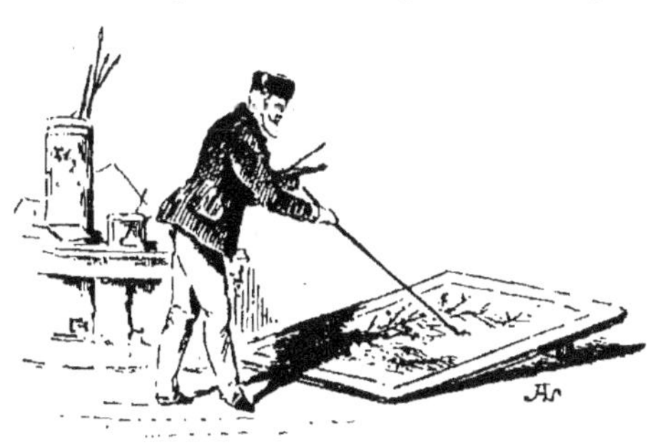

Fig. 44.

ce moyen, on juge immédiatement et à distance des tons
posés. Toutefois, en signalant ici cette particularité d'outillage, il convient d'ajouter que ces grands pinceaux ne
peuvent être employés que pour quelques travaux, pour
les paysages, et notamment pour ceux qui, traités dans

de grandes dimensions, permettent des touches d'une certaine liberté.

Les pinceaux, qu'ils soient plats ou coniques, doivent
tous former une pointe assez aiguë et douée d'une assez
grande élasticité.

XXXII. — Essai des pinceaux.

Pour essayer les pinceaux, il suffit de les tremper
dans l'eau ; lorsqu'ils sont gonflés d'eau, on les secoue
d'un coup sec du poignet, et l'excédent d'eau est chassé.
Parfois aussi, on les presse légèrement entre les doigts ;
mais cela offre deux inconvénients : aplatir légèrement le
pinceau et, si la pression est trop énergique, tendre à
faire sortir les poils du pinceau du tube ou de la virole.
Il vaut donc mieux prendre l'habitude de ce petit mouvement sec à l'aide duquel le pinceau secoué, une ou plusieurs fois si cela est nécessaire, se trouve débarrassé de
son excédent d'eau.

Le pinceau étant encore humide, on le pose sur une

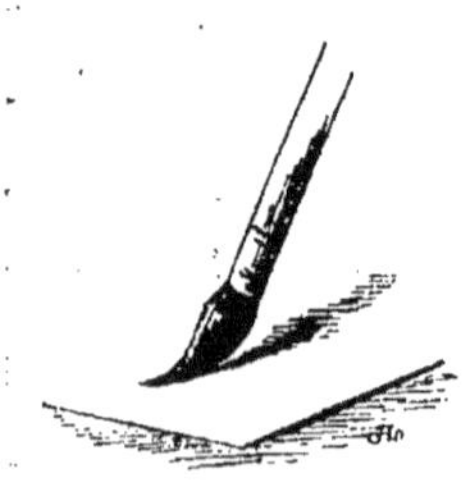

feuille de papier ou de carton ; on
appuie légèrement (fig. 45) pendant
quelques secondes, et on relève le
pinceau. Si le pinceau est de bonne
qualité, on doit sentir entre les doigts
une sorte de mouvement ascensionnel
produit par l'élasticité des poils qui se

Fig. 45.

relèvent, et le pinceau, s'étant redressé de lui-même, doit
former une pointe bien fine. Dans ce cas, le pinceau est de

bonne qualité. Mais si en se relevant il forme plusieurs pointes, si en le secouant encore humide il se déforme, se divise et si ces pointes se recourbent sur elles-mêmes, il doit être rejeté.

Certains artistes, autrefois, ne se contentaient pas de la pointe des pinceaux tels que le commerce les livre ; ils prétendaient avoir deux moyens pour obtenir des pointes plus fines. Le premier moyen consistait à couper à l'aide de ciseaux les poils trop longs. Ce moyen, hâtons-nous de le dire, ne valait cependant pas grand'chose, car le plus souvent on n'obtient ainsi qu'un pinceau à bout carré et, par suite, dont il est impossible de se servir.

Le second moyen consistait à humidifier très légère-ment le pinceau et à lui faire traverser rapidement une ou plusieurs fois la flamme d'une bougie (fig. 46) ; de cette façon, on flambait, on brûlait les poils dépassant la pointe. Ce procédé était un peu meilleur que le précédent ; toutefois,

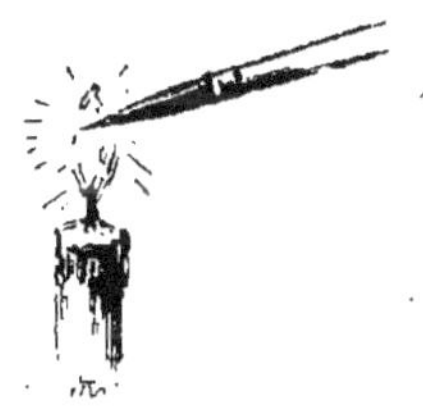

Fig. 46.

les pointes des pinceaux étant assez délicates à retoucher, il vaut mieux se contenter de se servir des pinceaux tel qu'on les trouve dans le commerce. Le mieux est l'en-nemi du bien. Les pinceaux ont généralement des pointes aussi fines qu'on peut le désirer ; il ne faut rien exagérer, et une pointe aiguë sans excès est plus facile à employer qu'une pointe excessivement fine qui ne peut donner que de trop petites touches.

Quant au nombre des pinceaux nécessaires à l'aquarel-liste, il varie beaucoup suivant la nature des travaux et selon la dimension des aquarelles.

Chaque artiste se crée, en effet, un materiel spécial. Les uns ont autant de pinceaux que de couleurs. Ils ont soin de choisir des hampes colorées leur indiquant à première vue la couleur à laquelle le pinceau est réservé. Le procédé a du bon, surtout dans l'atelier, mais il est un peu encombrant ; toutefois, c'est une bonne chose que d'affecter certains pinceaux à certaines couleurs. Il vaut mieux se servir toujours des mêmes pinceaux pour les couleurs foncées, réserver des pinceaux spéciaux pour l'encre de Chine, pour la sépia; cela est indispensable, car, quelque soin que l'on prenne de nettoyer les pinceaux, il reste toujours un peu de couleur qui pourrait ternir les tons clairs, si le même pinceau était destiné à toutes sortes de couleurs.

De plus, il faut toujours avoir soin de choisir, pour certaines couleurs qui épaississent et gonflent, des pinceaux assez minces. Pour les blancs de gouache, le pinceau imprégné de couleur double presque de volume ; aussi choisit-on dans ce cas de très petits pinceaux, qui secs paraissent même trop fins pour exécuter les travaux projetés.

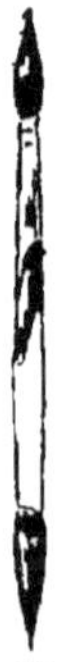

Sans disposer d'un nombre de pinceaux considérable, il faut toujours avoir des pinceaux spéciaux dont on ne se sert jamais pour les couleurs et que l'on réserve pour prendre de l'eau pure. Ces pinceaux doivent toujours être maintenus en parfait état de propreté, parce qu'ils servent à dégrader,

Fig. 47.

à fondre les teintes de diverses nuances, comme nous l'expliquerons plus loin en nous occupant des divers procédés d'exécution.

Aussi se sert-on souvent de deux pinceaux emmanchés

aux deux extrémités d'une même hampe (fig 47), l'un étant destiné aux couleurs, l'autre à l'eau pure ; en retournant cette hampe, on a ainsi les deux pinceaux indispensables pour mener à bien toutes les teintes d'aquarelle.

Enfin les pinceaux, que l'on doit conserver dans des boîtes ou des étuis pour les travaux d'atelier (fig. 48) et

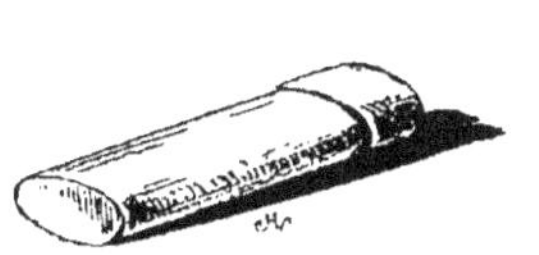

Fig. 48.

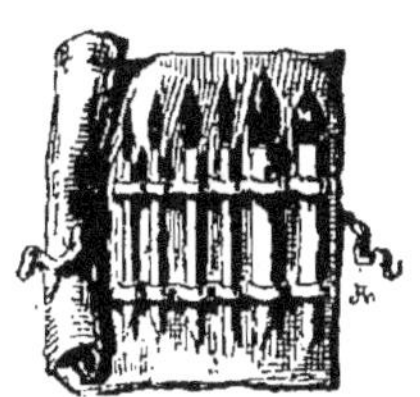

Fig. 49.

dans des trousses en étoffe (fig. 49) pour les travaux en plein air, doivent toujours y être placés après nettoyage et après séchage complet, les pinceaux conservés humides et gommés par la couleur séchée se détériorant fort rapidement.

XXXIII. — Éponges.

Les accessoires divers de l'aquarelliste sont peu nombreux ; en dehors des pinceaux, des couleurs et des palettes, il y a peu de chose à mentionner.

Cependant, il faut toujours avoir à sa disposition une et même plusieurs éponges. Une éponge de moyenne taille doit toujours être à portée de la main, prête à être trempée dans un verre d'eau pure. C'est avec cette éponge que l'on mouille les feuilles de papier que l'on veut coller et tendre sur le stirator ou la planchette; c'est aussi avec cette éponge que l'on humidifie la feuille de papier avant de commencer certains travaux. Cette première éponge doit donc être toujours maintenue en parfait état de propreté.

A côté de celle-ci, il est bon de placer une seconde éponge qui sert à enlever les parties dont on est mécontent. Cette éponge est pour l'aquarelle ce que le couteau à palette est pour la peinture à l'huile; seulement on ne peut pas enlever indéfiniment les teintes sur le papier, parce que cette opération répétée un trop grand nombre de fois altérerait l'épiderme du papier et rendrait impossible tout travail d'une certaine finesse.

Enfin l'éponge sert aussi, comme nous le verrons dans le procédé d'exécution, à obtenir certains effets *flous*, certains effaçages, certains effets vaporeux qui contrastent énergiquement avec des touches franchement posées. Dans le cas où les effaçages n'ont lieu que sur de petites surfaces, il serait imprudent de se servir des éponges ordinaires; aussi trouve-t-on pour cet usage, dans le commerce, de petites éponges minuscules montées, comme des pinceaux, à l'extrémité d'un manche en bois et qui permettent d'humidifier le papier et d'enlever des teintes sur de très petites surfaces et sans danger aucun pour les parties environnantes.

XXXIV. — Morceaux d'étoffes rugueuses.

Les lambeaux de vieilles et grossières étoffes font partie aussi des accessoires mystérieux de l'aquarelliste. Lorsque, sur une teinte encore humide, on sait appliquer une étoffe à

gros grain que l'on enlève presque aussitôt, cette étoffe
emporte avec elle une partie de la couleur, et ce semis régulier de points non pas blancs, mais d'un ton pâle participant
à la fois du papier et de la teinte passée, fournit un dessous
sur lequel deux ou trois coups de pinceau délibérément
jetés font parfois un excellent effet.

Certains artistes ont aussi l'habitude de se servir d'une
peau de daim pour obtenir des lumières après coup. Les
uns l'emploient roulée et frottent vivement la surface des
dessins, les autres en forment des tampons de plus ou
moins grande dimension et l'appliquent sur le dessin, la
partie que l'on veut enlever ayant été préalablement
légèrement humidifiée d'eau pure.

Ces enlevages sur fond humide rentrent évidemment
dans la série des *ficelles;* mais, sans ces ficelles, bien des
choses seraient impossibles.

XXXV. — Papier d'émeri.

Le papier d'émeri peut aussi servir à enlever les teintes
irrégulièrement, mais, employé sur le papier sec, il donne
toujours des points blancs là où le linge appliqué ne donne
que des points plus pâles. L'effet obtenu avec le papier
d'émeri est donc plus brutal ; mais à cause de cela encore on
doit le préférer dans certains cas, pour des premiers plans
énergiques par exemple. Il est superflu de dire cependant
que ces enlevés ne peuvent être pratiqués que dans des
aquarelles d'assez grandes dimensions et d'une liberté de
facture telle que ces enlevés ne choquent pas. Il faut donc

avoir à sa disposition des feuilles de papier émeri de différents numéros; cela est indispensable, et il faut savoir en
user à propos.

XXXVI. — Grattoirs.

Pour les petites surfaces, on se sert du grattoir. Les
grattoirs sont de formes diverses; cependant, ce sont les
grattoirs en forme de triangle curviligne à bords très
minces et formant une lame à double glacis qui sont le
plus employés. A l'aide du grattoir, on peut enlever non
seulement la teinte, mais encore l'épiderme du papier.
Mais dans ce dernier cas, si l'enlevage ne produit pas
l'effet cherché, il est absolument impossible de retoucher
sans laisser de traces. Il faut donc ne se servir du grattoir
qu'avec une extrême précaution, à moins de vouloir obtenir des taches absolument blanches, qui parfois sont nécessaires dans certains travaux.

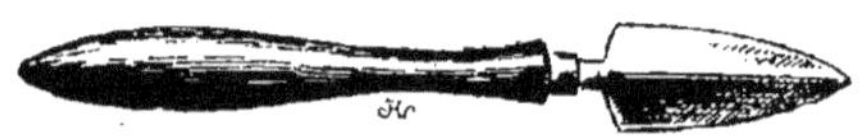

Fig. 50.

Les grattoirs triangulaires (fig. 50) étant quelquefois
trop gros pour enlever certains accidents, — principalement

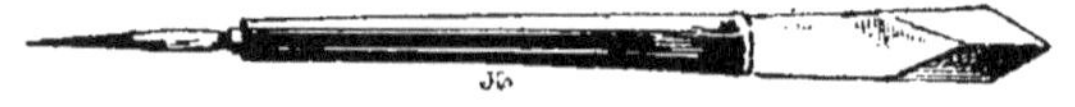

Fig. 51.

dans la miniature, — on emploie aussi les grattoirs en forme de pointe (fig. 51). Ces pointes de différentes grosseurs peuvent être aiguisées, aussi fines qu'on le désire, et à l'aide de petits coups successifs; en traçant légèrement de petites hachures croisées et entre-croisées, on finit par enlever la teinte que l'on veut faire disparaître et par obtenir sur une petite surface le point blanc désiré. Seulement, le maniement de ce grattoir en forme de pointe est bien plus facile dans les travaux de miniature, — où l'on opère sur un fond solide comme l'ivoire, — que dans les travaux d'aquarelle, où l'on ne doit pas perdre de vue que l'on travaille sur une feuille de papier où la moindre piqûre serait parfois un accident absolument irrémédiable.

II. — PROCÉDÉS D'EXÉCUTION.

I. — Esquisse.

Pour exécuter une aquarelle, quel que soit le genre choisi, quelle que soit la nature du papier adopté, il faut d'abord esquisser le sujet au crayon.

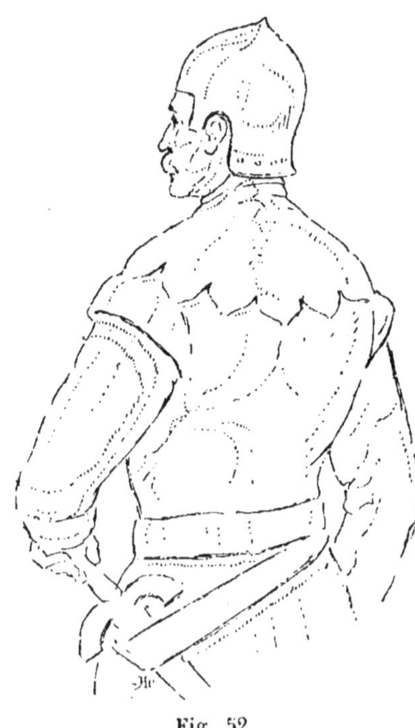

En général, cette esquisse doit être aussi légère que possible (fig. 52), et les crayons noirs assez mous donnent un trait d'autant plus lourd qu'on emploie un papier plus rugueux. En général, on peut indiquer non seulement les contours d'une figure, mais il est quelquefois utile de limiter par quelques points ou par quelques traits interrompus la place des lumières et des différentes

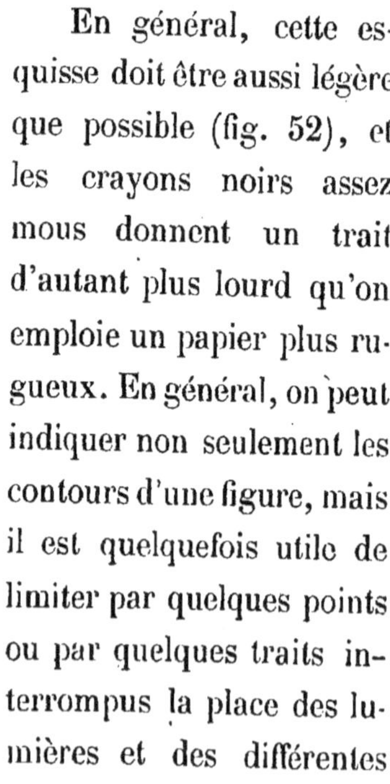

Fig. 52.

teintes qui accuseront le modelé. Cependant, il faut veiller à ce que ce tracé soit très faiblement indiqué, et ensuite à ce que les petites surfaces ou les surfaces claires ne soient pas couvertes de traits de crayon trop nombreux. Car, dans ce dernier cas, quelles que soient les précautions employées, les teintes claires sont toujours ternies par la poudre de crayon qui se mélange à elles par le frottement du pinceau, ce qui se traduit sur le papier par un teinte grise beaucoup moins lumineuse que la teinte préparée dans le godet ou sur la palette. Il ne faut pas perdre de vue en principe que, dans l'aquarelle, ce sont les blancs des papiers qui doivent être réservés, et que ce sont ces blancs qui donnent de la transparence aux teintes; il faut donc éviter de les ternir avec le plus grand soin et surtout dès le commencement du travail.

II. — Mélanges des couleurs.

Les mélanges des couleurs d'aquarelle peuvent fournir des tons en quantités presque innombrables. Toutefois, il ne faut pas exagérer les combinaisons; mais, en employant seulement quatorze couleurs telles qu'on les trouve dans le commerce, on peut obtenir aisément plus de cent tons bien caractérisés; en doublant, en changeant la proportion des mélanges, c'est donc plus de deux cents tons que l'aquarelliste peut avoir à sa disposition.

Nous ne nous occuperons que du mélange de ces quatorze couleurs principales, qui sont : l'encre de Chine, le carmin, le vermillon, le jaune orangé, l'ocre jaune, le jaune brillant, le vert, le bleu de Prusse, l'outre-mer, le violet, la terre de Sienne naturelle, la terre de Sienne brûlée, la sépia naturelle et la sépia colorée. Si, à ces quatorze couleurs délayées à l'état de teintes légères, on ajoute uniformément une même quantité de teinte rose d'une égale intensité, l'intensité des rouges augmente, les jaunes deviennent orangés, on fait tourner au violet tous les bleus et les autres teintes prennent un ton plus ou moins coloré. Si on ajoute, au contraire, une teinte jaune, les jaunes deviennent d'une grande intensité, tous les bleus tournent au vert. Si on ajoute une teinte bleue, on ne trouve plus que des bleus, des verts et des violets. Les teintes formées de ces mêmes couleurs claires additionnées de couleurs foncées donnent les mêmes résultats, mais en fournissant des teintes plus intenses, et dont l'intensité et la tonalité varient suivant les proportions du mélange.

Ces mélanges ne s'exécutent pas dans les mêmes conditions pour toutes les couleurs ; certaines couleurs étant très lourdes se mélangent fort mal avec certaines couleurs très légères, qui restent en suspension dans l'eau fort longtemps, tandis que les premières se déposent parfois presque immédiatement au fond du godet.

Les ocres, les bleus (l'outre-mer surtout), le vermillon se déposent avec rapidité. Le carmin, la terre de Sienne, le bleu de Prusse, au contraire, restent longtemps en suspension.

De plus, certaines couleurs n'adhèrent au papier que très légèrement et lorsqu'on veut les glacer, c'est-à-dire, lorsqu'on veut passer à leur surface une teinte légère, il faut passer cette teinte du premier coup, il faut effleurer de la pointe du pinceau et ne jamais passer une seconde fois ce même pinceau sur ces couleurs, car, sous l'influence

PLANCHE I

TABLEAU D'ENSEMBLE

INDIQUANT LA MANIÈRE

DONT LES PRINCIPALES COULEURS DE L'AQUARELLE

PEUVENT ÊTRE COMBINÉES ENTRE ELLES

TABLEAU D'ENSEMBLE

Indiquant la manière dont les principales couleurs à l'aquarelle peuvent être combinées

---

Ce tableau est divisé en VIII colonnes verticales et en 15 compartiments horizontaux.

Dans les onze premiers compartiments (1 à 11) sont posées des teintes pures de carmin, — la première case (I) restant blanche pour mieux permettre d'apprécier la valeur des teintes qui vont être superposées à ces teintes pures, — de vermillon, d'orangé, d'ocre jaune, de jaune brillant, de vert, de bleu de Prusse, d'outremer, de violet et de noir.

Dans les quatre autres (12 à 15) sont posées des teintes pures de terre de Sienne naturelle, de terre de Sienne brûlée, de sépia naturelle et de sépia colorée.

Ces quinze compartiments sont, dans la colonne I, divisés par une diagonale, et le triangle supérieur donne une idée de la différence d'intensité qui peut être obtenue en superposant plusieurs teintes pures.

Dans la colonne II, toutes les teintes pures sont recouvertes d'une même teinte d'un rose pâle qui augmente l'intensité des rouges, et fait passer à l'orangé tous les jaunes, et au violet tous les bleus.

Dans la colonne III, toutes les teintes pures sont recouvertes d'une teinte jaune pâle qui fait tourner à l'orangé tous les rouges, qui fait disparaître les bleus et donne une série de tons verts d'une grande variété.

Dans la colonne IV, toutes les teintes pures sont recouvertes d'une teinte bleu pâle qui exalte les bleus et donne toute une série de violets et de gris.

Dans les colonnes V, VI et VII, ces mêmes teintes pures sont recouvertes d'une teinte rougeâtre (V), d'une teinte grise tirant sur le rouge (VI) et d'une teinte tirant sur le bleu (VII). Dans la colonne V, les teintes pures apparaissent encore, quoique voilées, et donnent une série de gris très colorés, du vert au violet (7 à 10). Dans la colonne VI, le gris rougeâtre rend presque tous les tons uniformes et indique le danger que présente une teinte trop intense superposée à des teintes trop pâles. Dans la colonne VII, le gris bleuâtre donne une grande variété de gris et de violets.

Enfin, dans la colonne VIII, une teinte d'encre de Chine passée sur les mêmes teintes pures donne une série de gris très variés, mais plus froids que ceux obtenus à l'aide des teintes précédentes, et la partie supérieure de chaque rectangle est recouverte d'une teinte plus intense qui donne une nouvelle série de tons.

On voit donc que, à l'aide de 15 couleurs à l'état pur, mélangées ou recouvertes de teintes grises de tonalité variable et formées de ces mêmes couleurs combinées, on peut obtenir plus de 130 tons différents.

	I	II	III	IV	V	VI	VII	VIII
2	CARMIN	pure.						teintes.
3	VERMILLON	couleur						les
4	ORANGÉ	de				gris rouge.	gris bleuâtre.	toutes
5	OCRE JAUNE	teintes			rougeâtre.			sur
6	JAUNE BRILLANT	sur les			sombre			unifor mément
7	VERT	unifor mément			ton			
8	BLEU DE PRUSSE				d'un			passée
9	OUTREMER	passée			additionnée			Chine
10	VIOLET	pâle			pâle			de
11	NOIR	Rose	Jaune	Bleue	Rose	Jaune	Bleue	d'Encre
12	TERRE DE SIENNE NATURELLE	Teinte			Teinte			Teinte
13	TERRE DE SIENNE BRULÉE				même			
14	SÉPIA NATURELLE				La			
15	SÉPIA COLORÉE							

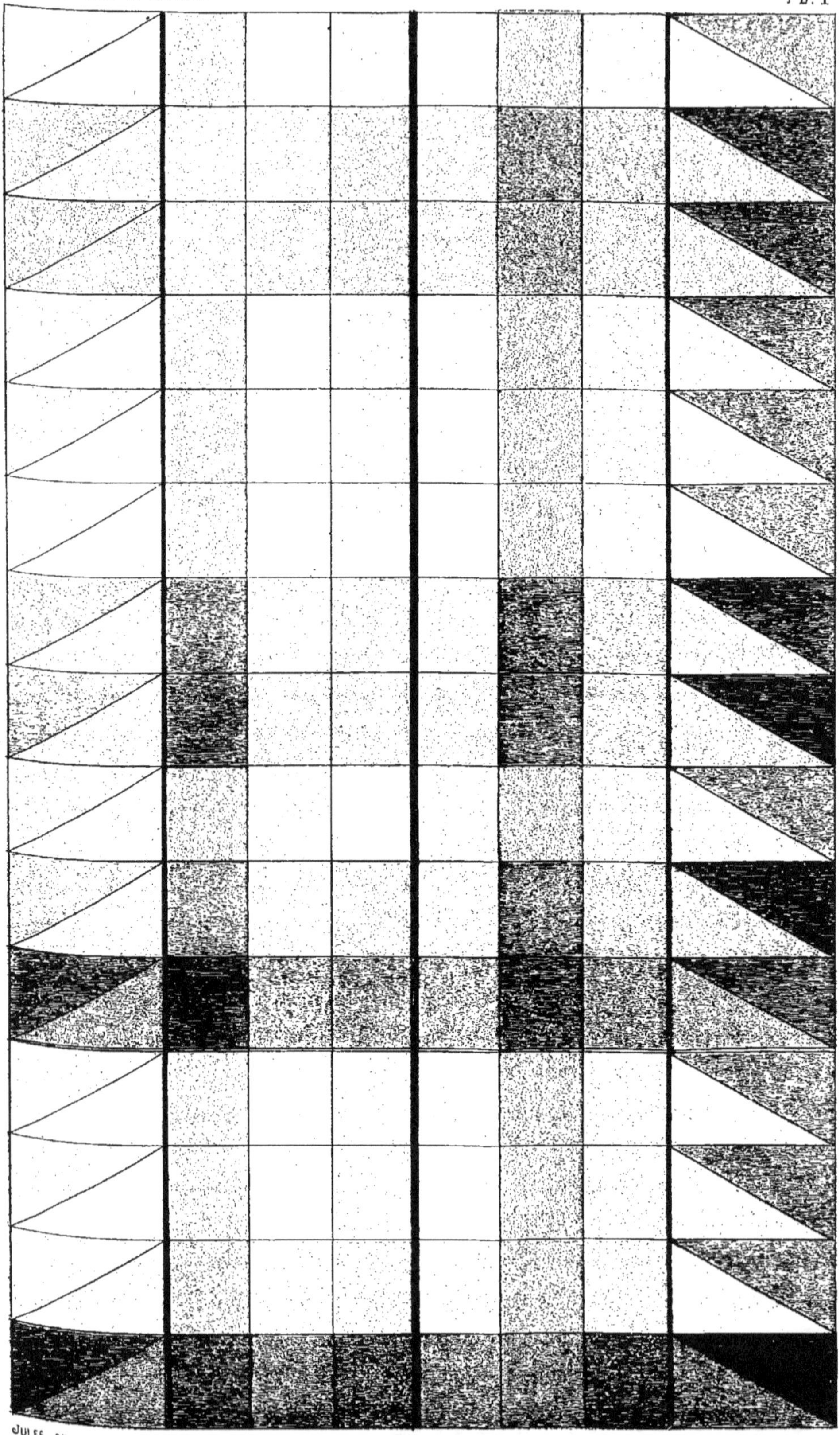

JULES ADELINE s

MAISON QUANTIN. EDrs

de l'humidité, ces couleurs, se délayant à nouveau, se déta-
cheraient du papier et les coups de pinceau s'accuseraient
par des taches blanchâtres qui altéreraient singulièrement
l'uniformité de la teinte.

Enfin, les couleurs promptes à se déposer peuvent être
employées de deux façons : pour des effets pittoresques,
lorsque les dépôts de teintes ne nuisent pas à l'effet cherché,
on doit remuer la teinte dans le godet chaque fois que l'on
charge le pinceau ; pour des teintes d'une régularité parfaite et qu'on répétera plusieurs fois s'il est nécessaire pour
obtenir l'intensité de ton voulue, on n'emploie que la partie
limpide de la teinte, et on évite en chargeant le pinceau de
toucher au fond du godet.

L'intensité d'effet obtenue à l'aide d'une même teinte
peut varier du double, suivant que cette même teinte est
passée à plein pinceau ou à pinceau sec.

III. — Teintes à plein pinceau et à pinceau sec.

Passer une teinte à plein pinceau, c'est d'abord charger
celui-ci abondamment, de façon à ce que son volume nor-
mal soit sinon doublé, au moins augmenté d'un tiers.

Passer une teinte à pinceau sec, c'est ne le charger que
d'une très petite quantité de teinte, de sorte que le volume
du pinceau chargé de couleur est à peu près le même
que celui du pinceau sec.

Pour passer une teinte à plein pinceau, on appuie
celui-ci fortement, de façon à ce que la teinte coule sur le

papier; on charge fréquemment le pinceau et on dépose ainsi à la surface du papier une épaisseur de teinte qui, avant de sécher, offre l'aspect d'une large flaque d'eau dont les bords offrent un contour curviligne. La teinte à plein pinceau est très longue à sécher; cela est tout naturel, et tout naturellement aussi c'est par les bords que le séchage commence. Or ce séchage se traduit quelquefois par une sorte de liséré qui paraît d'autant plus foncé qu'il est plus rapproché d'une partie claire ou même du papier blanc, et qui tient surtout pour les couleurs à dépôt rapide à ce que la teinte, étant moins abondante en cet endroit qu'au milieu de la partie teintée, cette couleur se dépose immédiatement, tandis que l'eau s'évapore rapidement.

Le milieu de la teinte passée à plein pinceau est parfois très longtemps à sécher; parfois aussi, le papier se déten-dant sous l'influence de l'humidité, — et surtout lorsque les surfaces teintées sont assez grandes, — il se forme des dépressions dans lesquelles la teinte s'accumule. Ces creux, plus longs encore à sécher que les parties environnantes, se traduisent finalement par des sortes de taches plus fon-cées qui, dans les ciels, par exemple, sont d'un assez joli effet. On peut quelquefois enlever, à l'aide d'un pinceau sec, cet excédent de teintes, car on sait que tout pinceau, sinon complètement sec, au moins très peu humide, happe comme une éponge. En appuyant donc l'extrémité des pin-ceaux sur cet excédent de teinte, cet excédent disparaît dans le pinceau; mais cela est quelquefois dangereux, car au lieu d'une tache foncée, on produit souvent une tache claire plus désagréable d'aspect que la précédente. Les teintes à plein pinceau offrent, lorsqu'elles sont sèches, une transparence et une intensité de coloration qu'il est absolument impossible d'obtenir par d'autres moyens. Le tout consiste donc à savoir les employer à propos et aussi à les poser autant que possible du premier coup avec l'intensité voulue.

Toutes les teintes d'aquarelle, toutes sans exception, baissent de ton en séchant. Plus une teinte est abondante et passée à plein pinceau, plus elle baisse de ton comparativement à une même teinte passée à pinceau presque sec. Il ne faut donc pas hésiter en aquarelle à passer des teintes toujours un peu au-dessus de l'effet cherché. Il ne faut passer des teintes faibles que dans le cas où des teintes trop fortes seraient irrémédiables, et dans le cas aussi ou des teintes superposées permettent seules d'obtenir sûrement l'effet cherché.

Plus une teinte est intense de ton, plus elle baisse en séchant. Une teinte d'un beau rouge brun foncé additionnée de carmin, par exemple, et qui sur la palette paraît d'un très beau ton, d'une intensité extraordinaire, devient beaucoup plus pâle et plus terne lorsqu'elle est sèche. Il n'y a pas de remède à cet inconvénient, qui est pour la peinture à l'eau ce que l'embu est pour la peinture à l'huile. Dans cette dernière, toutefois, on peut faire disparaître les ombres avec du vernis; dans l'aquarelle, toutes les solutions gommées essayées jusqu'à ce jour n'ont d'autre résultat que de faire écailler les couleurs.

Les teintes passées à pinceau sec n'ont jamais la profondeur, le moelleux et la transparence des teintes à plein pinceau; elles sont d'un effet plus mesquin, mais elles paraissent, — et ce n'est qu'une apparence, — elles paraissent moins baisser de ton que les teintes à plein pinceau, et elles n'offrent pas non plus l'inconvénient de donner des lisérés plus foncés sur les bords.

Pour éviter les lisérés, pour éviter les contours trop durs, pour mieux faciliter le passage des teintes d'une certaine étendue, il y a un moyen, c'est de mouiller le papier.

On humidifie la feuille, soit en dessous si on se sert de stirator à châssis, soit en dessus si on emploie la planchette, à l'aide d'une éponge fine ou à l'aide d'un gros pinceau. On peut même, pour éviter le frottement du pinceau ou de l'éponge, projeter de l'eau d'en haut sur la feuille de papier à l'aide d'une éponge que l'on presse légèrement. On se contente d'enlever les excédents de liquide qui pourraient couler et détériorer les teintes environnantes déjà passées et même décoller les bords de la feuille. On attend ensuite quelques instants, jusqu'à ce que le papier ne soit plus brillant. Il y a un moment précis à saisir. Trop tôt, les teintes ne s'arrêteraient pas aux limites qu'on veut leur donner; trop tard, les teintes offriraient les inconvénients de teintes passées sur un papier sec. Lorsque le papier est à point, c'est-à-dire lorsqu'il offre un ton mat d'un aspect particulier, — et avec un peu d'habitude on arrive aisément à saisir le moment précis, — on passe les teintes en prenant soin de ne pas appuyer, de ne pas faire de plis sur le papier humide, car un pli sur le papier humide se traduit toujours par une cassure qu'il est impossible de faire disparaître. Les teintes passées sur papier humide sont toujours plus longues à sécher, mais elles sont aussi plus transparentes et plus faciles à reprendre, surtout pour les teintes passées au pinceau presque sec.

Reprendre une teinte, c'est la continuer à l'aide de coups de pinceau successifs étendant la teinte sur une nouvelle surface, tout en reliant cette surface à la surface déjà recouverte de teinte. Or, si le travail n'est pas rapidement mené, si la teinte s'étend sur une grande largeur, une extrémité de la teinte peut être déjà sèche lorsqu'on recommence à donner de nouveaux coups de pinceau pour la continuer et, dans ce cas, la teinte fraîche appliquée sur une teinte déjà sèche ne se relie pas avec cette dernière, et, au lieu d'une teinte unie, on obtient une sorte de couture se traduisant par une ligne foncée du plus déplorable effet.

En travaillant sur le papier humide, on évite de pareils accidents, et on peut continuer, on peut reprendre les teintes sans inconvénient, sans se presser et aussi longtemps que l'humidité du papier est suffisante.

Mais si le papier humide facilite certains travaux, il demande un temps de séchage assez long.

On peut humidifier le papier non seulement pour une première teinte, c'est-à-dire lorsque la feuille est absolument blanche, mais on peut encore, si cela est nécessaire, humidifier le papier déjà teinté. Il faut seulement se servir, dans ce cas, non pas de l'éponge, mais d'un pinceau fin, et il faut passer ce pinceau avec une extrême prudence, car certaines teintes sont très délicates et s'enlèvent facilement. Disons-le même, il y a des teintes sur lesquelles il serait imprudent de faire un pareil travail. Aussi peut-on réserver à l'aide de découpages les parties à protéger, ce qui permet de passer les teintes directes avec plus de franchise. Enfin, dans le cas où l'on veut humidifier un dessin sans

frotter en aucune façon, on peut avoir recours au moyen
suivant: on pose le dessin sur un plan incliné et on presse
une éponge pleine d'eau au-dessus de ce dessin (fig. 53).

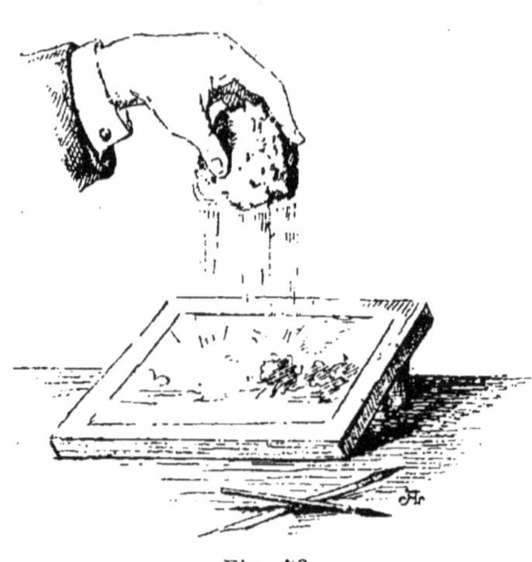

Fig. 53.

On peut ainsi mouiller aussi complètement qu'on le désire certaines parties du dessin, mais en même temps il faut enlever l'afflux d'eau qui pourrait décoller les bords de l'aquarelle.

Il est aussi des papiers, les papiers lisses, les cartons bristol surtout, sur lesquels les teintes sont fort difficiles à
passer. En général, sur un papier lisse, chaque coup de
pinceau marque, c'est-à-dire que chaque coup de pinceau laisse une trace sur le contour extérieur de la
teinte, qui s'accuse par une sorte de liséré plus foncé et
s'incruste dans le papier avec une telle rapidité et une
telle solidité qu'il est impossible de le faire disparaître
à l'aide des coups de pinceau suivants nécessaires pour
continuer et étendre la teinte. On peut toutefois rendre
ces papiers plus faciles à travailler de deux manières : soit,
d'abord, en les mouillant légèrement et en passant la teinte
sur le papier humide, ainsi que nous l'avons déjà dit; soit
en procédant de la manière suivante, si le genre du dessin
toutefois le permet. On commence par passer des teintes :
sur un ciel, par exemple, comme on peut, sans se pré-

occuper des taches qui vont se former et en ébauchant l'effet que l'on veut obtenir. Puis les teintes étant sèches, on frotte légèrement avec la gomme élastique. Cette gomme enlève de place en place l'épiderme du papier, elle produit de légères éraflures qui se traduisent par des points blancs irrégulièrement espacés, et forme une sorte de grain factice permettant aux nouvelles teintes que l'on passera de ne pas faire de taches sur la surface ainsi modifiée.

IV. — Séchage des teintes.

En général, il faut sécher le papier avant de commencer un nouveau travail, et parfois la température de l'atelier ne suffit pas pour obtenir un séchage rapide. On a recours alors au moyen suivant : on enflamme un morceau de papier tordu comme une torche, et lorsque la feuille est en pleine combustion, lorsqu'elle produit une flamme vive et claire, on la place devant le dessin à quelques centi-

Fig. 54.

mètres du dessin. On tient le dessin presque vertical, un peu incliné en avant cependant (fig. 54), et de façon à ce que la flamme lèche très légèrement la feuille de papier sans la toucher trop longtemps. En quelques secondes, on sèche ainsi le dessin en promenant de droite à gauche et rapidement la feuille de papier enflammée. Si l'opération est bien menée, le papier sec ne doit présenter aucune trace de brûlure, aucun dépôt de noir de fumée. En flambant ainsi rapidement le papier, on obtient un séchage instantané, et, quelques secondes après avoir laissé refroidir la surface du papier, on peut continuer à humidifier et à passer des teintes.

Le séchage à chaud, peu important pour des petites aquarelles, prend des proportions énormes pour les lavis de grandes dimensions; mais il faut surtout veiller à ce que le papier ne soit pas roussi, car, outre que ce commencement de brûlure détruit la solidité du papier sur lequel on travaille, il se traduit, en outre, par des taches rougeâtres qui, parfois, changent la tonalité des teintes d'une façon très fâcheuse.

V. — Composition du ton.

Le mélange de teintes pour obtenir un ton n'est pas la partie la moins importante de la peinture à l'eau.

Il est cependant impossible d'indiquer ici la façon dont les compositions des tons peuvent s'opérer. En prenant pour point de départ un certain nombre de mélanges très simples, en augmentant ce nombre, en combinant entre eux ces différents mélanges, en changeant les proportions des mélanges, on peut donc obtenir tous les tons cherchés.

La première condition quand on veut obtenir un ton,

soit d'après nature, soit d'après l'œuvre que l'on reproduit, c'est de savoir analyser ce ton. Il faut, et avec un peu
d'habitude on y arrive promptement, déterminer d'abord
la couleur dominante qui entre dans la composition de
ce ton.

Est-ce un rouge, un jaune ou un bleu? Tout peut être
réduit d'abord à ces trois couleurs primitives.

On place donc un peu de cette couleur primitive sur
la palette, puis on cherche à déterminer les couleurs sombres ou claires qui peuvent modifier la couleur primitive.
Avec un peu d'habitude et en tâtonnant, on arrive à composer sur la palette un ton qui se rapproche du ton cherché au fur et à mesure qu'on y ajoute les diverses couleurs.
Ce n'est que par des essais qu'on peut arriver à un résultat
exact. Il n'y a pas de formule pour la composition des
divers mélanges; il ne faut qu'étudier le ton et l'analyser.

Savoir regarder, c'est aussi utile pour composer une
teinte que pour exécuter un modelé. Il faut savoir d'un seul
coup d'œil voir quelles doivent être l'importance du ton
local, l'intensité de la lumière, de l'ombre et du reflet.
Parfois même, deux tons suffisent pour modeler une surface : le ton local et l'ombre, les lumières étant données
par les blancs réservés.

VI. — Réserves des parties lumineuses.

Suivant le vrai principe de l'aquarelle, suivant le vrai
principe des couleurs transparentes, il faut que le papier
donne les lumières, ainsi que les blancs purs.

Lorsqu'on passe le ton local, il faut donc réserver d'abord les blancs, et non seulement les blancs dont on a un besoin immédiat, mais aussi les blancs dont on aura besoin ultérieurement, pour indiquer des reflets qui devront être légèrement teintés et surtout beaucoup plus clairs que les parties environnantes. La réserve des blancs est une des difficultés de l'aquarelle, et ce n'est qu'avec la pratique seule que l'on arrive à réserver exactement et d'une façon juste les blancs du papier.

On peut, en commençant, circonscrire d'un léger trait de crayon la partie à réserver; mais ce trait de crayon, si léger qu'il soit, cerne la teinte claire d'un trait gris qui en augmente l'intensité et accuse trop énergiquement le passage du blanc à la teinte.

Ce qui est vrai pour la réserve des blancs l'est aussi pour les réserves du ton local lorsque l'on passe les teintes de modelé. Il faut donc s'habituer à passer du premier coup ces différentes teintes sans avoir fixé au préalable le contour de chacune d'elles. Quelques ponctués de crayon posés çà et là comme points de repère, tel est le seul moyen à employer de préférence au trait continu.

Les teintes de modelé peuvent se poser à plat ou être fondues les unes dans les autres.

VII. — Teintes plates.

Les teintes plates sont relativement assez faciles à passer.

Pour couvrir une surface quelconque d'une teinte plate

on charge le pinceau chaque fois aussi également que possible, et on commence presque toujours et autant que faire
se peut par l'extrémité gauche supérieure de la surface à
teinter. On pose ainsi successivement et en allant de droite
à gauche le pinceau plein de teinte sur le papier (fig. 55). En

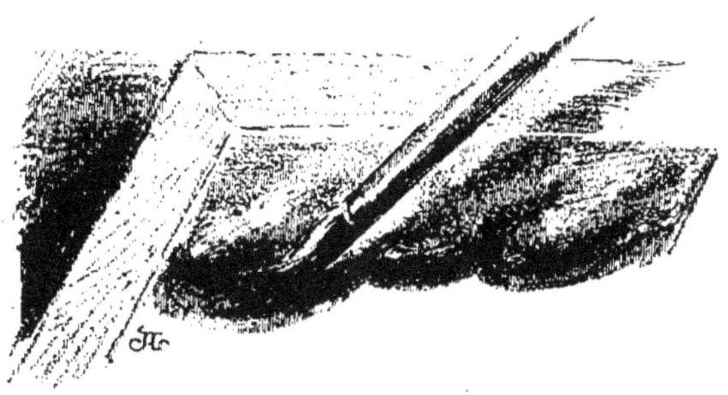

Fig. 55.

appuyant légèrement sur le pinceau, la teinte s'étend sur le
papier; ces différentes portions de teintes se mélangent les
unes aux autres. A l'aide d'un coup de pinceau rapide, on
peut aider d'ailleurs à ce mélange, mais il ne faut pas
abuser de ces retouches, surtout pour les parties qui com-
mencent à sécher, car ces retouches pourraient se traduire
en séchant par des taches plus claires ou plus foncées, selon
que le pinceau aurait enlevé ou déposé une plus grande
quantité de teintes sur le papier. Après avoir recouvert de
teinte la surface dans toute sa longueur, on couvre une
nouvelle bande de teinte de la même façon, en reliant chaque coup de pinceau à l'excédent de teinte que l'on doit
toujours maintenir dans le bas de chaque zone, et, pour
faciliter cet écoulement, on incline son dessin comme s'il
était posé sur la pente d'un pupitre. On descend ainsi régulièrement la teinte sur toute sa largeur; mais le cas est plus

fréquent dans le lavis que dans l'aquarelle ; si la teinte offre une assez grande surface, surtout en hauteur, on achève souvent une teinte qui est sèche depuis longtemps à la partie supérieure.

En règle générale, on ne doit d'ailleurs jamais retoucher à une teinte plate qui n'est pas sèche ; toute retouche qui n'est pas réussie se traduisant après le séchage par une tache.

Une teinte plate humide encore par places peut ne pas paraître aussi unie qu'on le désirerait. Il faut faire la part d'abord des coups de pinceaux inégaux qui ont pu déposer plus de teinte en de certains endroits, et il faut faire aussi la part du papier qui, collé inégalement, a pu absorber avec plus ou moins de rapidité la teinte passée à sa surface. Mais pour condamner une teinte plate, pour la déclarer réussie ou à recommencer, il est toujours prudent d'attendre le séchage complet.

VIII. — Teintes fondues.

Les teintes plates ont une plus grande importance dans le lavis que dans l'aquarelle. On pourrait en dire autant des teintes fondues ; cependant les teintes fondues sont très fréquemment utilisées dans les aquarelles, mais sur de très petites surfaces, et, malgré cela, le procédé d'exécution est le même.

Passer une teinte fondue, c'est passer une teinte dont l'intensité varie ou même dont la tonalité peut changer. Ainsi, on peut passer une teinte rose, par exemple, qui aille en se dégradant jusqu'au blanc pur, et on peut passer une teinte rose se décolorant d'abord, puis se colorant à nouveau jusqu'à un vert, par exemple, sans qu'un contour sec et arrêté existe entre les deux couleurs.

Ce résultat peut être obtenu en deux fois, par deux opérations successives, mais on pourrait à la rigueur l'obtenir d'une seule manière.

Parlons d'abord d'une teinte fondue simple.

Pour bien réussir cette teinte, il est assez utile de travailler, autant que possible, sur un papier humide. On se sert alors de deux pinceaux emmanchés bout à bout. On charge l'un de teinte ; l'autre doit toujours être maintenu très propre, chargé d'eau pure ou spongieux.

Un détail à ce propos : il faut toujours avoir soin que les pinceaux forment la pointe, si l'on veut bien exécuter certains travaux. Certains artistes donnent cette forme voulue au pinceau en le portant à leurs lèvres. Le procédé est admissible quand le pinceau est sec ; mais quand il est imprégné de teinte, on peut s'exposer à des dégustations non pas nuisibles, mais fort désagréables. On peut fort bien donner au pinceau une forme cylindrique et lui faire faire la pointe sans le porter aux lèvres. On peut le presser légèrement entre les doigts, le modeler délicatement, pour ainsi dire, par une simple pression. On peut même, après l'avoir débarrassé de son excédent de teinte d'un coup sec du poignet, le poser légèrement sur le bord du godet, ou sur le rebord arrondi du récipient d'eau pure, en appuyant peu à peu et en tournant le manche du pinceau entre les doigts ; un pinceau de bonne qualité ne tarde pas à prendre une forme régulière.

Pour passer une teinte fondue, on commence donc par

passer une teinte plate sur toute la partie qui devra rester la plus foncée. Puis, arrivé au moment où la teinte doit commencer à se dégrader, où elle doit commencer à perdre de son intensité, on secoue vivement le pinceau plein de teinte dans le godet; on le presse entre les doigts de façon à le débarrasser presque complètement de la teinte, on le charge d'eau, on le frotte sur la palette pour que le mélange se fasse bien, et on continue la teinte plate. Cette teinte est ainsi continuée avec une couleur bien plus faible, puisqu'elle est additionnée d'eau. Lorsque cette nouvelle zone est couverte, on continue avec le pinceau chargé d'eau pure jusqu'à l'extrémité inférieure de la surface à recouvrir. La seule difficulté d'une teinte fondue est de bien ménager les transitions; aussi faut-il avoir soin de couvrir les différentes zones exécutées en teintes plates d'une grande quantité de couleur, sans excès cependant, mais de façon à ce que la teinte soit toujours assez abondante pour n'être pas sèche au moment où on la continue, et pour se mélanger en quantité suffisante à la teinte plus pâle dont on couvre la nouvelle zone. Si on négligeait cette précaution, si la teinte était déjà à moitié sèche, lorsqu'on voudrait la continuer, par un effet d'absorption, l'eau pure ou la teinte pâle se mélangeraient irrégulièrement, sécheraient de même, et il en résulterait des zigzags fort désagréables, rappelant assez bien des découpures irrégulières d'une vieille étoffe frangée, rongée par l'usure. Dans certains cas, dans des motifs pittoresques, ces accidents peuvent être utilisés; mais, dans certains cas aussi, dans des ciels, par exemple, dont la limpidité doit être irréprochable, il faut éviter ces accidents et ces irrégularités.

Pour relier une teinte fondue à une autre teinte, — allant en augmentant d'intensité, par exemple, — il faut procéder de même; mais il est à remarquer qu'il vaut mieux retourner son dessin et commencer toujours par la teinte foncée pour finir par la teinte la plus claire, le dessin devant toujours être maintenu incliné de façon à ce que la teinte s'écoule d'elle-même, suivant la pente de la planchette ou du stirator.

On peut aussi fondre une teinte de la manière suivante, — pour l'exécution d'un ciel, par exemple : — on recouvre d'une teinte d'eau pure toute la partie supérieure d'un nuage ou d'une bande d'horizon, et on pose, à la partie inférieure seulement, un peu de couleur, que l'on étend légèrement sur toute la longueur de l'horizon.

Cette teinte se mélange d'elle-même avec la teinte d'eau pure. On suit les irrégularités qui peuvent se produire; on y remédie, on les accentue suivant le résultat cherché, et on obtient ainsi des effets pittoresques parfois fort heureux.

On peut encore fondre une teinte d'une autre manière : on passe la teinte sur la partie qui doit être la plus foncée, et on en dépasse légèrement la limite. Puis, se servant alors d'un énorme pinceau trempé dans l'eau pure et abondamment mouillé, on le pose vivement sur le papier, et on couvre d'eau pure toute la partie qui ne doit recevoir qu'une teinte faible. On donne quelques coups irréguliers et croisés, pour réunir la teinte à la partie ainsi humectée d'eau pure, et l'on mélange le tout à l'aide de coups rapides donnés en tous sens. Ce procédé ne peut être utilisé que pour de larges surfaces; mais, dans ce dernier cas, il doit être employé de préférence à tout autre, car il permet d'obtenir des effets très vaporeux et d'une remarquable délicatesse de ton.

IX. — Les bavoches.

Il peut arriver aussi, et il arrive souvent d'ailleurs, dans

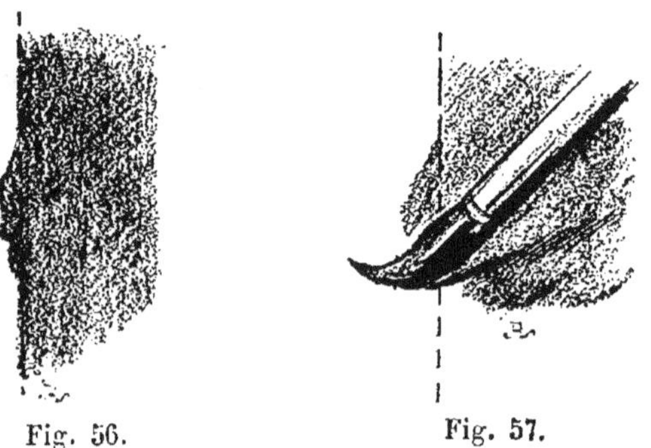

Fig. 56.   Fig. 57.

une teinte plate ou lorsqu'on passe une teinte fondue, que

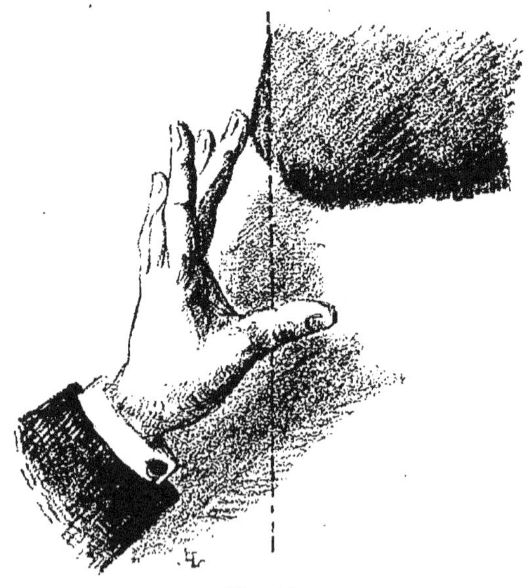

Fig. 58.

le pinceau dépasse le contour limitant la teinte (fig. 56). Ces excès de teinte, que l'on nomme bavoches ou bavochures, nuisent à l'aspect soigné du travail, et si on les laissait sécher, elles seraient difficiles à enlever. Il faut donc les enlever immédiatement, soit avec le doigt, soit avec le pinceau sec. En passant vivement le pinceau en sens inverse de la teinte (fig. 57), et en commençant par la portion de teinte qui excède le plus la limite dépassée, on enlève cette bavoche, et il faut non seulement enlever ce qui dépasse, mais aussi une petite partie en plus du côté de la teinte. Cette petite partie, qui sèche presque instantanément, permet de raccorder et de continuer la teinte, sans solution de continuité et en respectant le contour que la bavoche avait altéré. On enlève aussi les bavoches avec le doigt (fig. 58), d'un petit mouvement rapide et précis, que l'on acquiert aisément avec un peu de pratique.

X. — Effets de réserve.

Les teintes posées à pinceau sec, ou même à plein pinceau, permettent parfois de réserver des espaces blancs irréguliers plus ou moins apparents, suivant la rugosité des papiers. Mais il est parfois utile d'obtenir ces réserves du blanc pur du papier ou des réserves de tons plus clairs déjà posés. On obtient ce résultat à l'aide d'un pinceau presque sec que l'on tient obliquement par rapport à la surface du papier.

En passant ainsi rapidement le pinceau peu chargé de couleur, on obtient des réserves dues au hasard, que l'on retouche, que l'on modifie, que l'on simplifie même, suivant l'effet cherché. Les touches à pinceau sec, souvent dures pour les ciels et les lointains, doivent être réservées pour les premiers plans, pour les terrains surtout.

Lorsque les blancs réservés ne suffisent pas à l'effet voulu, il y a plusieurs moyens d'obtenir de nouveaux blancs ou des parties claires sur des parties déjà teintées.

XI. — Enlevage au tampon.

Le premier moyen ne peut donner que des tons plus pâles, mais jamais des blancs purs ; c'est celui qui consiste à tamponner une teinte encore fraîche à l'aide d'un morceau d'étoffe ou d'un petit tampon de peau de daim ou de soie (fig. 59). Sous la pression, la couleur fraîche adhère à l'é-

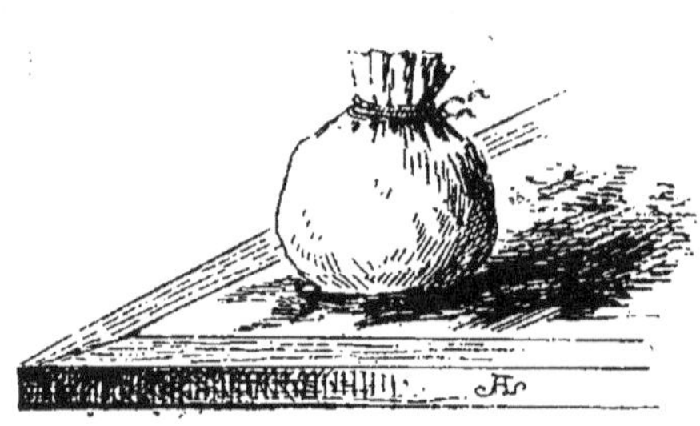

Fig. 59.

toffe, et le ton obtenu est sensiblement plus pâle. De plus, ce tamponnement sèche presque instantanément le papier et permet des retouches immédiates. Si la partie que l'on veut baisser de ton ainsi d'une façon un peu légère est complètement sèche, on peut même l'humidifier d'eau pure à l'aide du pinceau ; on attend quelques secondes, on saisit l'instant précis où l'eau pure a détrempé la teinte, et on tamponne. Mais ce procédé ne peut réussir que sur des papiers fortement collés. Sur des papiers sans colle, la teinte, pénétrant avec rapidité et s'incorporant, pour ainsi dire, dans la pâte du papier, ne peut jamais être enlevée,

à moins d'arracher en même temps l'épiderme du papier,
et encore !

XII. — Enlevage à l'éponge.

Mais le véritable procédé, pour enlever, celui qui donne
des blancs absolus et n'altère pas le papier, et qui permet
des retouches ultérieures, c'est l'éponge. L'éponge est une
des grandes ressources de l'aquarelliste. On peut, à l'aide
de l'éponge, transformer en teintes fondues et moelleuses
des teintes dures et opaques. L'éponge permet d'obtenir
des lointains vaporeux, estompés dans la brume ; un coup
d'éponge sur une aquarelle, c'est le voile qui enveloppe et
donne de la profondeur aux plans trop durement accentués
ou se découpant trop sèchement les uns sur les autres. Il
faut cependant veiller, lorsqu'on donne un coup d'éponge,
à deux choses : ne pas ternir les surfaces environnantes et
ne pas faire *filer* les couleurs peu solides. Lorsqu'en effet
on frotte avec l'éponge pleine d'eau pure, cette eau pure
se ternit rapidement au contact des teintes qu'elle détrempe et enlève, et cette eau, colorée d'un ton sale, tein-
terait légèrement la surface du papier si on ne prenait soin
de presser l'éponge plusieurs fois pour remplacer cette eau
impure par de l'eau pure. Il faut donc renouveler vivement, et autant de fois de fois qu'on le peut, l'eau de
l'éponge, pour ne pas teinter les parties environnant celle
que l'on veut pâlir, et de plus il faut ne pas laisser séjourner sur les bords de cette partie les afflux d'eau qui s'y forment. Ces accumulations de teintes formeraient des petites

croûtes d'un ton foncé si on les laissait sécher, ce qui constituerait une sorte de liséré cernant trop durement la teinte; et, d'un autre côté, si ces excédents d'eau plus ou moins pure se répandaient sur les parties environnantes auxquelles on ne veut pas toucher, elles altéreraient la pureté de ces teintes.

XIII. — Parties protégées par découpages.

Lorsque rien ne gêne, on peut travailler sans couvrir ces parties environnantes; mais lorsque la partie que l'on veut enlever est de peu d'étendue, il faut de toute

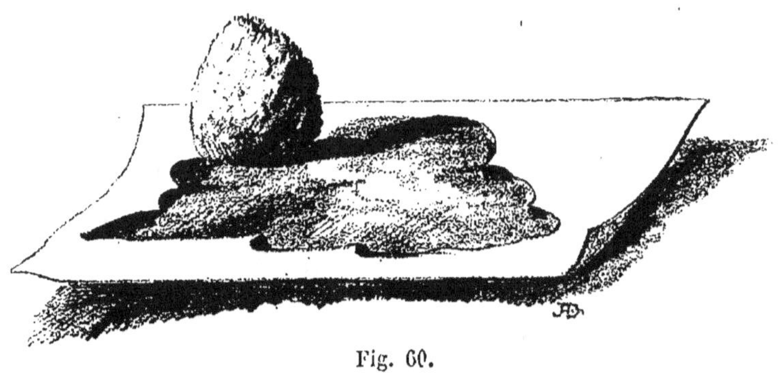

Fig. 60.

nécessité recourir au découpage. Supposons, par exemple, que l'on veuille enlever un nuage dont la coloration est trop intense : à l'aide d'une découpure assez simple (fig. 60), on protégera toutes les parties environnantes. S'agit-il, au contraire, de baisses de ton, toute la silhouette d'un édifice s'encadrant dans une fenêtre dont l'entourage doit être préservé (fig. 61) : il suffira de prendre un morceau de papier un peu épais, ou mieux encore un morceau de

carton bristol, sur lequel on décalquera le contour de cette
fenêtre. On découpera ensuite, à l'aide du canif ou des
ciseaux, la partie que l'on veut enlever à l'éponge, et on

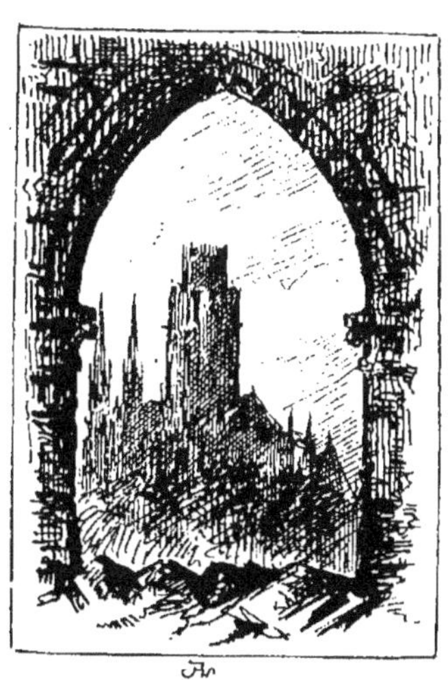

Fig. 61.

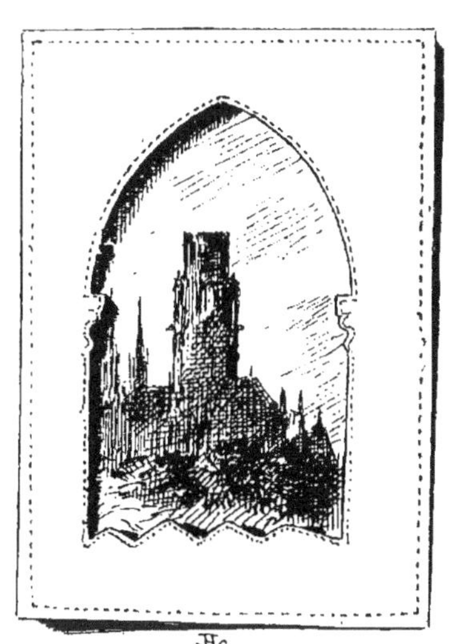

Fig. 62.

aura soin de tracer le trait de la découpure plutôt un peu
en dedans qu'en dehors du tracé exact (fig. 62). Ceci fait,
on appliquera le morceau de bristol ainsi évidé sur l'aquarelle en faisant coïncider exactement les contours, et main·
tenant de la main gauche cette découpure, de la main
droite on détrempera et on enlèvera à l'éponge toute la
partie ainsi découverte. Il faut seulement, dans ce cas, ne
pas charger l'éponge trop abondamment, et veiller surtout
à ce qu'il ne se produise pas d'infiltrations d'eau sur les
bords de la découpure.

L'enlevage à l'éponge ne donne pas toujours des blancs
purs, des blancs aussi éclatants que ceux du papier; toutes
les teintes que l'on enlève, et quelquefois d'une façon in-

complète, forment une sorte de nouvelle teinte extrêmement légère, qui s'harmonise parfois d'une façon très heureuse avec les différentes parties de la surface enlevée, parce qu'elle les fait toutes participer d'un même ton. Si l'effet de mollesse et d'uniformité qui en résulte est trop accentué, il faut alors reprendre au pinceau certains modelés; ces nouvelles touches donneront de la fermeté et permettront aussi parfois de réparer certaines inégalités d'enlevage nuisibles au bon effet cherché.

Lorsque les petites éponges que l'on trouve dans le commerce sont encore trop grosses pour enlever des teintes sur de très petites surfaces, il faut avoir recours aux morceaux minuscules montés à l'extrémité d'une courte hampe (fig. 62 et 63) et qui font souvent partie des boîtes d'atelier destinées aux aquarellistes qui veulent posséder un outillage complet, ou encore à ces outils

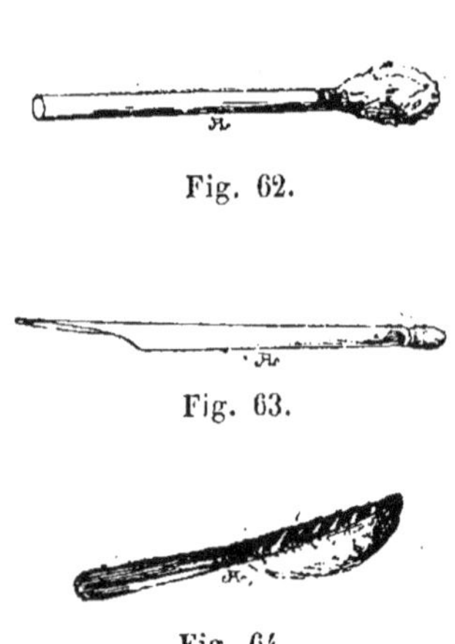

Fig. 62.

Fig. 63.

Fig. 64.

précieux et peu coûteux que l'artiste peut aisément se fabriquer lui-même et qui consistent (fig. 64) en morceaux de grosses éponges, taillés arrondis et ficelés à un petit manche en bois.

A l'aide de ces petites éponges, on peut, soit enlever par le frottement, soit imprégner d'eau pure la surface à enlever. En laissant cette surface se détremper pendant quelques secondes, et en tamponnant avec l'éponge presque sèche ou avec un morceau d'étoffe assez fine, on peut ainsi

fortement baisser les tons et même parfois enlever complètement des teintes trop intenses. Sur du carton bristol,
cette façon d'enlever sans frotter doit être particulièrement
recommandée, et elle peut donner d'excellents résultats,
surtout sans altérer l'épiderme des papiers ; car, et c'est
là un détail important sur lequel il faut insister, même
sous le frottement de l'éponge humide, certaines pâtes de
papier se désagrègent rapidement. Si on frottait trop vivement certains papiers, après avoir enlevé la teinte, on enlèverait la pâte du papier.

Lorsque sous l'éponge on sent comme de petits copeaux blanchâtres s'enroulant sur eux-mêmes, c'est que
la pâte du papier commence à se détacher. Si cet accident
a lieu, il faut absolument cesser le frottement, — dans
certains cas même, il est déjà trop tard et le mal est irrémédiable ; — mais si la reprise des travaux est peu importante, si l'accident n'a lieu que sur des premiers plans
très accidentés, on pourra y remédier par quelques touches
posées d'une façon libre et franche. Mais il faudra néanmoins s'attendre à ce que ces nouvelles touches entrant
dans la pâte du papier n'aient nullement l'aspect des teintes
précédentes, et de plus, pour les poser, on devra attendre
que le papier soit aussi complètement sec que possible.

XIV. — **Enlevage au papier d'émeri et au grattoir.**

Le papier d'Émeri et le grattoir jouent un grand rôle
dans les lumières obtenues après coup.

Le papier d'émeri sert surtout pour les surfaces d'une

certaine étendue que l'on veut baisser de ton; il enlève les teintes par places, en produisant des points blancs plus ou moins espacés et plus ou moins grands, suivant le grain du papier. Il produit une sorte de grain factice et qui permet de passer de nouvelles teintes à pinceau sec, de façon à obtenir ou à modifier l'effet obtenu par ces points blancs, qui parfois sont d'un effet trop dur et exigent des retouches.

Le grattoir permet d'obtenir tous les enlevés que l'on peut souhaiter; mais comme l'outil enlève non seulement la teinte déposée à la surface du papier, mais encore déchire la pâte, surtout si l'on veut obtenir des blancs absolus, les retouches que l'on voudrait dissimuler sont presque impossibles. Malgré cela, le grattoir est l'instrument par excellence pour obtenir les lumières après coup. Nous avons décrit dans l'outillage les différentes formes de grattoir; qu'il nous suffise maintenant de dire que, entre les mains de celui qui sait le manier, il peut donner des résultats merveilleux.

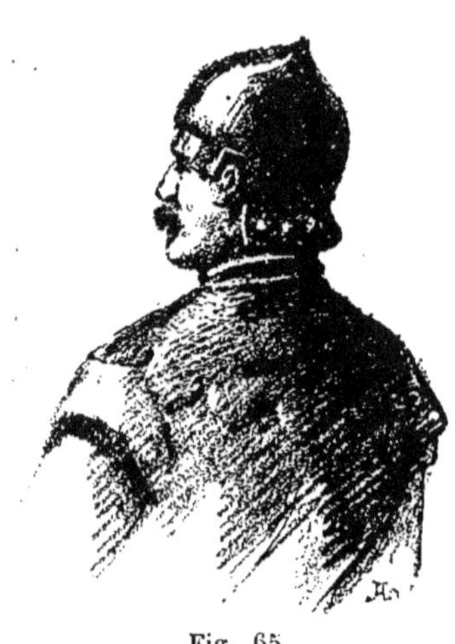

Fig. 65.

Dans une masse d'arbres, par exemple, dont les branches s'enlèvent sur un ciel très lumineux, pour donner de la légèreté aux feuillages, pour rendre plus intense la silhouette des branches se découpant sur le ciel, quelques petits coups de grattoir habilement donnés font merveille.

Pour les accessoires, le grattoir est encore d'un bon

emploi. Sur des coffrets, sur des cuirasses (fig. 65), sur des bijoux, sur des riches étoffes brodées, de petits coups de blanc pur obtenus à l'aide d'un fin grattoir donnent de l'éclat et du relief.

Dans les paysages, aux bords des rivières baignant des bouquets d'arbres (fig. 66) et des touffes de roseaux, pour bien accuser le cours hori-zontal de l'eau, pour rompre les teintes que donnent les reflets et les ombres, des traits de grattoirs fins et lan-cés vivement se traduisent par

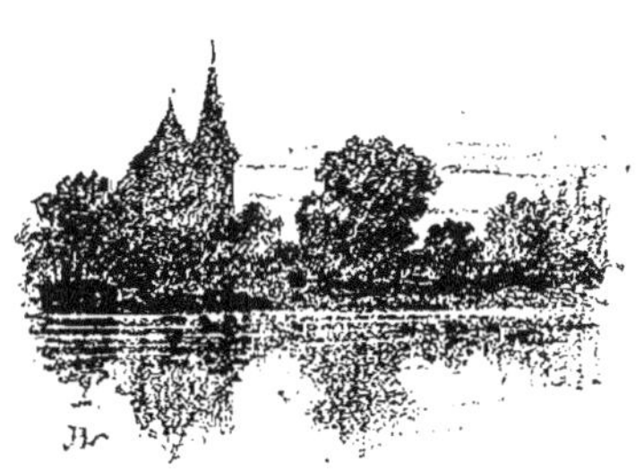

Fig. 66.

de petites lignes blanches qui allègent singulièrement et fort heureusement les travaux antérieurs. De même le grattoir est excellent pour enlever en clair de petites fleurettes sur un ter-rain d'une tonalité sombre (fig. 67).

Dans une grande aquarelle qui fit sen-sation, il y a quel-ques années, au Sa-lon de Paris, un excellent usage du

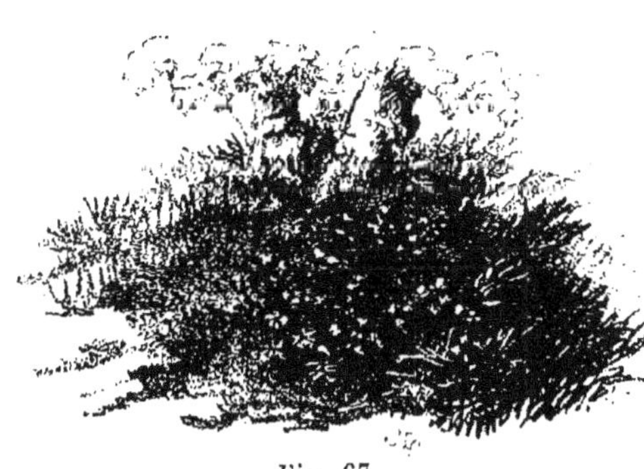

Fig. 67.

grattoir avait été fait fort habilement, et il n'est pas sans intérêt, croyons-nous, d'en dire ici quelques mots.

L'artiste, sur une feuille de papier grand-aigle, avait traité en hauteur un charmant paysage, petit coin frais et riant formé d'un terrain en forme de talus, au sommet duquel deux arbres à troncs noueux se profilaient sur le ciel. A l'ombre du feuillage, deux spirituelles figures d'un modernisme charmant, tout cela traité fort habilement; mais nous ne voulons parler que du terrain. Ce terrain, qui occupait les deux tiers au moins de la feuille, avait été exécuté ainsi : on l'avait d'abord lavé à l'aide de larges teintes plates, les plans avaient été bien indiqués, puis les masses de gazon avaient été rendues par de larges plaques de teinte verte posées abondamment à plein pinceau, et, cette préparation achevée, on avait laissé sécher. Alors, s'armant de son grattoir et à l'aide de coups donnés avec une sûreté de main et une audace peu communes, l'artiste avait enlevé en blanc sur ce terrain foncé une myriade de fleurettes blanches qui avaient transformé ce talus et avaient rendu le paysage d'une charmante gaieté. Les petites touches blanches avaient été adroitement posées, espacées irrégulièrement, et les petits coups de grattoir entrant franchement dans le papier avaient laissé une très faible saillie formée par la pâte éraillée, qui, à distance, produisait par son ombre portée d'un gris très fin une sorte de modelé qui avivait encore l'éclat des blancs.

On voit donc combien est grande la ressource du grattoir, car, dans ce cas, il n'y avait pas à songer à réserver ces milliers de points blancs, et la gouache n'eût jamais donné un aussi bon résultat, les blancs du papier étant toujours les blancs les plus lumineux que l'on puisse obtenir.

En s'inspirant de ce procédé, on sera conduit tout naturellement, et avec un peu d'habitude, à voir de soi-même quel est le meilleur parti à prendre. Pour des blancs irréguliers et nombreux à enlever sur des teintes foncées, on ne devra donc jamais hésiter à se servir du grattoir; mais avant, il est de toute nécessité d'être bien sûr de la justesse de tonalité des teintes servant de fond, car les retouches sont presque impossibles.

XV. — Effets lumineux gouachés.

Ce qui encourage à se servir de gouache, c'est qu'avec cette couleur opaque, toutes les retouches sont possibles. Si on est mécontent de l'effet obtenu, on continue à gouacher de nouveau, sans enlever même parfois les travaux antérieurs.

La gouache peut servir aussi à obtenir des lumières dont la tonalité diffère des blancs réservés ou enlevés.

On peut, par exemple, sur une certaine partie d'une aquarelle, sur des draperies, sur des ciels, passer une teinte de gouache bien égale et, sur ce nouveau fond blanc ainsi obtenu, on travaille comme sur le papier. Seulement sur ce fond, les teintes se plaquent presque immédiatement sous le pinceau, elles n'offrent plus la transparence des teintes d'aquarelle et, de plus, elles doivent être posées assez rapidement pour ne pas détremper la gouache servant de fond. Malgré cela, cet expédient est parfois fort utile, mais il offre aussi l'inconvénient de donner des effets d'un blanc un peu plâtreux qui obligent souvent à appliquer des retouches semblables en divers endroits, de façon à ce que l'œuvre ne perde pas l'harmonie et l'homogénéité qu'elle doit toujours avoir et que les blancs réservés, enlevés ou gouachés ne se nuisent pas.

XVI. — Procédés spéciaux aux divers genres d'aquarelles et principes généraux des colorations.

L'exécution des différentes parties d'une aquarelle demánde un faire spécial et un outillage spécial. Pour les ciels et les feuillages, par exemple, il faut employer de larges pinceaux ; pour les figures, au contraire, les petits pinceaux de miniaturistes, fins et aigus, sont même parfois trop gros encore, et quelquefois même on a recours aux touches posées à l'aide d'une plume dans laquelle on place au pinceau quelques gouttes de la teinte voulue. Enfin, il ne faut pas oublier que l'aquarelle demande à être traitée autant que possible avec une extrême abondance de teintes aqueuses. Certains artiste prétendent qu'il faut toujours commencer par poser une teinte faible. On augmente ensuite l'intensité pendant que la teinte est encore humide. Il est vrai que les touches humides se fondant entre elles donnent un aspect moelleux auquel on n'arriverait jamais par un autre procédé. Par des teintes superposées, on peut ainsi obtenir des modelés très énergiques et surtout des transitions de ton d'une exquise délicatesse.

XVII. — Les ciels.

Les ciels s'attaquent toujours par grande masse et, en général, sur des papiers soigneusement humidifiés. Autrefois on protégeait souvent à l'aide de découpages les parties que l'on voulait réserver. Ainsi si l'on avait à passer

PLANCHE II

EXEMPLES DES DIFFÉRENTS PROCÉDÉS D'AQUARELLE

EFFET COMPARATIF DES TEINTES A PLEIN PINCEAU

ET A PINCEAU PRESQUE SEC

MODELÉS A LA SÉPIA AVEC TEINTES COLORÉES SUPERPOSÉES

ENLEVAGE A L'ÉPONGE, ETC., ETC.

EXEMPLES DES DIFFÉRENTS PROCÉDÉS D'AQUARELLE

I, II. — Effet comparatif des différences d'intensité d'une même teinte posée à pinceau presque sec (I) et posée à plein pinceau (II). Dans le premier cas, les contours sèchent rapidement et, par suite, les teintes doivent être passées promptement pour éviter des reprises qui se traduiraient par des coutures. Dans le second cas, les teintes abondantes permettent de revenir plusieurs fois en un même endroit et, suivant l'inclinaison donnée au dessin, les excès de teinte forment en certaines parties des tons plus intenses qui sont toujours bien plus moelleux d'aspect que s'ils étaient obtenus à l'aide de teintes superposées.

III, IV, V. — Après avoir esquissé une figure, on peut indiquer les partis pris d'ombre par des teintes plates de sépia (III). Puis sur ce modelé on applique des teintes d'aquarelle (IV) et les parties déjà teintées de sépia apparaissent en vigueur. Mais le procédé a l'inconvénient de ternir trop également les teintes claires, aussi est-il préférable (V) de modeler chaque couleur avec des teintes d'intensité variable, et on obtient ainsi des colorations bien plus vives.

VI, VII. — Dans l'exécution des paysages on peut soit esquisser avec précision les silhouettes (VI) et passer ensuite les teintes en suivant les contours indiqués. On peut aussi esquisser seulement les troncs des arbres et poser (VII) du premier coup et avec franchise des teintes à plein pinceau pour interpréter les masses de feuillages. Ces deux procédés différents peuvent être employés parfois concurremment, mais dans le second cas (VII) il faut une certaine habitude pour poser les teintes, car ce mode de travail comporte très peu de reprises et l'effet doit toujours être obtenu très franchement et parfois même du premier coup.

VIII, IX. — Lorsqu'une aquarelle terminée paraît trop intense (IX), trop lourde, à l'aide de l'éponge humide passée rapidement on peut baisser de ton tout le dessin (VIII); puis, à l'aide de quelques retouches légères, on donne quelques effets de vigueur. Dans ce cas les colorations s'harmonisent mieux, mais parfois aussi l'ensemble se voile légèrement et se ternit, et, parmi toutes les couleurs d'aquarelle, le vermillon est une de celles qui disparaissent avec le plus de facilité sous l'éponge, mais c'est aussi une de celles qui contribuent le plus à ternir les teintes environnantes.

X, XI. — Sur des teintes déjà sèches et pour obtenir des parties plus claires, on peut obtenir des enlevés, soit à l'aide du tampon (XI), soit à l'aide du grattoir (X). En appliquant le tampon sur la teinte humide, on obtient un ton gris qui participe toujours des teintes de fond, tandis qu'avec le grattoir on obtient des blancs presque purs; mais, dans le dernier cas, les retouches ou les reprises de travaux sont souvent difficiles, parfois même impossibles à cause des rugosités déterminées par les coups de grattoir.

I

EFFET COMPARATIF DES

D'UNE MÊME

Posée à pinceau presque sec.

II

DIFFÉRENCES D'INTENSITÉ

TEINTE D'AQUARELLE

Posée à plein pinceau.

III

Ébauche
d'un modelé
à l'aide de teintes
de sépia.

IV

Coloration de
l'ébauche
à l'aide des teintes
d'aquarelle.

V

Modelés et colorations
obtenus à l'aide de teintes
d'intensité différentes,
mais sans ébauche de ton
uniforme préalable.

VI

Exemple de ciels
posés du premier coup
avec différence d'intensité
formée par un dépôt
de surabondance de teinte.

—

Exécution de feuillés
et de terrains sur une
esquisse précise.

VIII

EFFET COMPA

AQUARELLE

PUIS ENLEVÉE

Aquarelle
après l'enlevage
et avec
légères retouches.

IX

RATIF D'UNE

TERMINÉE

A L'ÉPONGE

Aquarelle
avant l'enlevage
à l'éponge.

VII

Exécution de feuillés
à l'aide de touches
franchement posées et sans
esquisse préalable.

X

Effet comparatif

A l'aide
du grattoir

XI

des enlevés

A l'aide
du tampon

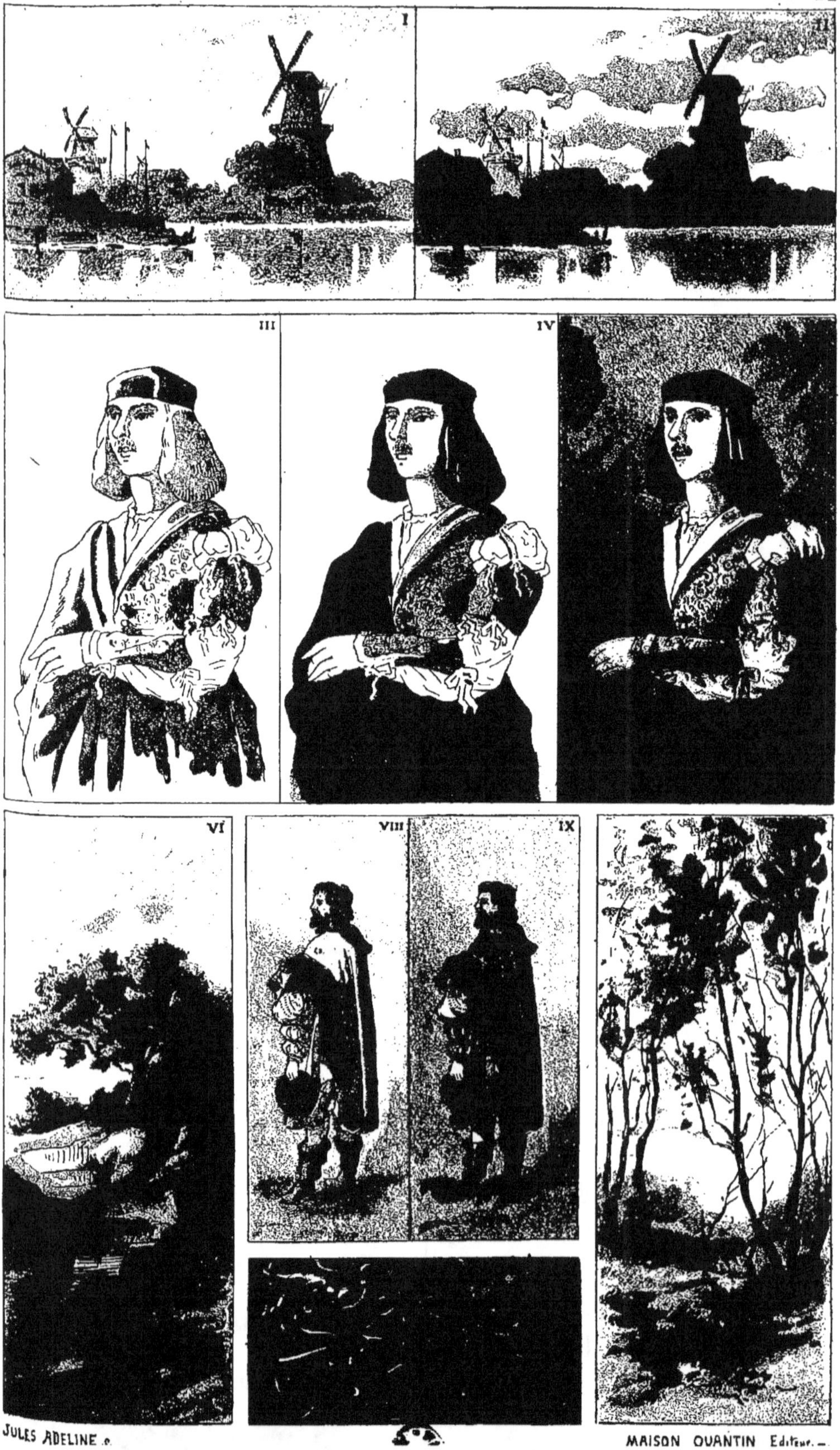

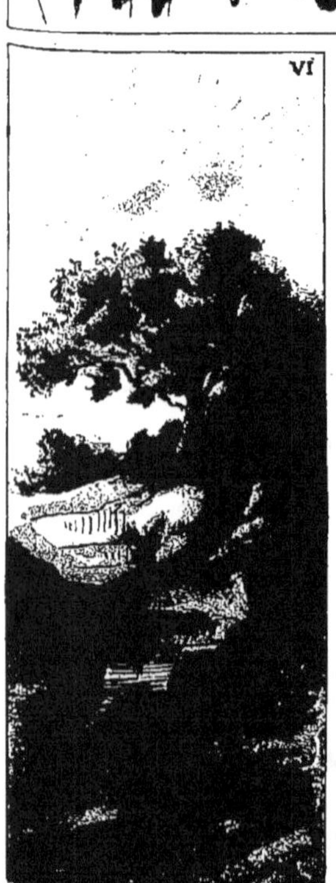
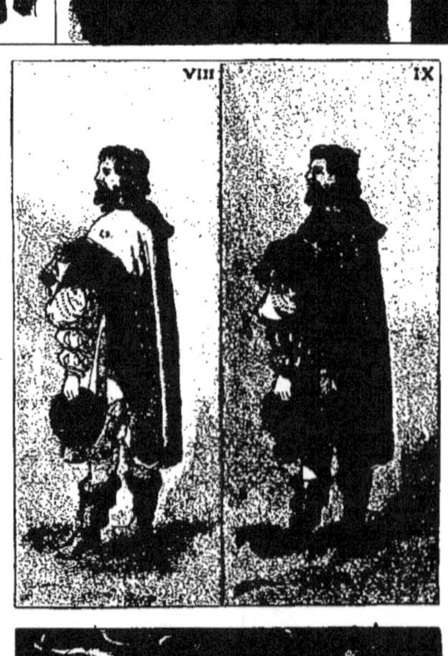
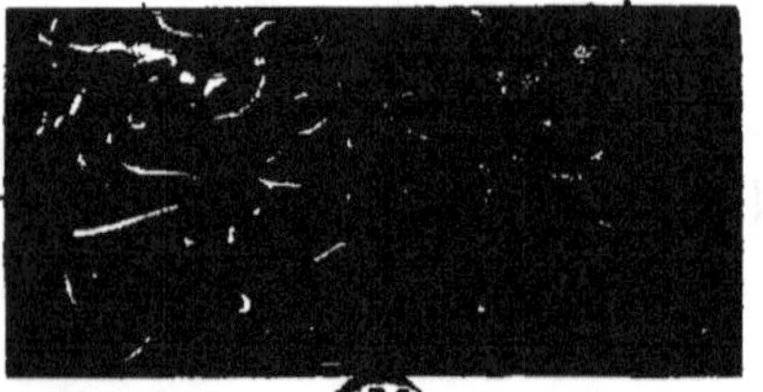
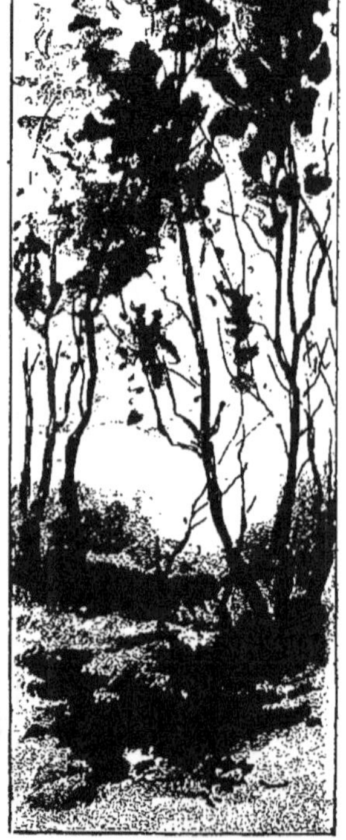

une teinte d'azur faisant ressortir un nuage blanc, on prenait la précaution de découper dans un fort bristol la forme
du nuage ou de l'horizon (fig. 68), on maintenait cette
découpure d'une main ou on la fixait à l'aide d'un peu de

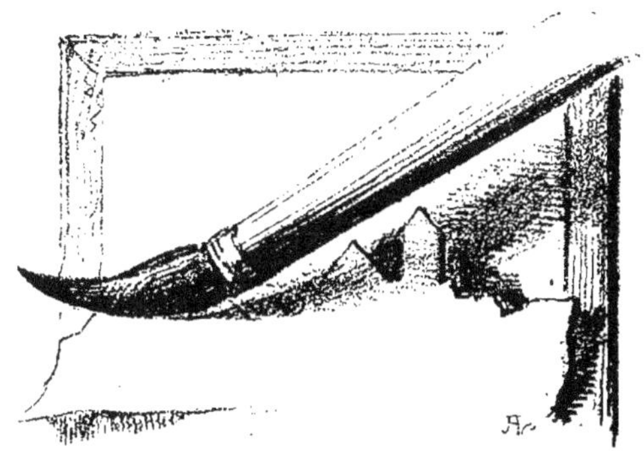

Fig. 68.

gomme, ou bien encore on la maintenait avec une ou deux
épingles, et on passait la teinte sans se préoccurer des
parties à réserver. Pour les commençants, le procédé peut
être utile, mais pour des artistes, il est des plus incommodes.

On excelle aujourd'hui, au contraire, à enlever des
ciels vivement avec des découpures fort amusantes et dues
souvent au hasard du pinceau. Tout en ayant pour objectif
de rendre exactement un effet déterminé, savoir profiter
des formes imprévues que peut donner un mouvement du
pinceau, c'est faire preuve de tact. La plupart des découpures des ciels doivent donc être indiquées d'abord d'un très
léger trait de crayon, comme ensemble; quant aux détails,
à ces multitudes de petites découpures qui donnent tant de
charme aux silhouettes des nuages s'enlevant sur un ciel
d'azur, il faut se fier aux heureux hasards du pinceau et

aussi aux accidents heureux que peuvent donner les grains
du papier (fig. 69). Savoir profiter de ces divers accidents, savoir les utiliser, savoir y remédier à l'aide de quelques coups de pinceaux rapides créant de nouvelles irré-

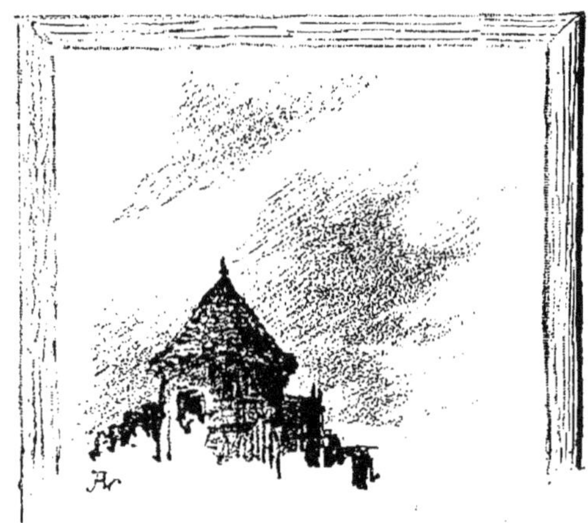

Fig. 69.

gularités que l'on peut conserver ou modifier à son gré,
tout le secret de la facture d'un ciel est là.

En général, il ne faut employer pour rendre l'azur
d'un beau ciel que l'outremer et le cobalt, et jamais le bleu
de Prusse, qui verdit trop facilement.

La masse principale des nuages doit être formée par
des réserves du blanc du papier; les teintes d'ombre
servant à modeler ces nuages sont le plus souvent obtenues par des mélanges de carmin d'outremer et d'encre de
Chine, cette dernière couleur en très petite quantité, en
quantité presque infinitésimale; ou plus simplement à
l'aide de teinte neutre délayée avec plus ou moins d'intensité. Il faut toujours se méfier de ces premières

teintes posées sur les ciels et les passer fort légères.
A moins que l'on ne traite des sujets avec ciel très sombre,
on est souvent tenté de trouver les premières teintes trop
légères; mais il faut se méfier de cette impression, et il faut
également se rappeler que les limites de coloration de l'aquarelle étant relativement assez restreintes, si on dépensait
toutes les vigueurs dans les lointains, il serait absolument
impossible de conserver aux premiers plans l'énergie
qu'ils doivent avoir.

XVIII. — Les horizons.

Les horizons des ciels s'indiquent suivant l'heure que
l'on a choisie, soit par de simples dégradations de teintes,
soit par des colorations différentes.

Pour les effets de crépuscule, pour les effets de soleil
couchant, l'horizon s'accuse par des traînées de vermillon,
de carmin ou de jaune orangé que l'on fond, comme nous
l'avons indiqué aux teintes fondues, en prenant soin toutefois de ne pas superposer des jaunes aux bleus même dé-
gradés, ce qui formerait des nuances vertes fort difficiles à
enlever.

Les horizons s'enlèvent, en général, sur le ciel, en
vigueur, quand les ciels sont lumineux, et en lumière,
quand les ciels sont sombres. Mais ces partis pris ne sont
pas sans exception, bien au contraire.

Ces horizons, cependant, doivent toujours être traités
par teintes à plein pinceau. On doit réserver les teintes à
pinceau sec autant que possible pour les premiers plans.

Dans certains cas, cependant, pour ajouter un effet aux horizons des ciels que des teintes plates trop nombreuses rendraient un peu mous, des touches à pinceau sec passées irrégulièrement sur la frange de certains nuages peuvent alors produire un très bon effet.

XIX. — Les eaux.

Les eaux doivent se traiter comme les ciels, par grandes masses et à l'aide de teintes plates; les ombres peuvent quelquefois se retoucher au pinceau sec, et les effets de lumière à jour frisant, les reflets sont obtenus le plus souvent à l'aide du grattoir.

XX. — Les anciens et les nouveaux procédés de modelé.

A une certaine époque, on avait coutume d'indiquer à l'aide d'une teinte de sépia toutes les ombres d'un sujet. On commençait ainsi l'aquarelle comme un lavis monochrome, et ce lavis terminé, on coloriait à l'aide de teintes plates chaque partie suivant les couleurs naturelles : feuillages, terrains, draperies, figures, etc.

Ce procédé avait un grand avantage et permettait d'obtenir des effets de modelé très énergiques, mais il avait un grave inconvénient : il atténuait par trop les différences de coloration qui existent dans la nature.

Ainsi, par exemple, que l'on observe attentivement

une draperie jaune et une draperie brune, ou mieux une
étoffe rayée de ces deux couleurs et formant un gros pli qui
d'un côté reçoit une vive lumière, tandis que le côté opposé
est plongé dans l'ombre. Sans doute une nappe d'ombre
s'étend également sur les deux nuances, mais malgré cela
la bande jaune paraîtra toujours beaucoup plus claire que
la bande brune, parce que la couleur beaucoup plus claire
semble rayonner dans l'ombre et colorer cette ombre. Un
rouge sur lequel se projette une ombre n'est jamais complètement noir. Or ce procédé de lavis préalable ternissait
trop également toutes les teintes; on y a renoncé depuis
longtemps, et les aquarelles exécutées par les nouveaux
procédés, c'est-à-dire en modelant presque toujours chaque
objet avec sa couleur propre et à l'aide de teintes plus ou
moins intenses, sont de beaucoup plus gaies et d'un plus
bel éclat.

La véritable aquarelle, a dit Charlet dans une lettre
célèbre, est un « genre agréable et commode, causant peu
d'embarras et peu de salissure, n'exigeant pour explorer la
forêt et la montagne qu'un « calepin » de feuilles de papier
tendues les unes sur les autres, et une boîte de six pouces
sur quatre » renfermant couleurs et pinceaux. Suivant
Charlet, « l'aquarelle de marche ou de campagne, — et
dans ces expressions militaires les tendances de l'artiste se
révèlent encore, — ne peut être qu'une espèce de sténo-
graphie des objets qui nous frappent et dont nous voulons
conserver le souvenir; c'est un léger lavis qui doit nous
donner l'effet et le sentiment de la couleur des objets.
Comme dans la nature, les objets de lumière changent rapidement, il faut promptement charpenter son ensemble,

ayant soin de l'écrire fortement, ne s'occupant que des masses... Donc il est urgent de prendre un parti, de saisir un moment, un effet, et de s'y attacher ensuite; de là nécessité d'abandonner les détails pour ne voir que l'ensemble des lignes et les grandes masses de lumière et d'ombre.

« J'ai beaucoup pratiqué l'aquarelle, — continue Charlet, — et peut-être puis-je donner quelques bons conseils dans la partie de la peinture à l'eau. Ainsi, lorsque votre dessin est charpenté comme trait et massé comme ombre, vous vous occupez des grandes teintes lumineuses de votre ciel d'abord, puis de vos fonds; ensuite de vos premiers plans...

« Mais, au nom de ce que vous avez de plus cher, ne cherchez point à fondre vos teintes : où vous voyez du violâtre, mettez-en; où vous voyez du verdâtre, posez-en; de même du bleu, du vert; ne vous effrayez pas si votre dessin ressemble à une mosaïque, à une marqueterie, tant mieux : l'importance est de savoir où il y avait du bleu ou du jaune.

« Vous massez aussitôt vos arbres à leurs valeurs relatives, c'est-à-dire en harmonie avec la valeur que vous avez donnée à la lumière, évitant le noir. Oh! le noir est la mort de toutes choses, comme il est chez nous un signe de deuil; donc évitez-le.

« Votre dessin proprement massé et votre effet arrêté, vous pourrez alors mettre le plus ou le moins, sacrifier d'un côté, augmenter de l'autre, et ajouter quelques détails de nature; mais avant toutes choses, la grande silhouette comme trait et le grand aspect comme effet... les masses avant tout.

« L'aquarelle qui se fait dans l'atelier ou le cabinet peut

quand elle est d'un homme habile, rivaliser avec l'huile et
même lui être supérieure comme finesse de ton dans la
lumière, mais l'écueil est dans les ombres et le clair-obscur.
Le papier absorbant le ton et formant un léger duvet
blanc à la superficie force souvent à gommer davantage, et
dès lors on a beaucoup de peine à revenir sur son travail.
Le mieux est de masser fermement ses ombres, en prépa-
rant toujours avec des tons chauds et transparents; puis
quand le dessin est presque terminé, de le glacer avec
une eau légèrement gommée, pour n'y plus revenir. Il se
peut qu'il y ait d'autre moyen, disait Charlet en terminant,
mais celui-ci m'a souvent réussi,... quand j'ai réussi,... car
on peut réussir dans le procédé et s'enfoncer comme
produit. »

XXI. — Les feuillages.

La manière de traiter les feuillages, elle aussi, a bien
varié. Autrefois, on cherchait à rendre les feuillages des
arbres feuille à feuille; on prétendait que le feuillé était le
dernier mot de l'habileté d'un artiste.

On exécutait alors des feuillés avec une candeur ado-
rable, ajoutant à des branches d'arbres très petites des
feuilles beaucoup trop grandes, qui n'étaient nullement à
l'échelle, c'est-à-dire de mêmes dimensions que les autres
partie du paysage. Qu'importait, pourvu que la feuille soit
indiquée ! Tout était là.

La forme de la feuille et pas autre chose, il n'y avait
que cela, assurait-on, pour caractériser un arbre.

Cette méthode surannée est aujourd'hui bien abandonnée; des peintres paysagistes sont venus, qui ont montré à tout le monde, même aux plus récalcitrants, que la silhouette, le port d'un arbre, telle était la seule chose caractéristique sur laquelle on dut insister.

Et, en effet, lorsque vous vous placez à quelque distance d'une masse d'arbres, c'est la silhouette générale de l'arbre qui vous frappe; on ne peut à vingt mètres de distance distinguer la forme des feuilles, et cependant on n'hésite pas à ne pas confondre un chêne et un hêtre.

C'est que l'ossature de l'arbre est seule caractéristique, et cela est si vrai qu'en hiver les arbres dénudés conservent leurs caractères bien tranchés. Il faut donc ne traiter les feuillages que par masse et, sauf dans de rares exceptions, sauf pour les premiers plans, sauf pour les silhouettes se découpant sur le ciel et représentées en grandes dimensions, il faut indiquer les feuillages par grandes teintes plates, abondantes, posées franchement.

Les masses de feuillage que l'on traitait autrefois avec tant de détails, on les traitait d'une façon aussi conventionnelle quant à la coloration. Ainsi, il était admis que plus les feuillages se rapprochaient du premier plan, plus leur coloration tirait sur le jaune. Plus, au contraire, ils se perdaient dans le lointain, plus les tons vert sombre et même bleuâtres devaient dominer.

Il y avait, il faut le reconnaître, une certaine dose de vérité dans ces observations, surtout quant au lointain; mais il vint une autre époque où il était absolumeut défendu de faire des arbres à feuillage vert.

Le roux, le roux seul devait dominer. La nature n'était

belle qu'en automne, et cet amour des verdures rousses, aux tons passés, — variant de l'ocre jusqu'au carmin, — on l'appliquait également aux effets de printemps.

Les goûts ont bien changé.

On voit aujourd'hui de fort jolies aquarelles dans lesquelles les verts les plus vibrants sont abordés avec une rare franchise. Un certain nombre de peintres de la jeune école ont fait ainsi à l'aquarelle de délicieuses pages d'une charmante fraîcheur de ton et d'une grande intensité de coloration.

Maintenant aussi, certains aquarellistes ont mis à la mode une sorte de faire qui consiste à interpréter les feuillages ou silhouettes, soit à sec et un peu au hasard du pinceau, soit à l'aide de teintes plates et suivant au contraire un tracé fort rigoureusement étudié.

C'est là de l'éclectisme au plus haut point, dira-t-on; mais on va voir que, pour chaque cas, le procédé indiqué est bien le seul à employer.

Si donc on veut représenter des arbres à feuillage très grêle, se découpant en silhouette sur un ciel lumineux, on dessinera d'abord avec soin toutes les branches de l'arbre; les indications au crayon bien arrêtées, on tracera chaque branche d'un pinceau fin et léger, on réservera les vigueurs destinées à modeler, à faire tourner les branches, pour les grosses branches seulement; les petites brindilles, au contraire, seront toujours indiquées le plus légèrement possible à l'aide d'une seule teinte et parfois fort additionnée d'eau.

Les teintes usuelles de ces troncs et branches d'arbres sont presque toujours obtenus à l'aide de mélanges de terre

de Sienne, de sépia, additionnés parfois d'un peu de bleu de
Prusse ou de gomme-gutte. Mais, à dire vrai, la variété de
tonalité des troncs d'arbres ne permet pas d'insister plus
longtemps sur ces détails. Il y a des troncs d'arbres à
l'écorce lisse, d'autres offrent une écorce rugueuse; les uns
sont marbrés de plaques blanchâtres, c'est alors que l'on
fait usage du grattoir ou de gouache concurremment avec
les réserves; — d'autres enfin, à demi couverts de mousses,
sont enguirlandés de lierre ou de plantes grimpantes;
tout cela d'ailleurs est une question d'observation, et c'est
sur la palette même que l'on trouvera, en face de la nature,
les véritables tons cherchés.

Mais revenons à la silhouette des autres branches s'enlevant en vigueur sur un ciel clair. Avant d'indiquer le
feuillage léger, on doit d'abord laisser bien sécher les
teintes; puis, s'armant d'un pinceau un peu gros et presque sec, contenant une teinte d'un vert assez sombre,
additionné même de terre de Sienne ou de sépia, si
l'on veut obtenir un ton énergique, on frottera vivement,
le pinceau tenu un peu obliquement, de façon à effleurer
le papier. La difficulté consiste à ne mettre que juste ce qu'il
faut de teinte sans être obligé, autant que possible, de
revenir une seconde fois sur son travail, et de façon à
simuler les masses de feuillages attachées d'une façon irrégulière aux branches se détachant sur le ciel. C'est un véritable frottis que l'on exécute au pinceau, et ces simples
taches posées habilement interprètent plus exactement
l'effet voulu que ne le ferait le pinceau le plus méticuleux.
Mais ce procédé demande non seulement une grande
légèreté de main, mais encore un grand sentiment.

A côté de ces touches, toutes de sentiment, l'aquarelliste est obligé parfois de faire, au contraire, des tracés très
précis.

Ainsi on a pu voir souvent aux Salons de Paris, — dans
ces quelques dernières années surtout, — des aquarelles
dans lesquelles tout un fond, — servant, soit à détacher des
figures, soit à faire valoir quelque important accessoire, —
était formé d'une masse
de feuillages. Souvent
ce sont de grandes
feuilles vues de près
(fig. 70), très détail-
lées, et dont le dessin
doit être fort exact.
Dans ce cas alors, l'a-

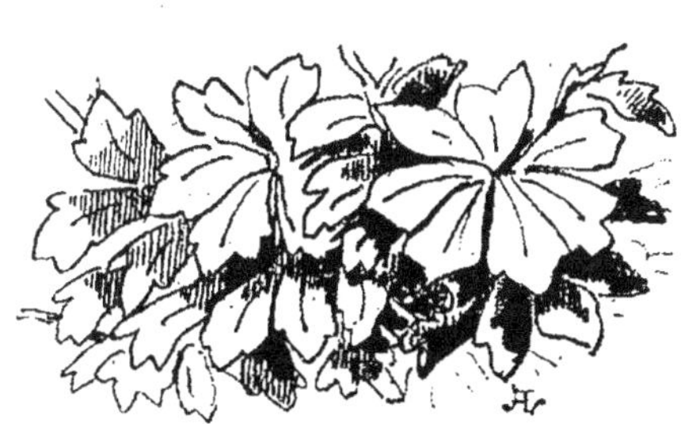

Fig. 70.

quarelliste travaille presque comme un véritable mosaïste. Il
dessine toutes ces feuilles d'un crayon très fin et il précise les
contours avec grand soin, puis il pose les tons correspondant aux parties lumineuses, et, lorsqu'ils sont secs, il indique les parties dans l'ombre avec des teintes d'intensité fort
différente, mais toujours en suivant, en respectant religieusement les contours de crayon. Ce n'est plus dans ce
cas, grâce à un heureux coup de pinceau, que l'effet juste
peut être obtenu, c'est au contraire grâce à un travail fort
régulier. Tout au plus quelques coups de grattoir, tout au
plus quelques touches de gouache pour ajourer, pour
percer cette masse de feuillages, devront-ils être ajoutés
après coup et de verve. Mais, en général, le résultat sera
d'autant meilleur que les teintes auront été plus soigneusement passées, sur un tracé des plus précis.

A ces deux exemples, pris au hasard, indiquant quelques-uns des moyens à employer pour exécuter une aquarelle, on pourrait en ajouter beaucoup d'autres; mais les deux exemples que nous venons de citer nous paraissent suffisants, le premier caractérisant bien le tour de main et la part du hasard, le second affirmant bien que parfois le travail régulier seul permet d'obtenir le résultat cherché.

XXII. — Les figures et les draperies.

Pour les figures et pour les draperies, les procédés d'exécution sont aussi fort nombreux. En principe, les figures, les carnations doivent toujours être modelées par teintes aqueuses et transparentes; on réserve les touches à pinceau sec pour les accents : cheveux, barbes, sourcils, etc. Dans des aquarelles de grande dimension, on doit chercher à serrer de très près la coloration du modèle, les nuances infinies du visage, parfois même ces légères tonalités bleuâtres qui déterminent les veines circulant à fleur de peau, les pommettes rosées, les lèvres vermeilles, les lobes de l'oreille légèrement colorés et presque transparents; tout cela peut être indiqué à l'aide de teintes d'une grande légèreté, laissant toujours transparaître le blanc du papier. Les blancs réservés sont toujours préférables dans le modelé des figures; toutefois, quelques artistes excellent à indiquer certaines lumières à l'aide de gouache à peine teintée. Ces touches de gouache, posées franchement par méplats, par petites touches carrées et bien franchement découpées, donnent parfois de la fermeté au travail, mais parfois aussi elles obligent, pour harmoniser l'ensemble, de reprendre à l'aide de touches opaques certaines parties obtenues en réserve.

Pour les draperies, pour les costumes aux colorations vives et éclatantes, l'aquarelliste peut donner libre carrière à sa verve et à son pinceau. Là, les retouches et les reprises de travaux sont toujours plus faciles. On peut enlever facilement, soit à l'éponge, soit au grattoir, les teintes qui déplaisent et les remplacer par de nouvelles teintes; quelquefois même, l'éraillement du papier, contre lequel nous avons mis en garde, est parfois d'un grand secours.

Dans les figures, au contraire, les effaçages doivent être aussi rares que possible. Quelques artistes, toutefois, dans des travaux de longue haleine ou lorsqu'il leur répugne de perdre une partie de travail déjà terminée et assez importante, n'hésitent pas à humidifier et à tamponner une figure pour enlever et recommencer sur un nouveau fond; mais, dans ce cas, il faut toujours s'attendre à travailler sur un fond d'un blanc quelque peu voilé, et dès lors on doit le plus souvent avoir recours à la gouache pour les teintes lumineuses.

Pour les draperies et les accessoires, toute retouche ou tout effaçage est permis, et parfois même on obtient, grâce à ces artifices, de curieux résultats.

Cependant quelques artistes préfèrent toujours enlever du premier coup les travaux d'aquarelle, et pour ne pas laisser l'inspiration se refroidir en même temps que pour augmenter l'intensité des teintes posées à plein pinceau, ils posent ces teintes sans discontinuer, en prenant seulement le soin de laisser entre chaque teinte un liséré blanc d'un millimètre à peine de largeur. Ce liséré blanc, ce petit espace de papier réservé autour de chaque teinte empêche deux teintes fraîchement posées de se mélanger, et, le travail achevé, l'ensemble de ces réseaux blancs produit, en sens inverse, l'effet que donnent les réseaux de plomb enchâssant les divers morceaux d'un vitrail, et accentue la coloration de teintes qui, étroitement juxtaposées, ne paraîtraient jamais d'une pareille intensité. Cet artifice ne peut toutefois être employé avec succès que pour des aquarelles de grandes dimensions, et surtout lorsqu'on traite des sujets qui demandent un très vif coloris.

Quelques artistes italiens contemporains, grâce à ce procédé, ont exécuté des aquarelles d'une remarquable intensité de coloration et fort agréables.

XXIII. — Les fonds.

Le plus souvent les aquarellistes, lorsqu'ils traitent une figure isolée, ont renoncé à enlever ces figures sur un fond sombre.

Il fut un temps, au contraire, où l'on préférait toujours enlever en clair les parties lumineuses d'une figure, soit sur des draperies, soit sur des fonds d'une coloration assez intense. On traitait ainsi l'aquarelle comme un véritable tableau à l'huile, et toutes les parties de l'aquarelle étaient terminées, tous les détails étaient d'une exécution très soignée et d'un grand fini. Beaucoup d'artistes anglais travaillent encore leurs aquarelles dans ce sentiment, et aussi quelques-uns de nos plus célèbres aquarellistes français,

mais un petit nombre d'autres ont adopté un système
différent.

Voulant conserver à l'aquarelle son véritable caractère de légèreté et de limpidité, quelques aquarellistes ont
exécuté avec un fini méticuleux des figures se détachant
sur le fond blanc du papier. A peine parfois le sol était-il
indiqué par une touche légère, à peine indiquait-on la nais-

sance de l'ombre por-
tée sur le sol ; mais çà
et là, autour de cette
même figure, suivant
des contours bizarres
et capricieux dus le
plus souvent à de heu-
reux hasards de pin-
ceau (fig. 71), on
avait passé une teinte
très légère, d'un ton
neutre, un gris très
fin, d'autres fois un

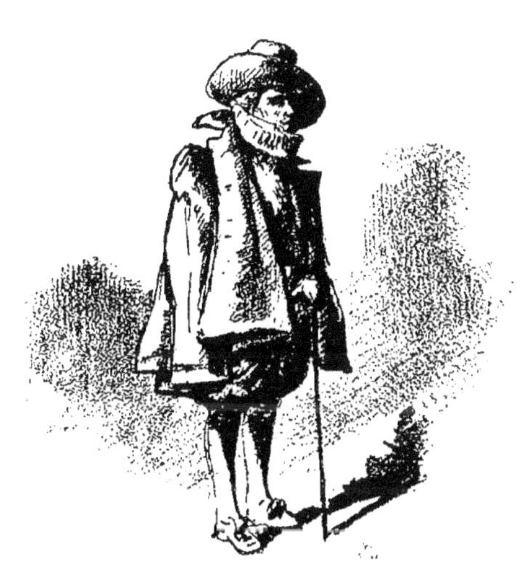

Fig. 71.

violacé ou un bleu très pâle, mais plus souvent une teinte
rompue d'un ton très tendre.

Ces fonds irréguliers font en effet valoir merveilleusement les colorations et le fini d'une figure qu'elles aident à
détacher sur le fond blanc. Ce procédé nouveau a dû être
inspiré par quelques-unes de ces merveilleuses et si artistiques images japonaises qui nous offrent des détails précis
s'enlevant sur un fond zébré de teintes plates très légères.
Mais certains aquarellistes français, appliquant encore le
principe des contrastes avec plus de franchise peut-être, ont

exposé des aquarelles de près d'un mètre de hauteur, dans lesquelles deux ou trois figures de dix centimètres de hauteur à peine et placées dans le bas de la composition étaient seules terminées. Tout le fond, — et c'était souvent un fond d'architecture très compliqué, — n'apparaissait qu'à l'état de préparation. Les lignes principales étaient tracées d'un crayon léger, les partis pris d'ombre et de lumière étaient indiqués par des teintes d'une grande transparence, et de plus tout cet ensemble, au lieu de s'étendre jusqu'aux bords du dessin, diminuait encore de ton au fur et à mesure que l'on s'éloignait des figures. C'était là un artifice de concentration d'effet fort heureux, et, grâce à ce sacrifice des fonds, les parties terminées prenaient une intensité de ton extraordinaire.

Dire que les accessoires, les terrains, les fonds, les détails d'architecture, les meubles, etc., doivent toujours être traités avec sobriété et de façon à faire valoir la partie principale d'une aquarelle, c'est formuler un principe qui s'applique également à tous les procédés : peinture à l'huile, aussi bien que peinture à l'eau.

Il faut cependant, dans la peinture à l'eau, ne pas se laisser entraîner par les effets énergiques que l'on peut poser du premier coup sur les accessoires, puis réserver la note dominante pour faire vibrer la note la plus claire, et faire en sorte que ces deux notes soient le plus rapprochées possible.

Plus une œuvre, d'ailleurs, est montée de ton sur toute sa surface, plus ses dimensions, — en apparence du moins, — diminuent.

Placez à côté l'une de l'autre une esquisse légère et une

aquarelle terminée et travaillée jusqu'aux bords, et regardez-les à distance : l'esquisse claire et blanche paraîtra toujours plus grande qu'elle ne l'est réellement, et le dessin terminé semblera se rapetisser à mesure que l'on y travaille. De même, jamais il ne faut exagérer les travaux de détail sur les extrémités d'une aquarelle. En attirant l'attention sur les bords d'un dessin, on diminue l'intérêt de la partie centrale de la composition. C'est donc faire preuve d'un réel sentiment artistique que de forcer le spectateur à regarder le point intéressant de la composition, et c'est vers cette concentration d'effet que l'on doit chercher à combiner ses différents travaux.

XXIV. — Les fleurs.

Enfin, parmi les nombreux genres que l'on peut traiter à l'aquarelle, il en est un pour lequel la peinture à l'eau offre des facilités d'exécution remarquables : c'est la peinture de fleurs.

Les aquarelles reproduisant des bouquets de fleurs sont chaque année très nombreuses au Salon, et parmi elles il y en a de très grandes dimensions et d'une très grande habileté.

Plusieurs artistes se sont même fait un nom dans ce genre de travail, et quelques-uns composent avec un goût charmant les énormes bouquets qu'ils enlèvent, soit sur le fond blanc du papier, soit sur un fond sombre destiné à rehausser l'éclat de fleurs de colorations très claires.

En général, ces grands bouquets s'exécutent ainsi :

on esquisse légèrement les contours de chaque fleur et on indique les masses d'ombre, puis on attaque franchement son dessin à l'aide de teintes d'une grande transparence et toujours d'une grande justesse de ton. Autant que possible, il ne faut pas revenir sur une teinte déjà passée. L'extrême habileté consiste donc à préparer sur sa palette un ton sensiblement plus énergique que celui que l'on veut obtenir, puisque l'on sait que la teinte, en séchant, perdra un tiers au moins et quelquefois plus de son intensité première. Il faut passer les teintes du premier coup, parce que certaines fleurs offrent des découpures d'une grande finesse qui peuvent bien être obtenues une fois, mais les découpures seraient infailliblement alourdies par de nouveaux coups de pinceau cherchant à suivre exactement des contours déjà indiqués.

Dans ces teintes encore humides, on peut déposer alors des masses de couleur assez lourdes qui, s'incrustant dans la pâte du papier, se fondent d'elles-même sur les bords; on interprète ainsi avec plus ou moins de bonheur, et suivant son sentiment personnel, le centre de certaines fleurs dont l'intensité de coloration est éblouissante, et qui doit être rendu par le ton bien plus que par la forme. Les vigueurs, les fleurs d'une grande intensité de ton doivent toujours être teintées avec la même franchise et la même liberté d'allures, tandis que les petites brindilles, les fleurs minuscules se détachant sur les fonds, doivent être piquées à l'aide d'un pinceau très fin ou interprétées par une sorte de frottis audacieusement posé et dans un sentiment analogue à celui dont nous avons parlé à propos des feuillés.

Si les lumières ne sont pas suffisamment éclatantes, si

PLANCHE III

ÉTUDE COMPARATIVE

D'UNE FLEUR

TRAITÉE PAR L'*AQUARELLE* OU PAR LES COULEURS *TRANSPARENTES*

ET PAR LA *GOUACHE* OU PAR LES COULEURS *OPAQUES*

ÉTUDE COMPARATIVE

D'UNE FLEUR

traitée par des couleurs *transparentes* ou par *l'aquarelle*
et traitée par des couleurs *opaques* ou par la *gouache*

Cette planche est divisée en six compartiments. Dans les trois premiers, — I, II, III, en suivant la direction verticale, — on a réuni les principales phases du traitement d'une fleur à l'aide des couleurs transparentes. Dans les trois derniers, — portant dans l'angle les nᵒˢ IV, V et VI, — on a représenté les procédés à suivre lorsqu'on emploie des couleurs opaques.

Dans le traitement par *l'aquarelle,* on pose le ton local en réservant les blancs du papier (I), puis on applique les teintes de modelé qui, plus vigoureuses que le ton déjà posé, permettent de réserver des parties du ton local qui forment des demi-teintes (II); enfin on pose les touches de vigueur (III), et à l'aide de teintes d'intensité variable on accuse certains effets de modelé, on supprime certaines réserves qui contribueraient à donner au dessin un aspect trop papillotant, on enveloppe certains plans, on adoucit certaines duretés, tout en conservant comme vive lumière les blancs du papier réservés dès le commencement du travail.

Dans le traitement par la *gouache,* on travaille sur un papier de couleur foncée, et sur ce fond on pose d'abord un ton local (IV) formé de gouache légèrement teintée. Sur ce premier ton, on pose ensuite des touches d'intensité variable (V) pouvant soit indiquer des plans plus éclairés, soit indiquer des parties dans l'ombre; enfin (VI) on pose les vigueurs et aussi les vives lumières. A l'aide de touches de gouache diversement colorées, à l'aide de piqués obtenus avec des tons d'aquarelle formés parfois de couleur pure pour obtenir des notes plus intenses, on accentue certains détails. A l'aide de glacis, de teintes légères, on fait au contraire disparaître les duretés. Puis en dernier lieu, ou avant de donner les effets de vigueur, suivant le cas, on avive les lumières à l'aide de petites touches de blanc plus ou moins coloré et que l'on pose sur des fonds complètement secs, si on veut obtenir des contours précis, ou sur des fonds légèrement humides, si on veut au contraire obtenir des contours fondus.

I

TRAITEMENT

par

L'AQUARELLE

ou à l'aide des

Couleurs transparentes

~~~~~~

1

Application du ton local
en réservant les blancs du papier.

II

2

Application des teintes
de modelé se détachant en vigueur
sur le ton local
et avec réserves de ce dernier ton
pour obtenir des effets
de demi-teinte.

III

3

Application des touches
de vigueur
avec teintes accessoires passées en glacis,
de manière à adoucir,
à envelopper
ou à accuser certains modelés ;
les blancs ayant toujours été réservés
pendant toute la durée du travail.

IV

TRAITEMENT

par

LA GOUACHE

ou à l'aide de

Couleurs opaques

~~~~~~

1

Application du ton local
se détachant en clair
sur un papier de couleur foncée.

V

2

Application de teintes
de modelé se détachant soit en clair
(voir la fleur),
soit en vigueur (voir les feuilles),
sur le ton local.

VI

3

Application des touches de vigueur
avec des couleurs opaques
et parfois avec des teintes d'aquarelle
destinées à servir de glacis,
et pose des touches de lumière
à l'aide de blanc pur
ou de teintes de couleurs opaques
dans la composition desquelles
le blanc entre pour la plus large part.

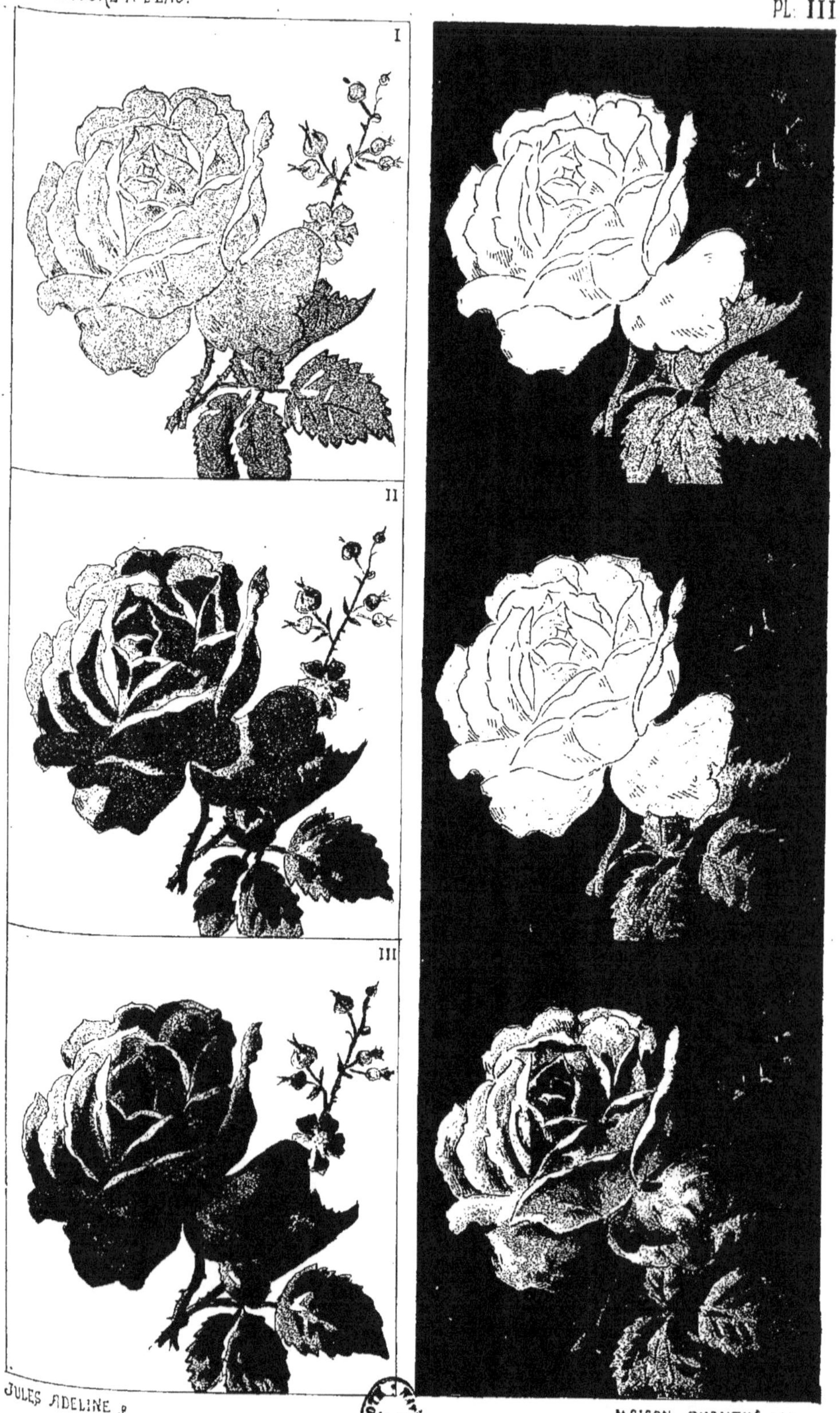

I

II

III

MAISON QUANTIN Éditeur.

l'on veut augmenter le nombre des points lumineux faisant vibrer l'ensemble, on peut alors, à l'aide de quelques touches de gouache, revenir sur le travail terminé. Les couleurs à l'eau transparentes et les couleurs à l'eau opaques sont souvent concurremment employées pour ce genre de travail.

La plupart des artistes, habitués d'ailleurs à exécuter à la gouache des modèles de fleurs pour l'industrie, ne pourraient exécuter de bouquets avec les couleurs à l'aquarelle seulement. Il faut donc savoir combiner les deux genres pour obtenir un excellent résultat; mais il ne faut faire appel aux tons de gouache que lorsque les grandes teintes sont passées, afin de conserver toujours aux fonds une transparence qui n'exclut pas la fermeté du ton, et que des touches de gouache filant sous le pinceau rendraient louches ou plus lourds.

Les fonds destinés à faire valoir des masses de fleurs doivent le plus souvent être d'un ton neutre; quelquefois on les suppose de colorations dégradées. Parfois, du côté où l'on doit exécuter des fleurs d'un ton clair, on lui donne une remarquable intensité, et du côté opposé le fond s'éclaircit de façon à permettre d'enlever en vigueur les fleurs foncées. On peut concevoir, soit des fonds fictifs, soit des fonds réels; on peut supposer les fleurs s'enlevant sur une simple muraille d'atelier, sur un fond de ciel, parfois même sur des étoffes aux riches dessins. Dans ce dernier cas, on a une grande difficulté à surmonter : c'est de ne pas faire venir en avant des motifs qui pourraient nuire à l'effet d'ensemble. On évite toutefois cet écueil en noyant tous les détails dans une sorte de pénombre, en

usant même de l'éponge pour voiler des accents trop énergiques. Mais, en général, plus un fond est simple, plus l'effet
obtenu est séduisant.

Inutile de dire que lorsqu'on passe ces teintes de fond,
surtout si l'on veut réserver les blancs et ne pas avoir
recours aux teintes de gouache, il faut découper avec grand
soin les silhouettes extérieures de chaque fleur et éviter
les afflux des teintes et ces sortes de lisérés inhérents aux
teintes à plein pinceau, et qui en séchant pourraient se traduire par contours trop durs. Enfin ces fonds doivent toujours avoir la tonalité voulue avant que l'on ne pose les
vigueurs des premiers plans, car, en aquarelle, c'est une
règle constante qu'il faut commencer par les teintes légères
pour finir par les teintes foncées.

Reste encore la manière de présenter ces bouquets; simplement posés à terre ou placés dans des vases, les combinaisons sont sans nombre. Le goût de l'artiste consiste à
savoir combiner tous les accessoires, de façon à faire valoir
les colorations des fleurs qu'il veut peindre. Posées sur des
tables de marbre aux délicates sculptures, agencées dans
des vases japonais au parti pris décoratif très accentué, ou
simplement ramassées en gerbes comme au hasard dans de
vulgaires paniers qu'égaye parfois un nœud de rubans
dont la tonalité peut servir, soit à compléter la note dominante, soit à former un violent contraste avec les nuances
du bouquet, toutes ces compositions peuvent être excel-
lentes. N'a-t-on pas vu aux Salons de grands tableaux :
brouettes ou charrettes, grandeur nature, surchargées de
fleurs de toute coloration, sous ce titre même : un *Charge-
ment de fleurs ?* N'a-t-on pas admiré des masses énormes de

fleurs disposées avec art sur un chaland amarré au bord de la rive, et se répandant même jusque sur l'étroite passerelle le reliant à la terre ferme? Mais ce qui peut être entrepris avec hardiesse par la peinture à l'huile ne saurait être traité avec le même bonheur par l'aquarelle. Tout au plus ne citons-nous ces compositions que pour donner une idée de l'ingéniosité avec laquelle cette donnée banale : des fleurs, peut être interprétée.

Pour l'aquarelle, il faut choisir des compositions plus simples, parce que, surtout si l'on exécute les fleurs à une grande échelle, les accessoires ne trouveraient pas une place suffisante pour être rendus à l'échelle et d'une façon compréhensible sur des feuilles de papier dont le format grand-aigle est le maximum que l'on puisse employer.

Il faut songer que l'aquarelle est un art intime ; mais, même en restant dans de petites dimensions, elle permet des compositions fort variées. Le talent d'exécution et le goût de la composition doivent toujours se prêter, autant que possible, un mutuel appui. Sans doute il est des œuvres qui ne valent que par l'exécution, et certains de ces morceaux sont certes des œuvres de la plus grande valeur au point de vue artistique. Mais, au point de vue de l'art également, un croquis lavé avec habileté, une aquarelle d'une coloration juste et d'un effet vibrant, une vignette dont la composition est irréprochable, ont beaucoup plus de valeur qu'une toile prétentieuse et insuffisante, sur laquelle l'auteur aura pâli de longues journées. En art, comme en bien d'autres choses, *le temps ne fait rien à l'affaire*. Mieux vaut donc une aquarelle vivement jetée qu'un tableau péniblement exécuté. Il n'y a d'ailleurs pas de classification à établir entre des genres différents : une œuvre d'art est réussie ou elle ne l'est pas, et ce n'est pas parce que l'on se sert de couleurs à l'eau que l'on fait une œuvre d'art de moindre valeur que celle obtenue avec des couleurs à l'huile. L'aquarelle, d'ailleurs, ne doit jamais chercher à lutter d'intensité avec la peinture à l'huile. Cette dernière permet de s'approcher le plus possible de la réalité, elle atteint même le trompe-l'œil, si l'on veut, mais la première aura parfois pour elle un charme et une fraîcheur de ton qui rendront ses productions agréables et intéressantes pour les amateurs, pour les raffinés et pour les délicats.

II

LAVIS

I. — Planchettes et tables inclinées

L'outillage du lavis ne diffère pas sensiblement de l'outillage de l'aquarelle. Pour les papiers, les couleurs, les pinceaux, il faut donc se reporter aux chapitres dans lesquels nous avons traité en détail toutes ces questions.

Suivant le genre de lavis qu'on exécute, lavis artistique ou lavis d'architecture, on emploie les palettes ou les godets.

Seulement, presque toujours, dans le lavis, on préfère les planchettes au stirator. Pour certains grands travaux, ces planchettes sont de véritables tables de plusieurs mètres de largeur, et que l'on pose sur des tréteaux dont la hauteur et l'inclinaison sont variables.

Lorsqu'on exécute du lavis à l'aide de la planchette, il est bon de laver, de passer les teintes sur les surfaces inclinées.

Dans le cas où on se sert de petites planchettes, on les

soutient ordinairement à l'aide du bras gauche (fig. 72),
ce qui permet de varier à chaque instant la pente de la
planchette, de manière à ce que la teinte s'écoule plus ou

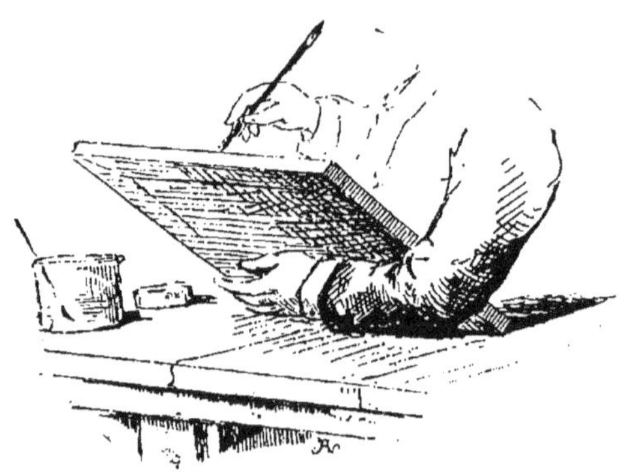

Fig. 72.

moins rapidement. Mais, dans ce cas, les deux bras sont
occupés, et ce procédé n'est pas sans inconvénient, surtout
lorsqu'il arrive un accident.

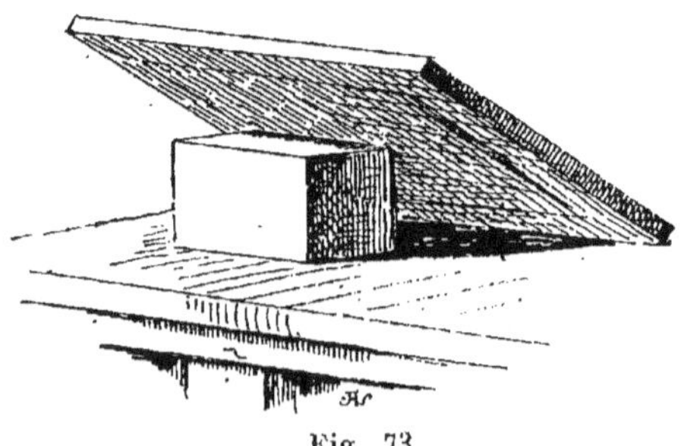

Fig. 73.

Il est donc préférable, autant que possible, de se servir
d'un support mobile (fig. 73).

Lorsqu'on travaille sur une planchette de 55 à 60 centimètres de largeur sur 70 à 75 centimètres sur le plus
grand côté, il est bon de se servir d'un petit bloc de

bois de 12 centimètres de hauteur environ. Ce bloc, que l'on peut aisément avancer ou reculer, permet de donner à la planchette des inclinaisons variables, et, de plus, les deux mains de l'artiste sont libres pendant toute la durée du travail.

Pour de très grands dessins, lorsque, par exemple, dans certains lavis d'architecture, on exécute des dessins sur plusieurs feuilles de format grand-aigle assemblées, il est difficile d'incliner les véritables tables qui supportent ces immenses dessins. On y parvient cependant à l'aide de tréteaux spéciaux (fig. 74), mais, malgré cela, la pente étant indispensable pour passer une teinte, l'artiste est parfois obligé de se coucher sur sa table pour travailler à certaines parties de son dessin.

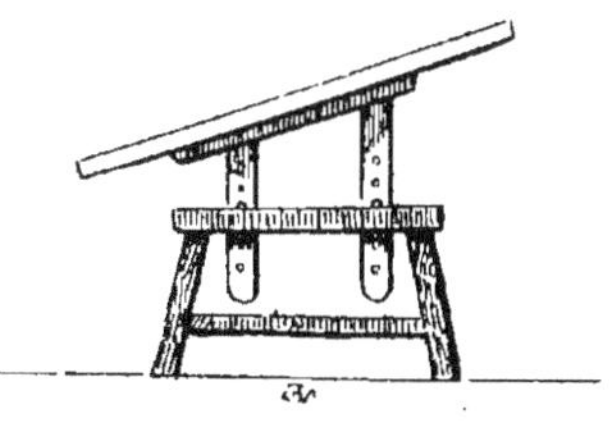

Fig. 74.

Si on peut passer certaines teintes, le dessin retourné de façon à être plus commodément installé, dans quelques cas, il faut user d'artifice pour atteindre l'endroit où on veut passer des teintes. Il y a toute une collection de légendes au sujet de ces installations ingénieuses peut-être, mais souvent fort incommodes, que les anciens élèves de l'École des beaux-arts transmettent religieusement à leurs successeurs. On parle avec mystère des matelas sur lesquels doit s'étendre le jeune architecte pour passer des teintes plates de plusieurs mètres superficiels.

On cite des ciels dont l'exécution a duré plusieurs mois, et auxquels travaillaient simultanément plusieurs pinceaux de bonne volonté.

II. — Collage des feuilles assemblées.

Ces immenses surfaces de papier demandent, en effet, à être maniées avec soin, car elles sont presque constamment formées de feuilles assemblées. Si, dans l'atelier de l'ingénieur, on préfère le papier mécanique, le papier au rouleau dont la largeur (1ᵐ,50), sur une longueur de vingt mètres et même plus, permet d'obtenir des surfaces immenses sans solution de continuité, l'architecte préfère de beaucoup le papier Whatman en feuilles. Or ce papier ne se fabrique que dans le format grand-aigle : 1ᵐ,05 sur 0ᵐ,72. Si donc on a un dessin de deux mètres de hauteur à exécuter, il faut réunir deux feuilles.

Avant de réunir ces feuilles, il faut d'abord combiner cette réunion de façon à ce que les feuilles soient aussi peu nombreuses que possible, et de façon à ce que les lignes de collage ne nuisent pas trop à l'effet d'ensemble définitif. Ainsi on évite autant que faire se peut d'avoir une ligne de collage dans l'axe, dans le milieu du dessin (fig. 75). On doit donc bien calculer et fixer, avant de disposer ses feuilles, la position exacte du dessin. Si cela se peut également, on évite les collages dans les ciels, les grandes lignes horizontales étant toujours d'un effet disgracieux. Enfin, dans le cas où on exécute des dessins pour un emplacement déterminé, on doit calculer même la façon dont ces des-

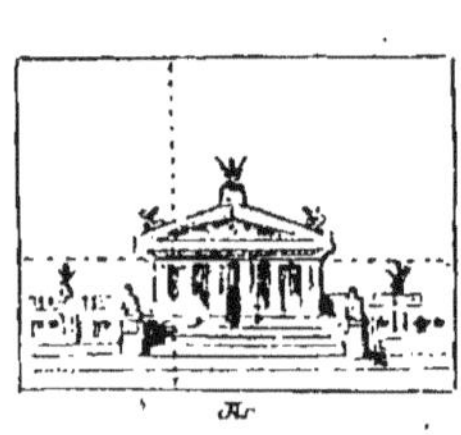

Fig. 75.

sins seront éclairés. Les collages se font, en effet, par
superposition; or, suivant que la lumière frappe sur le
dessin d'un côté ou d'un autre (fig. 76), le collage s'accentue ou s'efface, se traduit par
une ligne sombre, par une ombre
portée ou par une ligne plus
claire, qui nuit toujours beaucoup moins à l'effet que la ligne
sombre.

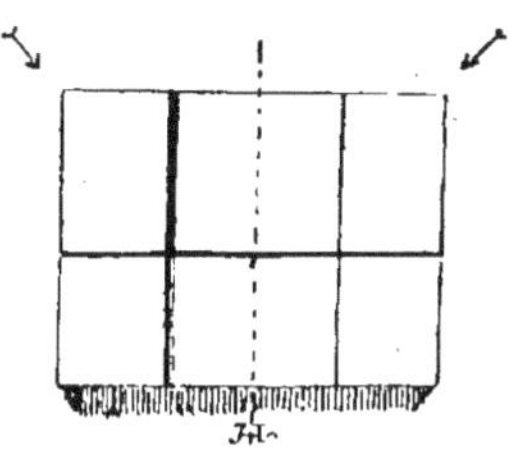

Fig. 76.

Pour diminuer cependant cet
effet d'ombre portée et aussi pour rendre le collage plus
solide, on a recours au moyen suivant. Lorsqu'on veut
superposer deux feuilles de papier, on régularise les bords
au canif, mais on a soin de passer le trait de canif de façon
à n'entailler le papier que sur la *moitié de son épaisseur;*

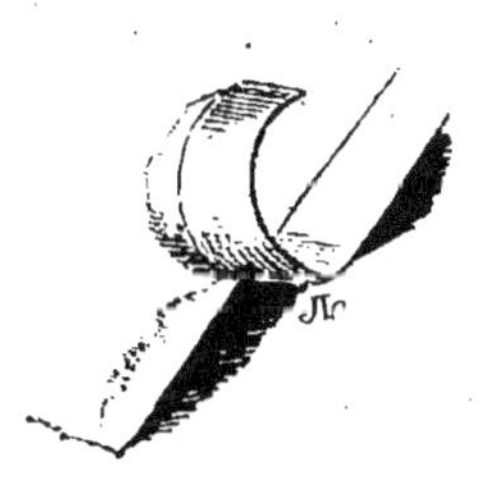

Fig. 77.

on appuie seulement un peu plus fortement à l'extrémité du trait et on
détache cette bandelette du reste de la
feuille de la manière suivante. On
tient la feuille de la main droite, et de
la main gauche on détache la bandelette en exerçant un mouvement ré-
gulier en dessous, qui tend à enrouler la bandelette en
volute, à la détacher de la feuille, de telle façon que d'un
côté le papier offre une ligne de séparation bien nette
(fig. 77), tandis qu'en dessous il se déchire irrégulièrement
et offre une surface rugueuse ou pelucheuse, suivant la
nature du papier, et merveilleusement apte à s'imprégner
de colle. Les bords d'une feuille ainsi rognée, enduits, soit
à l'aide de colle à bouche, soit à l'aide d'une solution

épaisse de gomme arabique appliquée au pinceau, adhèrent rapidement et à l'aide d'une simple pression à la feuille à laquelle on veut les juxtaposer. De plus, cette coupe ayant diminué l'épaisseur du papier, la jonction offre un ressaut moindre que si le papier avait été coupé d'un seul coup de canif ayant tranché franchement toute l'épaisseur de la feuille.

Ces collages sont d'autant plus délicats à exécuter, qu'ils doivent être faits avant de commencer le dessin, et que le frottement de l'ongle pour faire adhérer les bords de la feuille et la moindre trace de colle débordant sur la feuille voisine modifient la nature du papier au point que parfois les tracés ou les teintes changent de valeur en passant sur ces parties. De plus, ces collages doivent être placés suivant des lignes d'une horizontalité ou d'une verticalité parfaite, surtout pour les grands dessins d'architecture. On comprend aisément que pour des plans, pour des élé-vations où parfois les lignes parallèles sont fort rap-

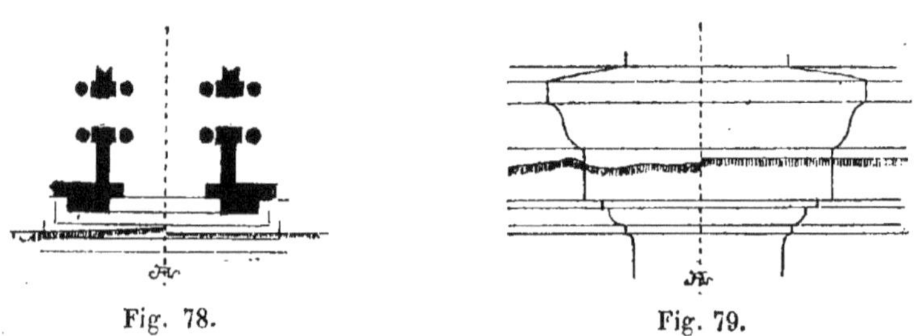

Fig. 78.   Fig. 79.

prochées, un collage irrégulier serait d'un déplorable effet. Dans ces deux exemples pris au hasard : un plan et un pilastre (fig. 78 et 79), on voit l'inconvénient résultant d'une coupe défectueuse : les lignes irrégulières du collage font presque disparaître les tracés.

Lorsque les assemblages de diverses feuilles sont terminés, il est parfois impossible de tendre ces feuilles réunies sur des planches de grande dimension. Dans ce cas, il faut prendre de très grandes précautions lors du mouillage. Il faut ne mouiller que fort peu et même parfois pas du tout les bords des feuilles superposées; autrement, sous l'action de l'humidité, le tout se décollerait rapidement.

Dans le cas où les dimensions de toutes ces feuilles réunies ne permettent pas de tendre cet assemblage, on peut avoir recours au moyen suivant. On choisit deux rouleaux de bois de grosseur moyenne et aussi légers que la nature du bois peut le permettre. On fixe chaque extrémité de l'assemblage sur un de ces rouleaux, à l'aide de fortes

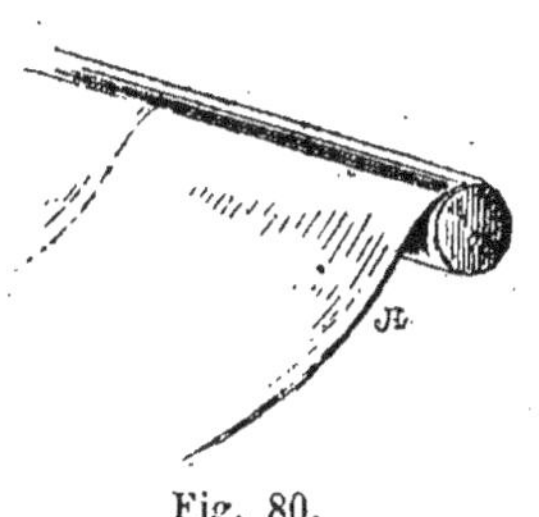

Fig. 80.

punaises ou mieux encore à l'aide de petits clous de tapissier, en ayant soin d'interposer un galon d'étoffe entre le papier et la tête du clou (fig. 80). On roule ensuite le dessin sur l'un ou l'autre de ces rouleaux, en maintenant de préférence en dessus le côté de la feuille sur lequel on travaille (fig. 81). En déroulant et en enroulant successivement l'assemblage sur l'un ou l'autre des deux rouleaux, on peut ainsi placer à

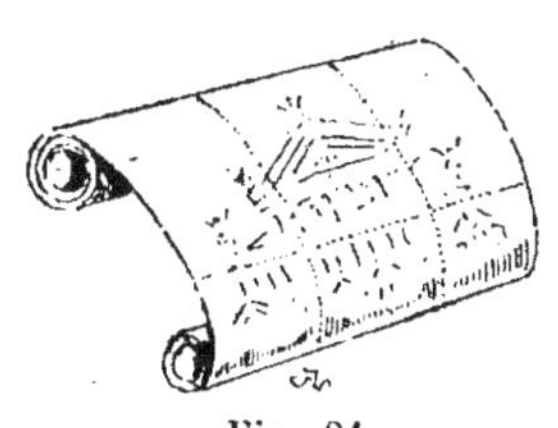

Fig. 81.

portée de la main les différentes parties auxquelles on veut travailler. Il faut cependant avoir une table de longueur suffisante, et, de plus, il faut avoir soin de garnir les épaisseurs de cette table de baguettes demi-cylindriques (fig. 82), de façon à ne pas briser le papier, ce qui arriverait infailliblement si l'on conservait à cette

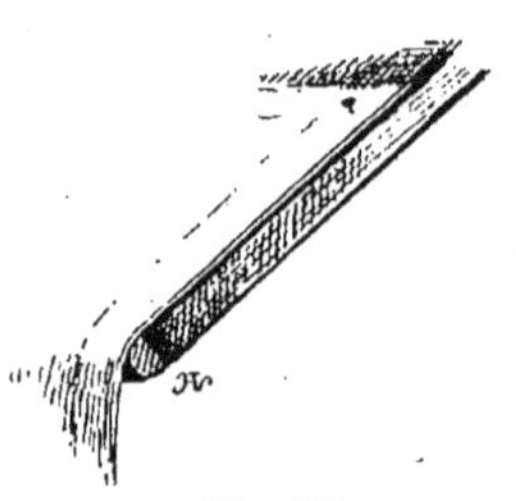

Fig. 82.

épaisseur la forme à angle droit habituelle. Malgré cette précaution cependant, et pour éviter même de froisser le papier en cet endroit, certains architectes ont recours à un système formé d'une sorte de boîte creuse (fig. 83) sous laquelle passe la feuille de papier (fig. 84) et qui permet au dessinateur de s'appuyer sans avoir à craindre d'accentuer des plis toujours dangereux et souvent difficiles à faire disparaître. Enfin, lorsqu'on travaille sur des

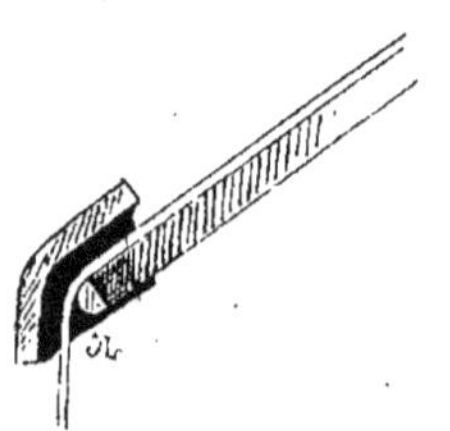

Fig. 83.

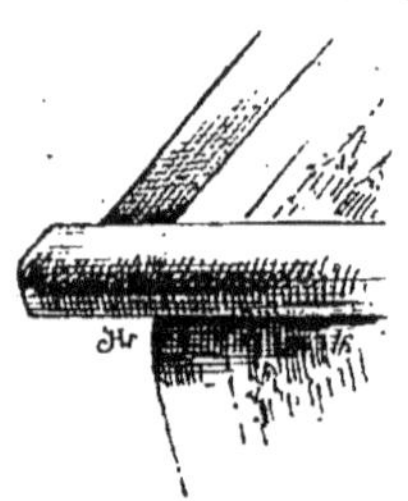

Fig. 84.

assemblages ainsi montés sur rouleau, lorsque, la mise au trait achevée, on vient à passer les teintes, il se produit parfois des déformations qui persistent et même s'accentuent souvent pendant les travaux ultérieurs. On ne doit point se préoccuper outre mesure de ces gondolements tant qu'ils ne nuisent pas au travail ; on doit cependant prendre certaines précautions pour que ces creux ou ces ressauts persistant ne donnent pas aux teintes successives de fausses directions qui pourraient en altérer la régularité.

Lorsque le lavis sera terminé, lorsque le dessin devra être tendu sur le châssis sur lequel on a l'habitude de placer les grands dessins d'architecture, tous ces inconvénients disparaîtront, et si ce montage est habilement fait, toutes les irrégularités n'existant plus, cet énorme assemblage bien tendu ne devra présenter qu'une surface très unie et sur laquelle aucune irrégularité ne viendra contrarier l'effet cherché.

III. — Préparation et filtrage des grandes teintes.

Le lavis nécessite parfois des teintes d'encre de Chine d'une telle homogénéité et d'une telle pureté que, pour de grands travaux, on n'hésite pas à les filtrer. On évite ainsi tout dépôt et, dans certains ateliers, de petits filtres en verre et des morceaux de linge fin sont toujours à portée de la main (fig. 85).

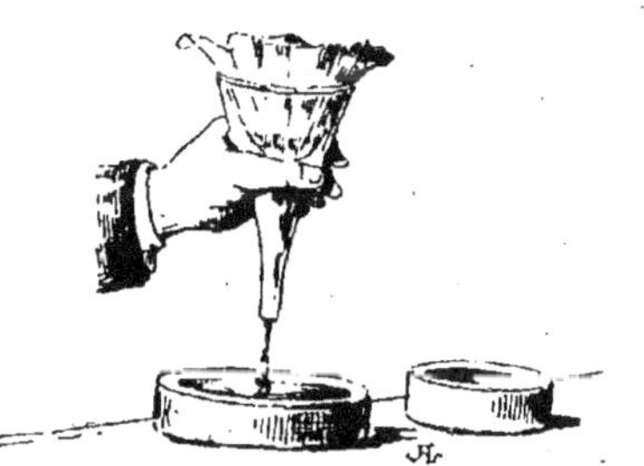

Fig. 85.

Dans le cas où l'on n'emploie qu'exceptionnellement les teintes filtrées, on peut se passer des filtres en verre. Il suffit de rouler entre ses mains un morceau de papier assez fort ou de carton léger, de manière à lui donner la forme d'un tronc de cône. On pose sur ce cône un morceau de linge, on filtre et on jette au feu ce morceau de papier après l'opération.

Inutile de dire que l'on ne filtre que les teintes assez

légères, et que l'on doit toujours tenir compte de ceci, qu'après le filtrage une teinte est moins intense qu'auparavant.

Au delà d'une certaine intensité, il est d'ailleurs inutile de recourir à ce filtrage, car, lorsque la teinte est assez forte, les taches que pourrait former le dépôt seraient absorbées par l'intensité du ton.

IV. — Lavis d'architecture.

Le lavis d'architecture, aujourd'hui fort pittoresque et traité parfois comme une véritable aquarelle de peintre, était au siècle dernier, et il y a même une quarantaine d'années à peine, beaucoup plus froid.

A cette époque, le modelé à l'encre de Chine était seul admis. Tous les dessins étaient monochromes ; les toitures, les parties construites en pierre, les bronzes, les terrains, les ciels même étaient lavés en noir. L'encre de Chine était seule admise, et les dessins offraient alors l'aspect de ces gravures à l'aqua-teinte qui, elles aussi, étaient de mode au commencement de ce siècle.

Maintenant on lave, on colore chaque partie du monument avec la couleur qui lui est propre. On se contente cependant en général de teintes pâles, de façon à laisser toute leur valeur aux modelés, aux surfaces et aux plans qui ne peuvent être indiqués que par des dégradations de teintes, les élévations géométriques ne tenant nul compte de la différence de hauteur produite par la perspective.

Les lavis d'architecture, toujours légèrement teintés, surtout lorsqu'il s'agit de grands projets, des différents concours des écoles, sont parfois enluminés plus énergiquement.

Ainsi, dans la reproduction des peintures murales, dans la restauration de temples antiques étudiés au point de vue de la polychromie, dans les vues pittoresques exécutées à un point de vue très précis et ayant pour but de donner exactement l'impression produite par divers intérieurs ou parties d'édifices construits en matériaux précieux ou décorés de fresques rehaussées d'or, certains architectes contemporains ont exécuté des lavis qui sont de véritables aquarelles de peintre, d'une intensité d'effet et d'une puissance de coloration peu communes. Dans ce dernier cas, ces aquarelles sont exécutées sur les tracés perspectifs; cependant, dans quelques cas, des lavis d'une intensité de ton extraordinaire sont aussi exécutés, mais sur des tracés géométriques.

Dans plusieurs concours, pour *tirer l'œil* du jury ou du public, on a souvent recours à des excès de coloration. Ainsi on augmente l'intensité des ciels, on fait vibrer la tonalité des arbres formant fond ou repoussoir, et parfois, — on ne saurait le nier, — ces véritables feux d'artifices sont favorables à l'artiste.

Mais au reste, que les lavis d'architecture soient exécutés à l'encre de Chine ou à l'aide de couleurs d'aquarelles, qu'ils soient intenses ou fort pâles, il y a pour tous un même parti pris d'ombre et de lumière.

V. — Éclairage conventionnel des lavis d'architecture.

C'est en effet une chose admise depuis longtemps que tous les dessins d'architecture doivent être éclairés par un rayon lumineux formant avec l'horizon un angle de 45°, et que ce rayon lumineux est toujours supposé venir de l'angle supérieur du dessin placé à la gauche du spectateur.

Il est fort rare de trouver des dessins d'architecture exécutés contrairement à cette règle presque universellement admise. Tout au plus, lorsqu'on exécute un projet d'édifice dont on connaît l'orientation exacte, se permet-on de changer la direction du rayon lumineux. Et cependant cette tradition d'école, trop respectueusement observée, peut être dangereuse. Nous allons voir tout à l'heure pourquoi le rayon lumineux tombant sous un angle de 45° est préférable à tous les autres rayons lumineux que l'on aurait pu adopter. Or, précisément à cause de cet avantage, si on exécute un dessin avec des ombres conventionnelles que l'orientation de l'édifice ne réalisera jamais, on risque fort d'éprouver une déconvenue après l'exécution de cet édifice, et bien que cette conséquence soit plutôt du domaine de l'architecture que de celui de la peinture à l'eau, nous croyons devoir la signaler en passant; car, de même que l'aquarelle d'après nature a pour but d'interpréter le paysage que l'on a eu sous les yeux, de même le lavis d'architecture d'un édifice projeté doit chercher à rendre le plus exactement possible l'effet définitif du monument supposé construit.

L'ombre portée par un rayon lumineux tombant sous un angle de 45° est égale à la saillie qui la motive. (fig. 86).

Les dessins géométriques, plans et élévations, étant supposés éclairés par le même rayon, la dimension des ombres reproduit donc exactement la dimension des saillies.

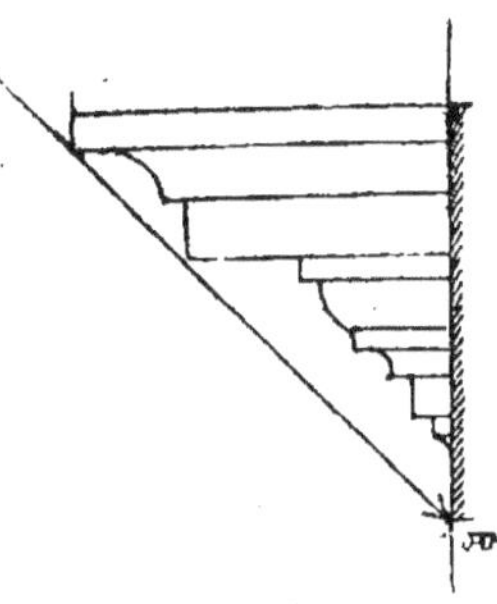

Fig. 86.

Ce parti pris universellement admis aujourd'hui rend tous les lavis d'architecture d'une interprétation très facile.

Quant au tracé des ombres, il relève plutôt de la géométrie que de l'art; nous n'en donnerons donc ici que les principes sommaires, que nous développerons plus loin.

En général, les moulures sont modelées de deux façon; si les moulures reçoivent directement le rayon lumineux, elles sont modelées suivant le parti pris ordinaire, la ligne de lumière étant déterminée par le point d'intersection du rayon lumineux et du profil de la moulure; si au contraire elles sont placées dans l'ombre, elles sont éclairées par reflet.

Le reflet, que plusieurs auteurs ont appelé aussi contre-ombre, est produit par la lumière réfléchie ou renvoyée par des surfaces recevant la lumière directe; l'effet du modelé doit donc être en sens inverse du modelé obtenu par le rayon lumineux direct. Les effets de reflet sont d'intensité variable, suivant que les parties ainsi éclairées sont plus ou moins rapprochées des surfaces réfléchissant la lumière. Ainsi, par exemple, les ombres par reflet des moulures d'une façade sont peu accentuées à cause de la grande masse de lumière qui les environne, tandis que les ombres par reflet des plafonds, des galeries saillantes, sont beaucoup plus accentuées, parce que ces reflets sont renvoyés par le sol même de ces galeries, qui est beaucoup plus rapproché des parties éclairées.

Dans les intérieurs, si la lumière directe est peu abondante, si elle ne frappe le plus énergiquement que le sol de l'appartement, presque tout l'intérieur est éclairé par reflet et, dans ce cas, les modelés par reflet peuvent atteindre une assez grande intensité.

VI. — Tracés au tire-ligne.

Les lavis d'architecture sont exécutés, soit, — et c'est le cas le plus fréquent, — sur des plans ou des élévations géométrales, soit encore cependant sur les vues perspectives.

Le tracé des plans et élévations rentre dans la série des opérations mathématiques; aussi nous suffira-t-il de mentionner ici fort rapidement les principaux instruments employés à cet effet.

Avec les planchettes, les règles, les T, les équerres qui sont toujours de deux sortes, — les équerres à 45° et les équerres à fronton, — et dont on doit posséder plusieurs jeux de différentes dimensions suivant la nature des dessins qu'on veut exécuter, il faut encore posséder une boîte de compas assez bien garnie. Les compas à pointes sèches et à pointes fixes servent à prendre les mesures;

les compas avec pièces de rechange, permettant de substituer le porte-crayon au tire-ligne, servent à tracer les
cercles et les portions de cercle. Enfin les tire-lignes, — et
il est bon d'en avoir de différentes dimensions, — servent
non seulement à passer à l'encre les tracés déjà indiqués
au crayon, mais encore à régulariser et même à
passer certaines teintes très peu larges et pour lesquelles l'usage du pinceau serait de la plus haute
difficulté.

Le tire-ligne, on le sait (fig. 87), se compose
de deux lamelles de métal qu'une vis de pression
permet de rapprocher ou d'écarter; suivant que
cet écartement augmente ou diminue, on peut obtenir des traits plus ou moins gros.

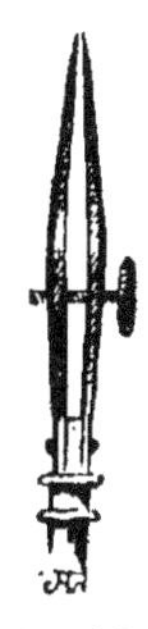

Fig. 87.

La première opération à faire consiste à remplir le
tire-ligne d'encre.

Disons de suite que le tire-ligne doit toujours être maintenu dans un état de propreté absolu. Pour cela, on le

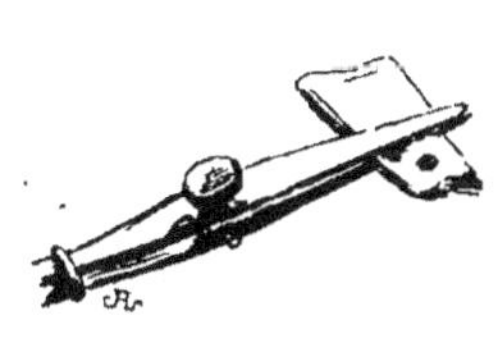

Fig. 88.

nettoye de la manière suivante avant
de commencer le travail. On prend
un morceau de papier que l'on re-
plie plusieurs fois sur lui-même de
façon à former une sorte de coin, que
l'on introduit entre les lames du
tire-ligne (fig. 88); en humectant légèrement ce petit
morceau de papier et en frottant vivement, on nettoie
rapidement l'intérieur du tire-ligne, et ce nettoyage doit
être répété très souvent, car l'encre ou la teinte laissent
en séchant des sortes de croûtes qui nuisent au régulier
foncitonnement de l'instrument.

Nous n'avons pas à nous occuper ici des traits passés à l'encre à l'aide des tire-lignes. Pour ces tracés géométriques, nous renverrons donc aux traités de dessin linéaire. Toutefois un trait de tire-ligne, passé à propos, peut souvent rectifier une teinte et donner au travail un aspect très soigné. Ainsi, par exemple, si on a passé une ombre portée dont les contours n'offrent pas une netteté suffisante, un trait assez large, qui devra être tracé au tire-ligne le travail achevé, délimitera avec franchise les deux parties qu'on veut faire ressortir.

Les traits de force qui dans les plans indiquent les parties dans l'ombre doivent être également passés après les teintes, et non en premier, car, dans ce cas, l'encre dégorgerait sous le pinceau et l'égalité de la teinte serait troublée.

En général, même avec le tire-ligne, il ne faut pas abuser des traits fins. D'abord, les meilleurs instruments ne peuvent pas donner de traits de plus en plus fins à mesure que l'on serre la vis de pression. Lorsqu'un certain degré de finesse a été atteint, si on veut chercher à dépasser cette limite extrême sous l'action de la vis de pression, les lames, au lieu de se rejoindre, tendent à s'écar-

Fig. 89.   Fig. 90.

ter et le trait devient baveux et irrégulier. Les figures 89 et 90, qui exagèrent la forme que prennent alors les lames du tire-ligne, permettent de se rendre compte du danger à éviter.

VII. — Teintes passées au tire-ligne.

Pour remplir le tire-ligne de teinte, on peut, soit produire un léger mouvement d'aspiration avec les lèvres entre les lames de l'instrument et plonger cet instrument dans la teinte, qui montera d'elle-même entre les lames du tire-ligne, soit se servir d'un pinceau abondamment chargé qui, passé au-dessus des lames, laissera filtrer presque instantanément la quantité de teinte nécessaire.

On doit alors enlever l'excédent de teinte qui se trouve à l'extérieur des lames, soit à l'aide d'un chiffon, soit à l'aide du doigt ; mais on doit tenir le tire-ligne la pointe en haut, de manière à le conserver chargé d'encre ou de teinte, autrement en le nettoyant on le viderait complètement.

Lorsqu'on passe des teintes à l'aide du tire-ligne, il faut toujours se rappeler ce principe : une même teinte passée au pinceau et au tire-ligne paraît toujours plus intense lorsqu'elle est passée au tire-ligne. De plus, il faut avoir grand soin de ne pas appuyer trop fortement sur le tire-ligne, car les lames, en pénétrant dans la pâte du papier, traceraient un petit sillon creux dans lequel la teinte prendrait, en s'incrustant, une tonalité différente des surfaces teintées environnantes.

On ne doit donc avoir recours à l'artifice qui consiste à passer des teintes au tire-ligne qu'avec une extrême circonspection.

Il y a des cas cependant où il faut y avoir recours forcément, sous peine de n'obtenir qu'un travail dénué de toute régularité.

Supposons, par exemple, que l'on ait à passer des teintes dans les cannelures d'une colonne. Sauf de très rares exceptions et pour les très grands dessins seulement, les cannelures n'offrent qu'une très petite surface; or, cette petite surface doit parfois recevoir plusieurs teintes. Passer au pinceau des teintes de quelques millimètres de largeur est de la plus haute difficulté et, d'ailleurs, quelque soin que l'on prenne, les bords légèrement frangés sont toujours un peu irréguliers.

Passées au tire-ligne, ces teintes sont, **au** contraire, d'une régularité absolue. Lorsqu'on peut les obtenir d'un seul coup de tire-ligne, il n'y a aucune difficulté, mais le cas ne se présente que pour la teinte la plus vigoureuse qui est toujours la moins large, et lorsqu'il est nécessaire de tracer deux traits à l'aide du tire-ligne, il faut procéder rapidement et de la manière suivante.

On doit préparer à l'avance un pinceau rempli de teinte. Puis avec le tire-ligne on trace aussi vite que possible les deux traits qui doivent circonscrire la surface teintée, et on réunit ces deux traits à l'aide du pinceau. Le tout doit être fait assez rapidement pour que la teinte n'ait pas le temps de sécher, autrement on aurait des coutures plus foncées qui détruiraient absolument l'effet cherché.

Avec un peu de pratique, on arrive aisément à posséder ce petit tour de main, et les teintes ainsi circonscrites à l'aide de traits passés au tire-ligne ont une rectitude qui les rend très séduisantes. Sans abuser du procédé, il ne faut pas hésiter à l'employer dans le modelé des cannelures d'une colonne, pour les moulures, en un mot pour toutes les petites surfaces qui nécessitent plusieurs teintes d'une régularité et d'une absolue rectitude de contour.

VIII. — Cerné des silhouettes accusant des différences de plan.

L'un des moyens les plus employés pour détacher les différents plans dans une élévation géométrale consiste en un large trait à l'encre pâle cernant le contour des plans que l'on veut mettre en avant, ou que l'on cherche à détacher des plans placés en arrière.

Si, par exemple, en avant d'un édifice, on a représenté sur une même élévation un clocher, dont l'emplacement réel, d'après le plan, doit être en avant de l'édifice, c'est le contour du clocher qui sera cerné d'un *trait* large. Dans le cas contraire, ce sera l'édifice qui lui-même sera entouré de ce trait.

Cela aide à rendre les élévations géométrales plus faciles à saisir à première vue. L'architecte ne pouvant, comme l'artiste, employer des colorations variées; l'architecte étant toujours tenu de supposer une lumière fictive qui doit éclairer tous les plans à quelque distance qu'ils se trouvent du spectateur; l'architecte qui doit ne se servir du lavis que pour accentuer les détails décoratifs et non pour les noyer dans les pittoresques brumes d'un lointain; l'architecte cerne aussi parfois les contours de ses façades pour bien en accuser la silhouette sur le ciel.

Le dessin prend dès lors un aspect technique qui l'éloigne fortement de l'aspect pittoresque; mais parfois,

dans cette exécution voulue, on a sacrifié avec raison le
côté artistique pour laisser dominer le côté précis et mathématique.

Lorsqu'en avant d'une colonnade, en avant d'un por-

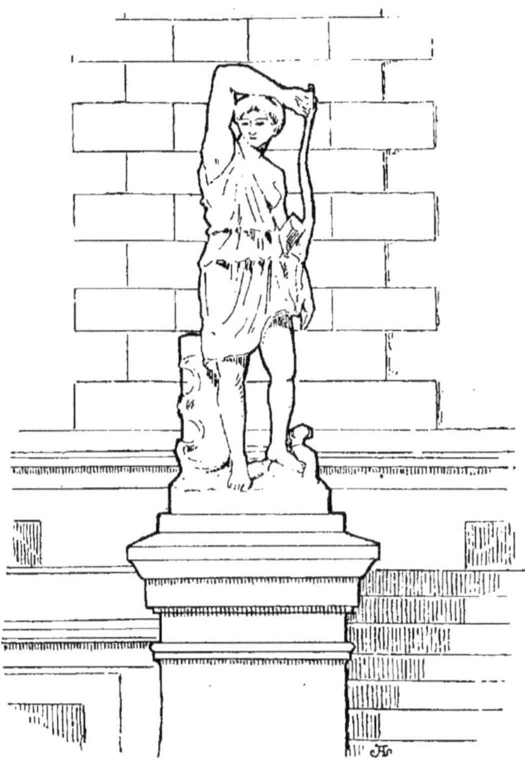

Fig. 91.

tique, par exemple, un architecte a conçu, soit un escalier
orné de rampes décorées de statues (fig. 91), soit même des
groupes décoratifs isolés placés sur des piédestaux, il trace
parfois ces statues d'un crayon très fin, modèle à peine les
formes, mais il cerne énergiquement les figures en en simplifiant les contours autant que possible.

Soit à l'encre de Chine, soit avec une teinte de sépia assez forte, ce large trait peut être passé de deux façons : à l'aide d'une très grosse plume ou à l'aide d'un tire-ligne.

Quelques architectes cherchent surtout, en simplifiant les contours, à obtenir des angles accentués, ce qui donne de la fermeté aux silhouettes, évitent l'aspect mou, inhérent aux contours arrondis et préfèrent de beaucoup le tire-ligne.

Le tire-ligne offre le très grand avantage de donner toujours un trait d'une largeur constante, tandis qu'avec une plume, quelque précaution que l'on prenne en appuyant plus ou moins fortement, on obtient des tracés de largeurs variables. De plus, malgré soi, on a une tendance, la plume à la main, à accuser par un trait légèrement appuyé les effets de lumière ; or l'idéal dans ces *cernés* est d'avoir partout un trait d'une même largeur qui ne fasse qu'accentuer la silhouette cherchée, sans distraire le regard à l'aide de différence de valeur.

De plus, le tire-ligne se prête admirablement à tracer les angles, et contribue ainsi à donner de la fermeté aux silhouettes.

Le maniement du tire-ligne, dans ce cas, nécessite cependant une grande habileté de main.

Lorsqu'on trace une ligne à l'aide d'une règle, d'un T ou d'une équerre, on sait qu'on obtient ce trait en faisant glisser le tire-ligne parallèlement à lui-même sur la règle, le T ou l'équerre, et en tenant ce tire-ligne un peu incliné de façon à ce que l'encre glisse aisément entre les lames de l'instrument.

Dans ce tracé à main levée, au contraire, il faut tenir le tire-ligne presque perpendiculairement, et il faut avoir assez d'habitude pour le tourner à chaque angle entre les doigts avec rapidité pour que l'encre, ne continuant pas à couler, ne forme pas un point rond excédant la largeur du cerné. Avec un peu de pratique, on arrive aisément à cerner un contour avec soin ; mais il ne faut pas perdre de vue que le maniement du tire-ligne à main levée exige une grande légèreté de main, et si on ne se sent pas de force à mener à bien un tracé assez long, il vaut mieux se contenter d'un large trait de plume, incontestablement plus facile à passer, mais qui sera toujours cependant, il faut s'y attendre, bien moins régulier que s'il avait été passé au tire-ligne.

IX. — Tracé des ombres.

En général, les masses d'ombre portée par des parties saillantes peuvent se décolorer de deux façons.

Suivant un certain système, système conventionnel particulier aux anciens lavis d'architecture surtout, les masses d'ombre doivent diminuer d'intensité à mesure qu'elles se rapprochent de leur contour, qui cependant doit toujours être bien net et d'un ton franchement accusé. Ainsi, par exemple, l'ombre portée d'un pilastre saillant est plus intense sur le bord du pilastre que sur la limite de la teinte.

Suivant, au contraire, un autre système plus rationnel et plus artistique, les ombres doivent augmenter d'intensité à mesure qu'elles s'approchent de leur contour.

Si, en effet, le tracé géométrique nous apprend que l'ombre se décompose toujours en deux parties : l'ombre et la pénombre, cela n'est sensible que pour le contour de l'ombre. On sait que, suivant les dimensions du corps éclairant, l'ombre et la pénombre peuvent varier de proportions. Si l'on suppose, en effet, une bougie placée a peu de distance d'un écran, les rayons lumieux émanant du centre et des extrémités de la flamme déterminent des zones plus ou moins éclairées, mais ce n'est qu'en dessous du rayon lumineux émanant du sommet de la flamme que l'obscurité est complète (fig. 92). Et dans

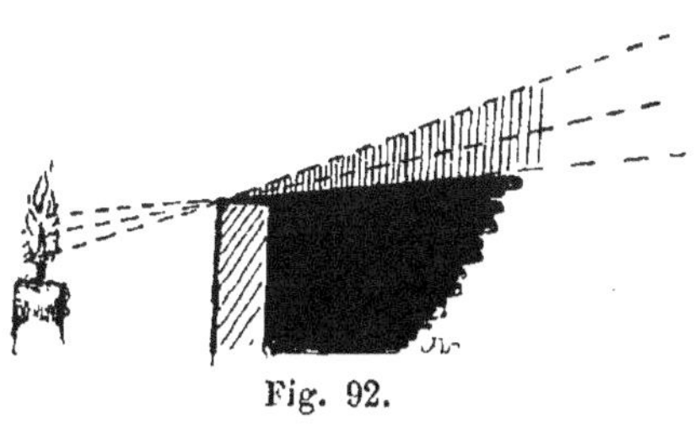

Fig. 92.

les anciens dessins d'architecture, cette ombre et cette pénombre étaient soigneusement rendues, et la teinte la plus intense représentant l'ombre laissait toujours un liséré d'un millimètre environ d'une teinte moins intense représentant la pénombre.

Mais, indépendamment de cette observation de la pénombre et de l'ombre, qui n'a son effet que pour le contour, il est évident qu'une masse d'ombre doit augmenter d'intensité à mesure qu'elle s'approche d'une masse de lumière. La plus grande lumière à côté de la plus grande ombre, le blanc le plus intense à côté du noir le plus vigoureux, c'est une loi d'opposition d'une évidence absolue.

S'il est vrai que l'arête vive d'un pilastre doit se détacher énergiquement sur le ton de l'ombre portée (fig. 93), on peut admettre aussi, d'un autre côté, que toute la

masse d'ombre placée près de cette arête reçoit de nombreux reflets (fig. 94). Les surfaces environnantes
étant éclairées par les rayons réfléchis, ces rayons lumi-

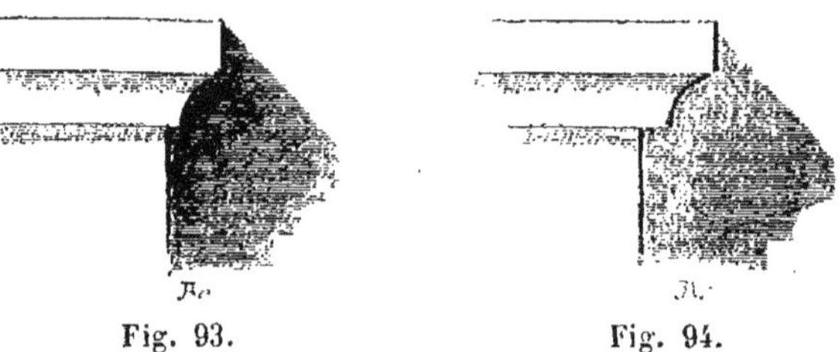

Fig. 93.   Fig. 94.

neux doivent se traduire par une atténuation de l'intensité de la teinte vers l'angle placé dans l'ombre, et la
masse de lumière étant, au contraire, très grande près du
contour de l'ombre, cette ombre doit dès lors être plus
intense de ce côté. Tels sont donc les deux parti pris
d'exécution auxquels on peut se conformer.

Les ombres portées sont les ombres que donnent les
rayons lumineux frisant les saillies et rencontrant une surface sur laquelle ils déterminent une zone lumineuse et une
zone obscure. Ces ombres se dégradent, diminuent, varient
d'intensité suivant les surfaces. Sur des surfaces planes et
sur des surfaces courbes, ces ombres se modifient, par suite
des reflets.

Les ombres de modelé sont les ombres que détermine
le rayon lumineux divisant une surface courbe en deux
parties : la partie en pleine lumière et la partie plongée
dans l'ombre, cette dernière offrant différents tons suivant
la quantité de lumière qu'elle reçoit par rapport à la
direction du rayon lumineux.

Les tracés des ombres qui doivent être indiqués au crayon avant de passer la première teinte doivent toujours être esquissés d'un trait de crayon fort léger, car, trop appuyé, il cernerait avec dureté les teintes et donnerait au dessin une lourdeur d'aspect fort désagréable, et nous reviendrons plus loin avec plus de détails sur les principes généraux des tracés géométriques, qui doivent être recouverts d'une teinte bien limpide, car la franchise de touche est une grande qualité d'exécution pour le lavis d'architecture comme pour l'aquarelle.

X. — Teintes d'ombre, nettoyage des contours des teintes superposées.

Il faut, autant que possible, poser les teintes du premier coup et avec l'intensité qu'elles doivent avoir définitivement. Ce procédé permet d'obtenir des contours très nets, car une teinte répétée plusieurs fois offre des contours de plus en plus irréguliers. Cependant, si la teinte doit atteindre une certaine intensité, et si on veut obtenir surtout une teinte d'une régularité absolue, il vaut mieux passer une teinte faible deux ou trois fois, de façon à arriver à l'intensité de ton voulue. Il y a, d'ailleurs, un moyen de nettoyer un tant soit peu les contours engorgés inévitablement par des teintes superposées. Lorsque les teintes sont sèches, on passe au pinceau une légère teinte d'eau sur ces contours, et avec la pointe du pinceau on les frotte légèrement. En enlevant et en séchant rapidement, et, sous l'influence de ces frottements, les bavures, les excédents de

teintes se dissolvent dans l'eau, et les contours reprennent
en partie leur pureté première, à la condition toutefois que
les parties environnantes soient protégées contre ces petits
dégorgements qui pourraient ternir les teintes légères.

Sur les papiers à grain un peu gros, les teintes un peu
intenses laissent apparaître des points blancs qui altèrent
parfois l'uniformité de la teinte et sont aussi quelquefois
nuisibles pour certains travaux; aussi préfère-t-on souvent
sur ces papiers passer plusieurs teintes pour obtenir l'intensité voulue. Mais, comme en toutes choses, il faut savoir
prendre un parti et surtout ne pas exagérer le parti adopté,
car les teintes, superposées en trop grand nombre, peuvent parfois donner au travail une certaine mollesse qui
n'est pas non plus sans inconvénient.

Quelques architectes proscrivent également les teintes
légères superposées à des teintes plus foncées, prétendant
que le lavis à l'encre de Chine ne doit pas être fatigué.
Cela est vrai, sans doute, mais lorsqu'une teinte un peu
forte présente des irrégularités, des taches assez nombreuses, une teinte fort lé-
gère passée avec soin en
frottant, en détrempant
les parties foncées un peu
plus longtemps que les
parties claires, permet de
régulariser le travail.

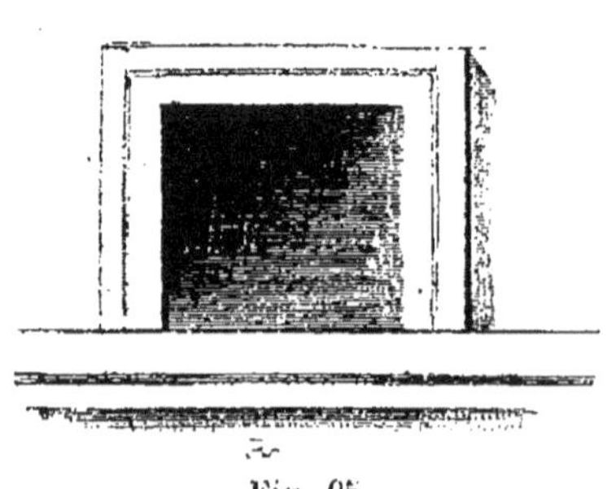

Fig. 95.

Les teintes destinées
aux ombres et aux reflets doivent toujours être aussi
transparentes que possible, et dans les ouvertures, dans le
vide des portes, des fenêtres (fig. 95), on passe, en géné-

ral, des teintes dégradées; la teinte étant fort intense dans le haut de l'ouverture et cette même teinte allant en se dégradant jusqu'à la base.

L'ensemble d'un lavis doit toujours être préparé ainsi : les grandes masses d'ombre, les parties modelées par reflets, et les vides accusés par des teintes dégradées. Ces différentes teintes s'exécutent toujours lorsque les parties lisses, les surfaces unies ont reçu les teintes fort légères qui accusent les différents plans, et souvent ces teintes légères, parfois formées d'eau à peine teintée, se passent de façon à réserver un liséré blanc d'un millimètre environ du côté de la lumière.

Toutes ces différentes teintes passées, alors seulement on détache les ornements à l'aide de teintes plus énergiques; on place enfin les accents de vigueur là où il est nécessaire, et ces accents peuvent être indiqués avec de l'encre de Chine très noire, ce qu'on appelle de l'encre de Chine *pochée*.

XI. — Encre pochée.

Pour obtenir cette encre de Chine *pochée*, on délaye le bâton d'encre dans un godet avec une très petite quantité d'eau, et on tourne vivement ce bâton jusqu'à ce que la solution devienne très épaisse et que deux ou trois cercles blancs, — laissant apercevoir le fond du godet, — se manifestent pendant le mouvement de rotation. L'encre est alors aussi noire qu'on peut le désirer, et elle doit être employée assez rapidement, car, précisément à cause de son épaisseur, elle sèche promptement. Inutile de dire qu'il est toujours bon d'avoir un pinceau spécialement réservé pour l'encre de Chine pochée, car, quelque soin que l'on prenne de le nettoyer à grande eau, il reste toujours chargé d'encre, et si on l'utilisait pour des teintes légères, on risquerait fort d'en compromettre la pureté.

Aujourd'hui, certains architectes, ne voulant pas se donner la peine de délayer l'encre dans le godet, — opération un peu longue et un peu fastidieuse, il faut l'avouer, — préfèrent se servir des flacons d'encre délayée que l'on trouve dans le commerce. Ces flacons contiennent, en effet, une encre noire, du noir le plus absolu, d'un noir plus intense même que celui que peut donner l'encre de Chine délayée la plus concentrée possible; mais ce noir est presque toujours d'un ton un peu différent de celui de l'encre de Chine employée en teinte pâle, et il ne doit servir qu'à l'état pur. Mélangé avec de l'eau, il ne peut donner que des teintes déposant rapidement et, par suite, se passant difficilement.

Cependant ces flacons de noir ont un grand avantage, le noir qu'ils contiennent ne *file* pas, tandis que l'encre de Chine pochée *file* avec une extrême facilité.

On dit qu'un trait, qu'une teinte *file* lorsqu'il est impossible de passer par-dessus ce trait, par-dessus cette teinte une nouvelle teinte sans en altérer les contours.

C'est pour cela qu'il faut toujours, dans le lavis, procéder de la teinte la plus claire à la teinte la plus foncée, et, autant que possible, jamais autrement. Si parfois cependant on était obligé de passer une teinte légère par-dessus des teintes très accentuées, de passer une teinte sur une

touche obtenue à l'encre pochée, il faut passer cette teinte
du premier coup, et ne pas donner un second coup de
pinceau sur la partie pochée. Sous le premier coup de pinceau, la partie pochée ne bouge pas, parce qu'elle n'a pas
eu le temps de s'humidifier; mais sous le second coup, l'eau,
ayant détrempé la partie pochée, cette partie se mélange-
rait infailliblement à la nouvelle teinte et la pureté des
contours serait altérée.

XII. — Teintes conventionnelles des plans, coupes, etc.

Pocher, c'est aussi laver les plans à l'aide de teintes
d'encre de Chine foncée. Ainsi il est admis généralement
que, dans les plans d'en-
semble des édifices, on dis-
tingue par des couleurs conventionnelles les parties
anciennes, les parties projetées et les parties à détruire
ou à modifier. Les parties
anciennes se pochent en
noir, les parties projetées se
pochent en carmin, et les
parties à démolir se pochent
en jaune.

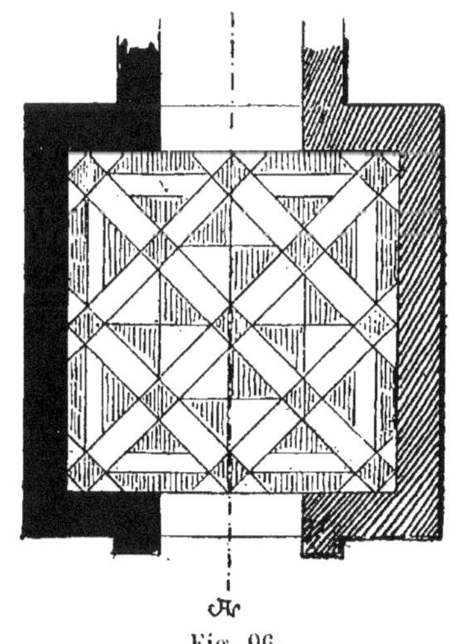
Fig. 96.

Enfin on indique aussi parfois les ombres portées par
les murailles, soit, et c'est le cas le plus fréquent, par des
traits de force, c'est-à-dire par les traits plus accentués

passés après les teintes plates, soit par des teintes dégradées.

Souvent aussi on profite des plans, c'est-à-dire des sections horizontales, pour représenter la disposition des carrelages (fig. 96), des pavages, des mosaïques qui décorent un édifice; de même que l'on profite des coupes, c'est-à-

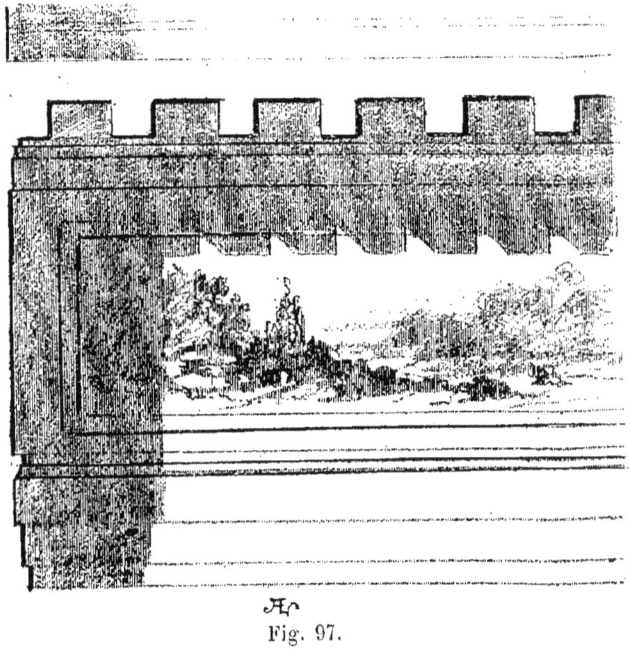

Fig. 97.

dire des sections verticales, pour montrer les dispositions intérieures des édifices (fig. 97), pour indiquer même les détails de décoration, d'agencement et d'ameublement. Tous ces dessins sont éclairés avec le même rayon conventionnel à 45° venant de l'angle gauche supérieur du dessin, et, pour donner plus de pittoresque aux coupes, on suppose toujours que les plafonds coupés, que les murailles interrompues portent ombre sur les murailles verticales, ce qui permet, à l'aide de reflets et d'ombres portées, de donner de l'effet aux dessins et de mieux accentuer les détails que l'on veut faire valoir.

XIII. — Effets pittoresques des lavis d'architecture.

Les lavis d'architecture, nous l'avons dit plus haut, tendent de nos jours à devenir de véritables aquarelles.

Aux différentes expositions de projets qui ont lieu à l'École des beaux-arts, on peut voir des dessins qui sont aquarellés avec une habileté de main extrême. Tantôt ce sont des fonds de feuillage qui sont touchés avec une grande hardiesse; tantôt, et tout au premier plan, ce sont de petites figurines fort bien coloriées qui donnent l'échelle du monument, et dont l'intensité de ton fait fort heureusement valoir les finesses de modelé des détails d'ornementation.

Enfin, dans certains cas, pour certaines restaurations ou projets d'édifices de style antique, ce sont parfois des ciels sans nuages d'un azur admirable et dont l'exécution est due à une *ficelle* bien simple.

XIV. — Ciels au tampon.

Ces ciels ne sont pas faits au pinceau, ils sont faits au tampon, et pour les obtenir on doit procéder de la manière suivante.

On commence par border son dessin et par découper la silhouette de l'édifice que l'on veut détacher sur le ciel d'un

large trait d'une solution de gomme arabique (fig. 98). La
solution doit être assez épaisse pour
former une sorte de rebord un peu
saillant, et, avant de continuer, on
doit la faire sécher aussi complètement que possible.

On prend alors de l'outremer
en poudre, on forme un petit tampon à l'aide d'un morceau de coton
cardé bien fin que l'on pétrit quelques instants entre les doigts, puis

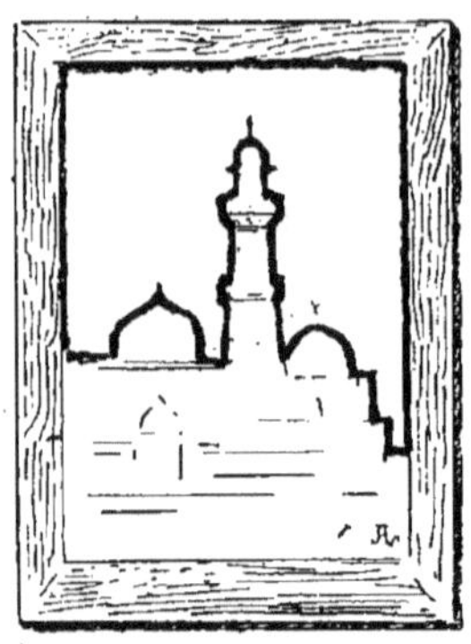

Fig. 98.

on imprègne ce tampon de poudre d'outremer (fig. 99) et
on tamponne toute la
surface du ciel que
l'on veut colorier.
Autant que possible,
on tamponne égale-
ment, toujours ce-
pendant en mainte-
nant la partie supérieure un peu plus intense de ton, mais

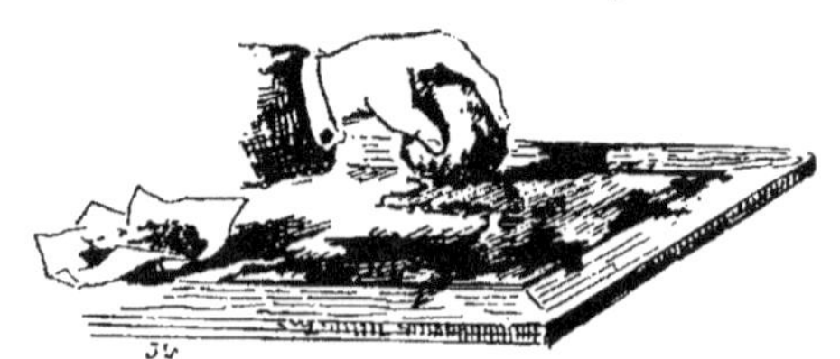

Fig. 99.

sans se préoccuper des taches
qui apparaissent çà et là, et surtout en dépassant le moins possible les contours enduits de
colle.

Lorsque le tamponnement
est fini, on place le dessin
sous le robinet d'une fontaine
(fig. 100) et on le fait mou-

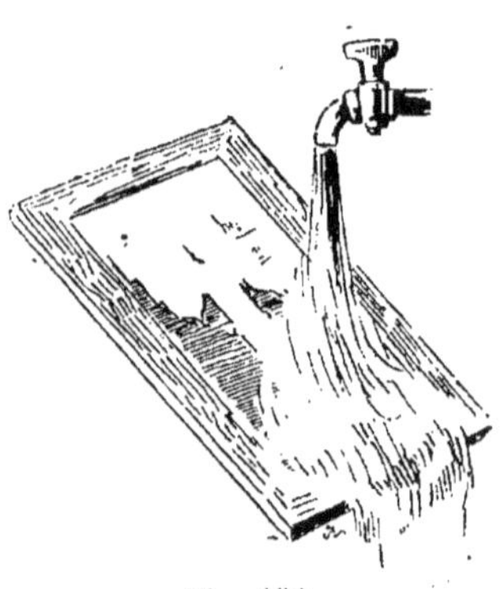

Fig. 100.

voir de façon à exposer toutes les parties à l'action du jet d'eau. Sous cette masse d'eau, l'outremer en poudre est incrusté dans la pâte du papier, et la solution de gomme est entraînée par la véritable avalanche d'eau que l'on projette sur le dessin.

Sous l'influence du jet d'eau, la teinte se régularise et, le dessin séché, on a un ciel d'une pureté remarquable et qui contraste agréablement avec les touches au pinceau posées sur le reste du dessin.

XV. — Principes géométriques du tracé des ombres.

Mais que les lavis soient à l'encre de Chine ou qu'ils soient coloriés comme de véritables aquarelles, toujours ils sont, avons-nous dit, éclairés d'une façon conventionnelle.

Le tracé des ombres n'est autre chose qu'une application de la géométrie descriptive, mais il faut se rendre familiers les principes généraux de ce tracé. A l'aide de quelques exemples, nous allons faire voir que, même pour l'artiste, cela est facile à saisir, et ces quelques éléments connus, on sera dès lors assez familier avec les tracés pour, à première vue et de sentiment, poser du premier coup une ombre portée à l'emplacement précis qu'elle doit occuper pour combiner un modelé, réserver franchement les lumières et indiquer les parties plongées dans l'ombre, et cela sans tracé complet et mathématique.

En principe, toutes les ombres des parties rondes inscrites dans des carrés se projettent par la diagonale.

Cette diagonale est donnée par une perpendiculaire qui

est abaissée de l'une des extrémités de l'objet portant
ombre (fig. 105), — si cet objet touche à la surface qui reçoit
l'ombre, — et qui est abaissée du point de rencontre du

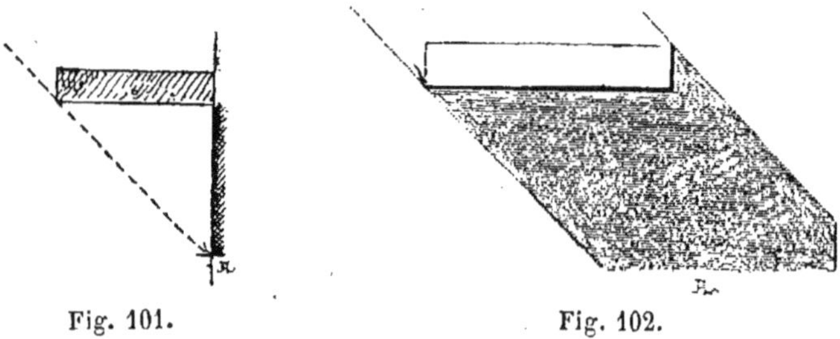

Fig. 101. Fig. 102.

prolongement d'une horizontale allant rejoindre la surface
recevant l'ombre, si cet objet est à une certaine distance
de cette surface.

La longueur de cette perpendiculaire est déterminée
par le prolongement d'un rayon à 45° passant par l'extrémité opposée de l'objet.

Ainsi, par exemple, supposons une tablette appliquée
contre une muraille : l'ombre portée devra se tracer ainsi
(fig. 101 et 102), la première figure donnant la tablette

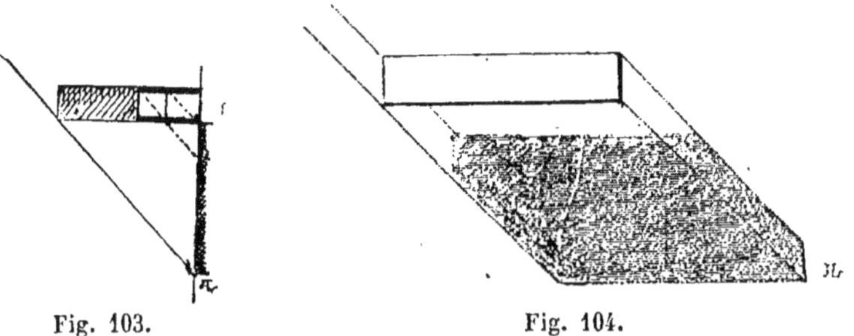

Fig. 103. Fig. 104.

vue en coupe, c'est-à-dire de profil, et la seconde figure
représentant la façon dont les rayons lumineux frisant les
arêtes de la tablette déterminent la forme de l'ombre. Si,

au contraire, la tablette est maintenue en avant de la muraille (fig. 103), l'ombre se dessinera suivant le tracé indiqué (fig. 104).

Dans le cas ou la tablette, au lieu d'être rectangulaire,

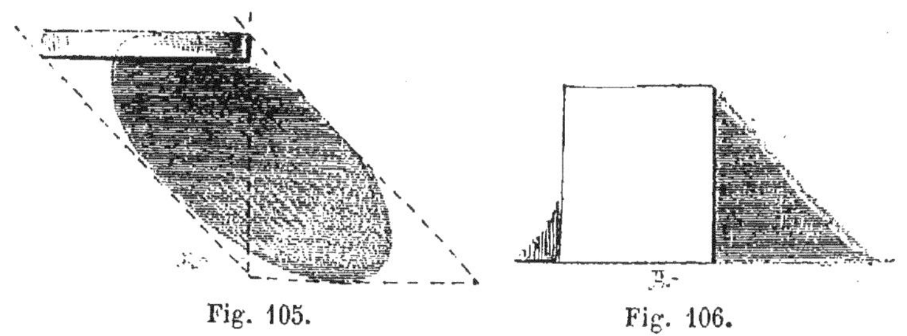

Fig. 105.   Fig. 106.

serait de forme circulaire (fig. 105). Le tracé serait obtenu de même, à l'aide des rayons à 45° et de la verticale abaissée de l'une des ex-trémités de l'objet, — per-pendiculaire dont il a été parlé plus haut, — ce qui détermine ainsi un parallé-logramme dans lequel on inscrit l'ellipse qui indique la forme de l'ombre portée par une tablette circu-laire.

Enfin un cube (fig. 106) placé en avant d'une sur-face verticale porte une ombre dont le contour est

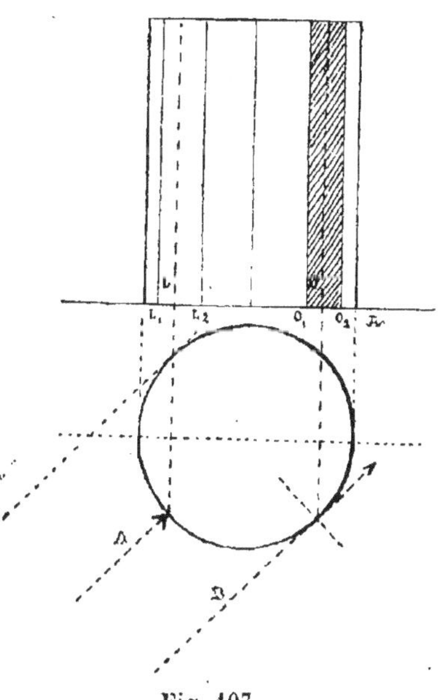

Fig. 107.

déterminé par les trois côtés d'un triangle.

Quant à l'ombre, — quant au modelé même, — des corps ronds, on peut les déterminer de la manière suivante. Supposons un cylindre (fig. 107) éclairé par un

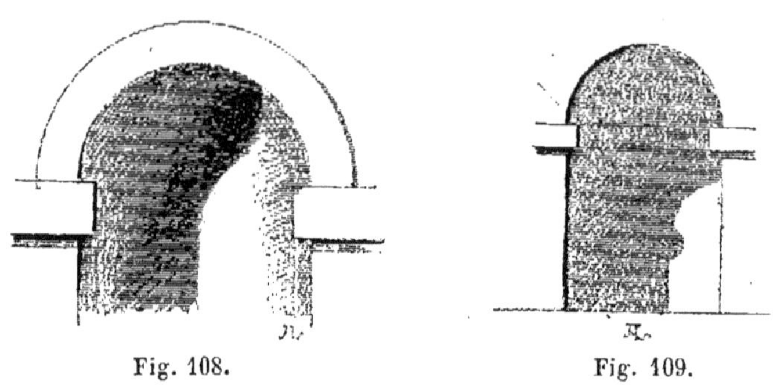

Fig. 108.   Fig. 109.

rayon lumineux à 45°. L'un de ces rayons A qui frappe en plein le cylindre déterminera, sur le cylindre de chaque

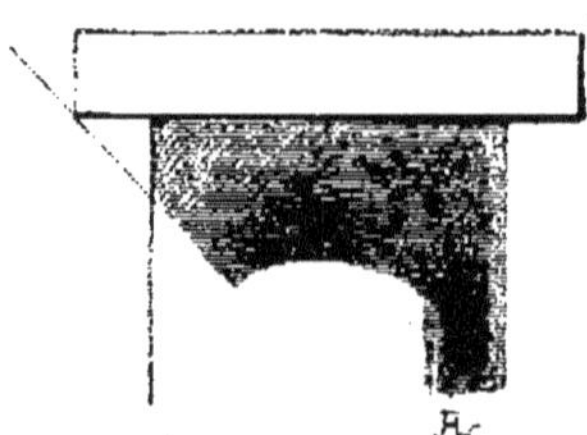

Fig. 110.

côté de l'axe de la plus vive lumière, une bande L_1 L_2 qui devra rester complètement blanche, tandis que l'autre rayon B qui frise la surface du cylindre déterminera une bande obscure O_1 O_2 ayant pour axe la verticale élevée du point déterminé par le rayon lumineux tangent au cylindre.

L'ombre portée d'une arcade se détachant en avant d'une muraille verticale (fig. 109); l'ombre d'une arcade creusée en niche (fig. 108); l'ombre portée par une tablette carrée posée sur un fût cylindrique comme une sorte de chapiteau rudimentaire (fig. 110); l'ombre portée d'une console (fig. 111) soutenant un entablement; l'ombre

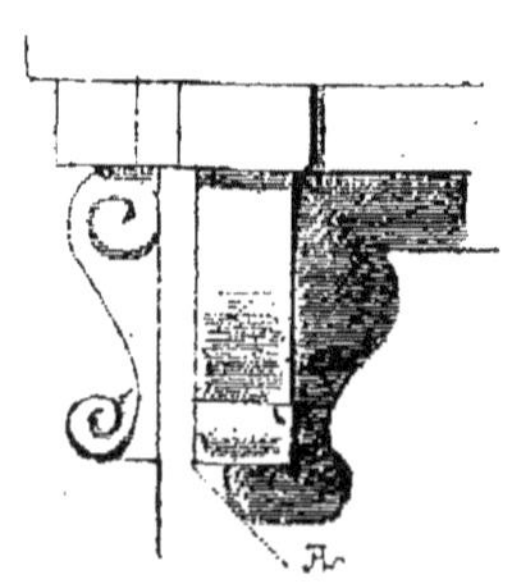

Fig. 111.

portée d'un vase (fig. 112), peuvent être déterminées rigoureusement et méthodiquement par des tracés basés sur ces
éléments.

Pour des croquis d'architecture, on peut se contenter
de ces à peu près; pour de [sérieux
projets, il faut avoir recours aux tracés complets, car il ne faut pas perdre
de vue que l'élévation géométrale
n'est rien sans les effets de lumière.
Tous les détails dont l'architecte décore
son édifice, toutes les saillies qu'il
combine pour colorer sa façade, il ne
peut s'en rendre compte et en donner

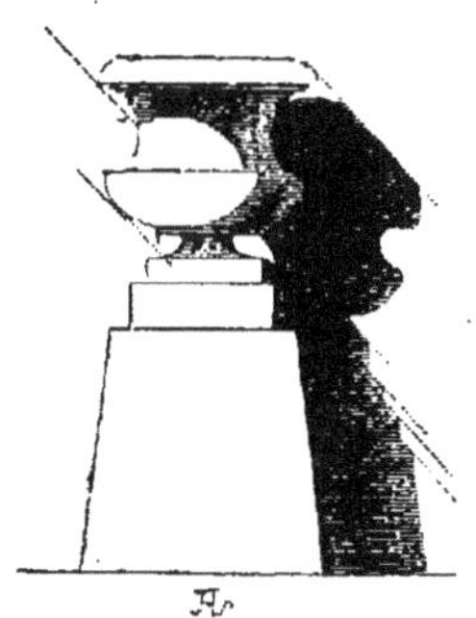

Fig. 112.

une idée au spectateur qu'en représentant cette façade
éclairée, car ce sont les ombres qui
font valoir les reliefs et qui animent
les dessins géométriques.

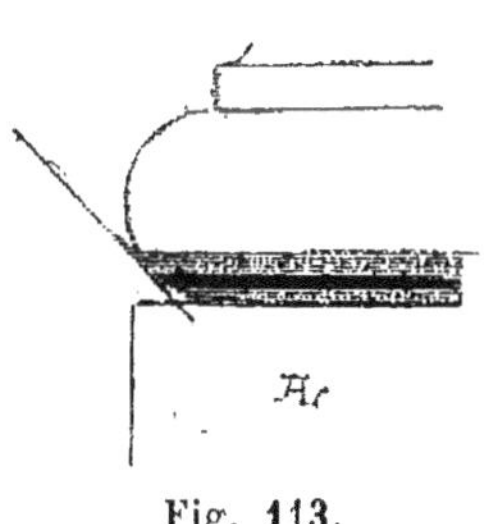

Fig. 113.

Mais ces tracés simplifiés, que la
géométrie permet d'obtenir avec une
rigoureuse exactitude, ne sont donnés
ici que pour familiariser l'œil avec
les ombres techniques.

De même les modelés des moulures sont obtenus par
des tracés que résument nos diverses figures, et quant aux
saillies diverses, quant aux entablements, aux niches, les
figures sommaires que nous donnons ici ont également pour
but de rendre ces effets assez familiers pour que de sentiment l'artiste puisse indiquer, non pas un tracé d'ombre
d'une exactitude mathématique, mais une ombre vraisem-
blable.

Ainsi les rayons à 45° indiquent facilement qu'une moulure ronde convexe (fig. 113) n'offre qu'une très

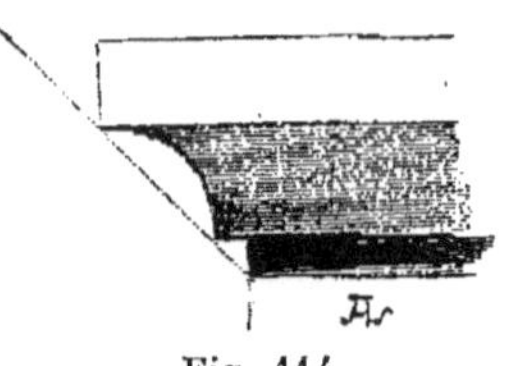
Fig. 114.

petite surface plongée dans l'ombre, tandis qu'une moulure concave (fig. 114) est au contraire plongée dans l'obscurité complète.

Suivant que les moulures sont éclairées, soit directement, soit par reflet, la disposition des ombres peut changer. Éclairées

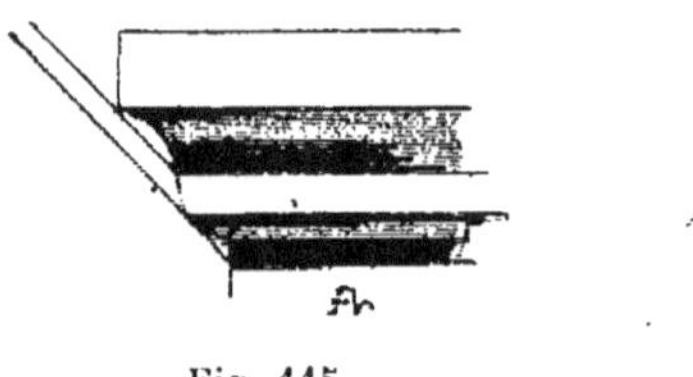
Fig. 115.

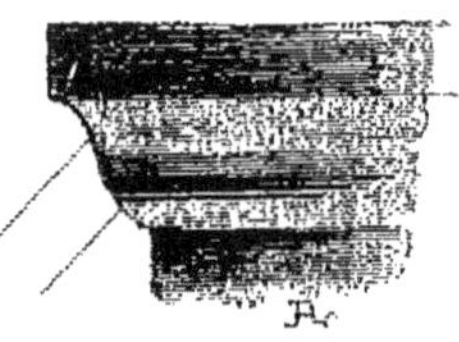
Fig. 116.

en pleine lumière ou plongées dans l'ombre et éclairées

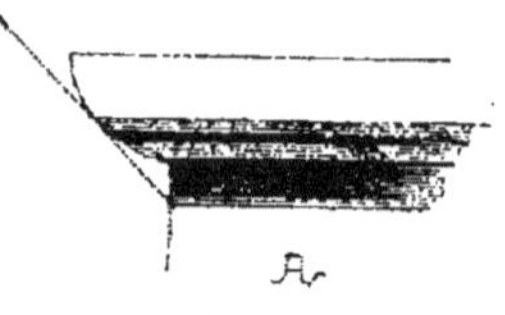
Fig. 117.

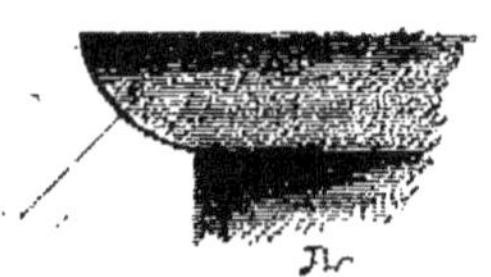
Fig. 118.

par reflet, les ombres peuvent se modifier ainsi : soit

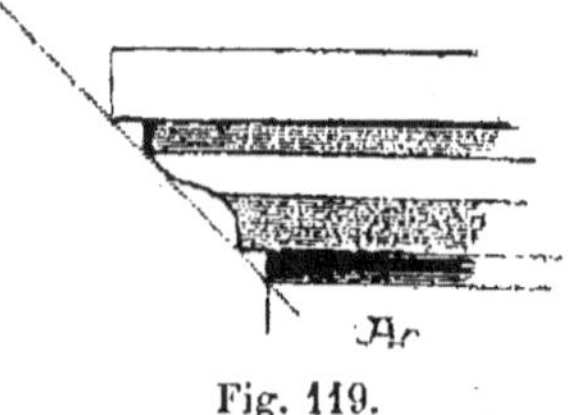
Fig. 119.

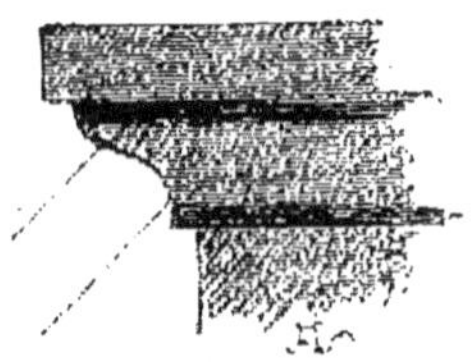
Fig. 120.

pour une *doucine* (fig. 115 et 116), soit pour *quart de*

rond (fig. 117 et 118), soit pour un *talon* (fig. 119 et 120).

XVI. — Lavis des cartes et plans.

Le lavis sert aussi à rehausser les cartes de teintes conventionnelles, et, même dans l'application de ces teintes, on peut encore faire preuve de sentiment artistique.

Sur les plans de construction, on le sait, on indique par un trait de force la direction de la lumière; mais lorsqu'on représente, par exemple, une certaine étendue de terrain de nature différente, il faut avoir recours à des teintes conventionnelles pour rendre le plan plus intelligible.

Voici donc quelques formules et quelques renseignements au sujet de ces teintes. Les arbres isolés s'indiquent d'abord par de petits traits à la plume ronds et entrecroisés rappelant, autant que possible, la forme de l'arbre vu à vol d'oiseau ; on teinte légèrement cette masse d'une couleur jaune du côté de la lumière et d'une couleur verte du côté de l'ombre ; enfin on indique, à l'aide d'une légère teinte d'encre de Chine, l'ombre portée de l'arbre sur le sol.

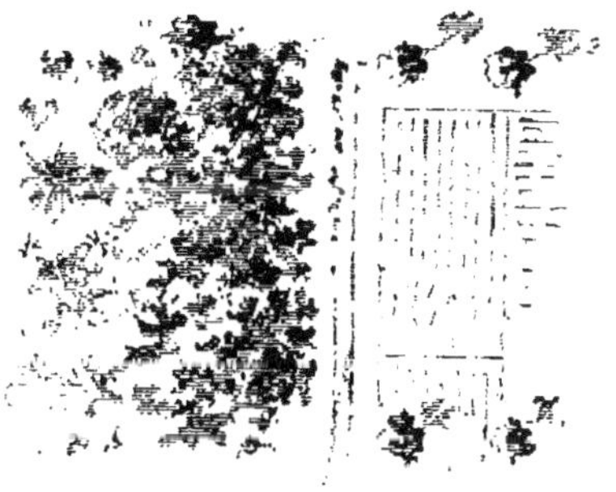

Fig. 121.

On indique dans le même sentiment les pièces de terre et les forêts (fig. 121). Dans les deux cas, on passe une teinte

plate légère de gomme-gutte et d'indigo; on accuse cette
teinte par quelques touches plus vigoureuses, et on indique,
à l'aide d'encre de Chine légère, les ombres portées par les
masses d'arbres. Là, plus que partout ailleurs, on peut donner au travail une tournure véritablement artistique. Que
l'on se pénètre bien de l'aspect que produit une forêt vue

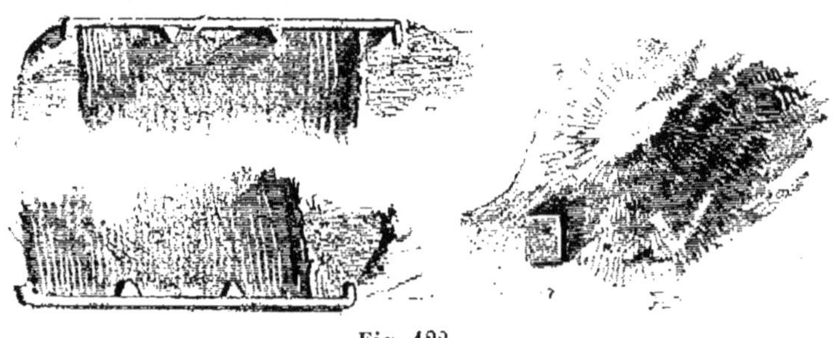

Fig. 122.

d'une montagne très élevée, et on pourra chercher à rendre
dans un simple plan l'aspect de ces masses de verdure
dont les nuances de coloration sont si diverses. On peut
ajouter même quelques touches d'un mélange de carmin
et de gomme-gutte pour indiquer les parties couvertes de
feuilles mortes; on peut indiquer les sapins par un ton vert
intense, posé sur un petit tracé en forme d'étoile, qui rappelle bien la projection horizontale des branches; ce sont là
de petits détails qui montrent quel parti on peut tirer de ces
masses de verdure, dont l'interprétation peut être très artisti-
quement comprise. N'a-t-on pas vu, aux grandes expositions
universelles, de superbes vues à vol d'oiseau des grands
parcs et promenades de Paris qui n'étaient, à proprement
parler, que des plans, et dans lesquels les masses de verdure étaient traitées avec une incomparable virtuosité?

Dans ce genre de lavis destiné à rehausser des tracés purement géométriques, il y a donc place pour le sentiment pittoresque et une interprétation artistique très personnelle. Il faut également supposer que l'on voit tout d'un point très élevé, et, partant de ce principe, on peut rendre ainsi des terrains parsemés de broussailles par des touffes teintées de jaune et de vert, et les touffes de bruyère par des teintes panachées de vert et de rose.

Les champs cultivés, indiqués par une teinte légère de terre de Sienne, sont encore accentués par des lignes de ponctués irréguliers, qui simulent les sillons tracés par le soc de la charrue.

N'a-t-on pas d'ailleurs, sur nature, mille exemples des variétés de coloration que donnent, suivant leur sol et leur culture, les pièces de terre juxtaposées? Aux portes de Paris, sur ces collines qui se relèvent près des rives de la Seine, le terrain découpé en longues bandes de colorations diverses, semblables parfois à une véritable carte d'échantillon d'étoffes de toute teinte, depuis le ton le plus pâle jusqu'au ton le plus intense ; ce terrain ne donne-t-il pas mille formules différentes à l'artiste qui voudra enluminer d'une façon variée les tracés géométriques si froids et si peu intelligibles pour le public, si l'on n'avait recours aux expédients du coloris ?

Les rochers, les montagnes (fig. 122), indiqués par des courbes géométriques précisant leur altitude, peuvent être rehaussés de teintes accentuant les sinuosités de leurs contours.

Les prairies, les sables (fig. 123), les terres humides s'indiquent par de légères teintes frangées de vert ou d'un bleu pâle.

Dans les vergers, dans les jardins, de petites touches de différentes couleurs rendront l'aspect gai et scintillant

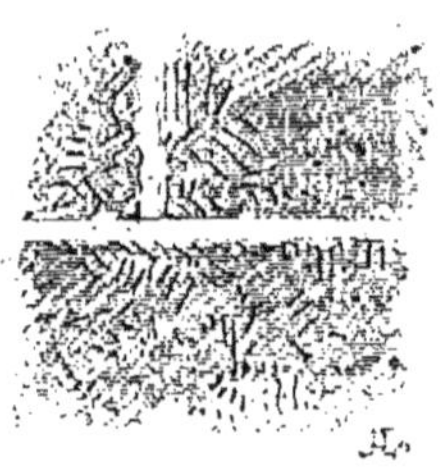
Fig. 123.

de parterres de fleurs vus d'en haut, et quant aux fleuves, aux étangs, des teintes de bleu de Prusse pâle, légèrement plus intenses vers les bords et parfois moirées à l'aide de teintes d'une grande fluidité, rendent à merveille l'aspect de ces nappes d'eau d'un ton uniforme que l'on peut encore accidenter davantage, dans certains dessins, en interprétant par de larges aplats aux contours irréguliers les ombres que pourrait projeter un ciel nuageux.

Les bâtiments, les constructions, bien qu'indiqués en plan, peuvent être rendus, eux aussi, d'une façon assez pittoresque, surtout si l'on a pris soin d'indiquer sur le plan la projection des diverses lignes des combles (fig. 124).

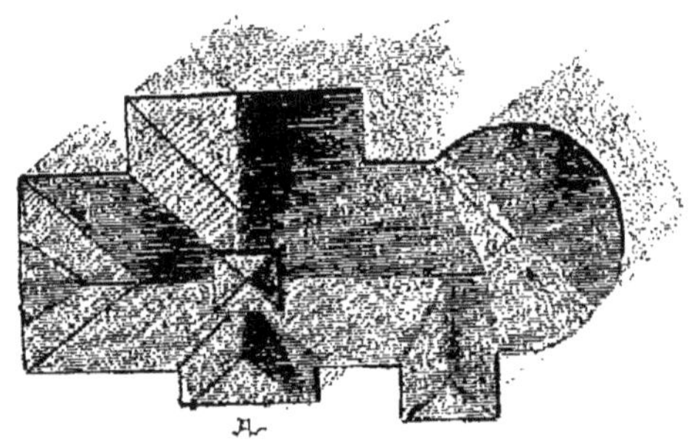
Fig. 124.

Les versants des toitures, les saillies des lucarnes, des campaniles, sont indiqués par des teintes d'encre de Chine ou une teinte locale formée d'indigo et d'encre de Chine si les toitures sont en ardoises, et de vermillon et de terre de Sienne si les toits son en tuiles. Enfin sur le sol on indique, par des teintes dégradées, l'ombre portée par les constructions (fig. 125).

On voit donc quel parti on peut tirer d'un simple tracé géométrique et de quelle ressource est le lavis pour rendre amusantes et plus intelligibles d'un seul coup d'œil les épures les plus froides.

Cette manière de traiter les plans d'ensemble n'est pas nouvelle d'ailleurs. On trouve encore, suspendus dans les couloirs de certains vieux manoirs, des plans ainsi exécutés, lavés avec grand soin, mais avec moins de verve cependant que plusieurs dessins modernes.

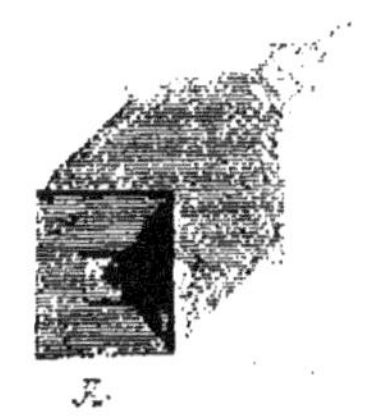

Fig. 125.

Quand on devait traiter des plans de bâtiment, on avait même recours autrefois à des partis pris qui, aujourd'hui, ne sont plus appliqués.

Ainsi, dans les plans du xviii° siècle, on représentait par des masses noires (encre de Chine pochée) l'épaisseur des murailles ; mais les lignes faisant saillie sur ces épaisseurs et placées *au-dessous* de la section de la muraille s'indiquaient par des lignes pleines, tandis que celles placées en élévation *au-dessus* de cette même section s'indiquaient par les lignes ponctuées.

Enfin les teintes étaient de plus en plus claires à mesure que les étages s'élevaient.

Dans les plans d'architecture militaire, on représentait les remparts, qui se traduisaient par les lignes parallèles, par des couleurs conventionnelles, et l'on détachait à l'aide d'ombres légères, formées de teintes d'encre de Chine ou parfois de sépia, les parties qui s'élevaient les unes au-dessus des autres.

Autrefois, les teintes conventionnelles étaient celles-ci :

Muraille de maçonnerie .... Rose.
Terre-plein.................... Jaune.
Talus extérieur .... Vert foncé.
Parapet........................ Vert moins foncé.
Glacis .... Vert clair.
Terre-plein et chemin couvert... Brun.
Fossé plein d'eau .... Bleu clair.
Fossé à sec .... Brun clair et lignes
                                   ponctuées.

XVII. — Lavis-aquarelle, d'après des tableaux.

Les types les plus parfaits des lavis-aquarelles sont ceux que possède aujourd'hui le Louvre, dans la collection Thiers.

Ces copies, d'après les grands maîtres, ont été fort bien étudiées par M. Charles Blanc, et lui seul, — peut-être, — a rendu véritable justice au talent des pensionnaires de l'Académie de France à Rome, ou aux peintres choisis parmi les plus habiles qui ont copié à l'aquarelle les plus fameux tableaux des grands maîtres, en ajoutant à la transparence de leur couleur la consistance, la fermeté et le gras du crayon.

Plus une fresque est limpide, a dit avec raison l'éminent critique, et plus elle est facile à reproduire par la peinture à l'eau. Et quant aux peintres amoureux surtout de la forme et jaloux de l'accentuer, le crayon, qui est l'instrument par excellence des dessinateurs, achève de préciser avec toute la finesse désirable ce que l'aquarelle avait commencé à modeler.

Les copies d'après les grands maîtres que possédait

PLANCHE IV

EXEMPLES DE DIFFÉRENTS GENRES DE LAVIS

LAVIS PITTORESQUE

LAVIS POUR LA REPRODUCTION DES DESSINS

OU TABLEAUX

LAVIS D'ARCHITECTURE

EXEMPLES DE DIFFÉRENTS GENRES DE LAVIS

I. — *Lavis pittoresque.* Tout le lointain est traité à l'aide de teintes très légères posées sur un fond légèrement humide, de façon à obtenir des effets flous et vaporeux. Les vieilles maisons du second plan sont soutenues de traits de plume posés avec des teintes d'encre de Chine de valeurs différentes. Le premier plan formant repoussoir est obtenu à l'aide de teintes vigoureuses et d'encre *pochée,* c'est-à-dire d'un noir absolu. Les blancs sont enlevés au grattoir, et l'effet granuleux des pierres du premier plan est obtenu en provoquant de légères éraflures des teintes déjà sèches à l'aide de la gomme elastique.

II, III. — *Lavis pour la reproduction de dessins ou de tableaux.* Après avoir esquissé soit au crayon, soit à la plume (II), en indiquant les grands partis d'ombre et de lumière, on modèle à l'aide de teintes (III) et on accentue les modelés par des hachures diversement entrecroisées, et en employant des teintes d'encre de plus en plus intenses ou des crayons assez mous pour les effets de vigueur, mais en recouvrant parfois certaines parties (comme le revers du vêtement) de hachures à l'encre pâle qui atténuent la dureté de certains effets et ménagent mieux la transition entre les hachures foncées et les teintes servant de fond.

IV, V, VI. — *Exécution au lavis d'un motif de sculpture.* Après avoir posé des teintes légères en réservant les parties lumineuses (IV), on indique à l'aide de teintes plus énergiques les ombres portées (V) et ensuite on accentue les modelés à l'aide de *piqués,* c'est-à-dire à l'aide de touches d'encre très foncée, après avoir toutefois précisé certains reliefs à l'aide de teintes plus ou moins intenses; les piqués devant, autant que possible, être posés en dernier, car ils pourraient *filer* sous le pinceau lorsqu'on passerait des teintes plus légères, et la franchise des contours, aussi bien que la pureté des blancs, serait dès lors altérée d'une façon parfois irrémédiable.

VII, VIII. — *Exécution au lavis d'un motif d'architecture.* Ce chapiteau est modelé de deux façons, à l'aide de teintes plates (VII) et à l'aide de teintes fondues (VIII). Dans le premier cas la zone de lumière et la zone d'ombre ayant été déterminées, les teintes d'intensité différente sont posées par bandes superposées et toujours sur des fonds secs, de façon à obtenir des contours très purs. Dans le second cas les mêmes teintes posées par bandes également sont fondues, c'est-à-dire qu'elles vont en se dégradant l'une dans l'autre. Dans le premier cas (VII) le fût de la colonne prend l'aspect d'un fût à facettes, tandis que dans le second cas la forme cylindrique s'accentue bien mieux. Pour modeler les cylindres, les teintes fondues sont donc bien préférables; mais pour laisser toute leur pureté aux ombres portées (pour l'ombre que donne l'angle des chapiteaux, par exemple), il faut ne fondre les teintes que du côté de l'ombre, et plus on maintient les contours du côté de la lumière bien francs et bien purs, plus on accentue l'effet de modelé.

I

LAVIS PITTORESQUE

Exemple de lointains traités sur fonds humides et de

premiers plans renforcés de traits de plume.

II

LAVIS POUR LA
DE DESSINS OU

Esquisse générale au crayon

ou à la plume, avec indication

à l'aide de hachures des grandes parties

dans l'ombre.

III

REPRODUCTION
DE TABLEAUX

Exécution du modelé

à l'aide de teintes superposées

et renforcées de travaux accessoires

plume ou crayon.

IV

EXÉCUTION AU

Application

des premières teintes légères

réservant

les parties lumineuses.

V

LAVIS D'UN MOTIF

Application des teintes

indiquant

les ombres portées.

VI

DE SCULPTURE

Achèvement des modelés

et pose des teintes énergiques

ou *piqués*

destinés à accentuer l'effet.

VII

EXÉCUTION AU LAVIS
D'UN MOTIF D'ARCHITECTURE

Modelé obtenu par teintes plates.

VIII

EXÉCUTION AU LAVIS
D'UN MOTIF D'ARCHITECTURE

Modelé obtenu par teintes fondues.

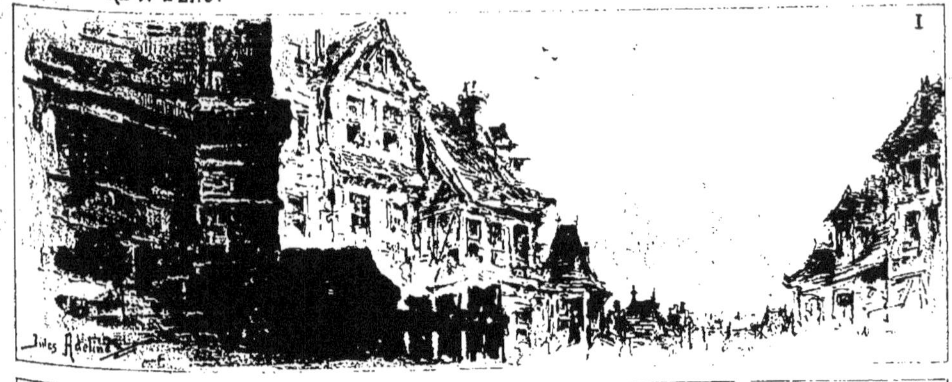

I

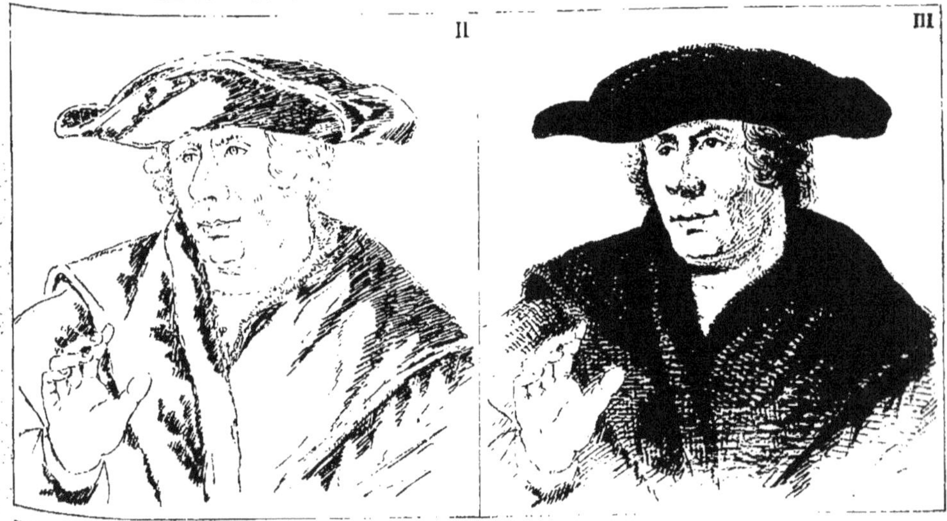

II   III

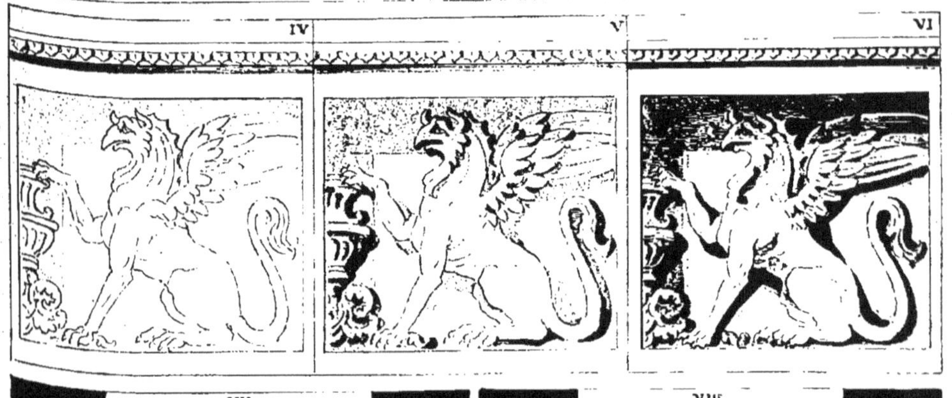

IV   V   VI

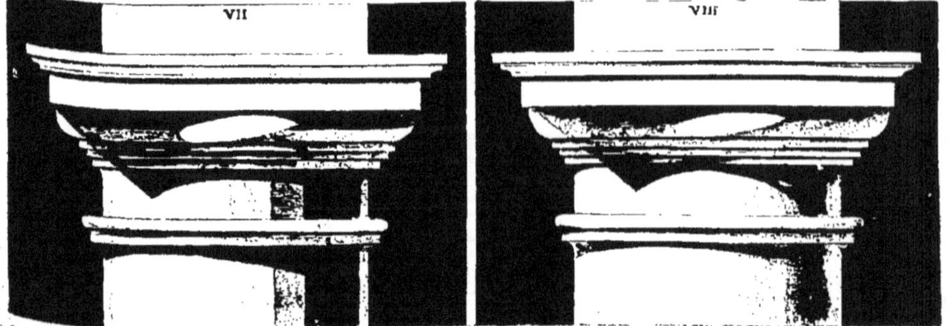

VII   VIII

M. Thiers sont des lavis-aquarelles de très grande dimension.

Quelques-uns mesurent près de quatre mètres carrés. Et grâce au travaux soutenus de crayon, grâce aux colorations franchement posées et sans mélange de gouache dangereux au point de vue de l'altération des tons, grâce aussi aux précautions prises pour leur conservation, il faut le reconnaître, en les maintenant à l'abri d'une trop vive lumière, ces grands lavis, dont quelques-uns ont plus de cinquante ans déjà, sont encore d'une remarquable fraîcheur de coloris.

Nous passons sur l'utilité incontestable que présente la reproduction de certaines œuvres au point de vue de l'étude du rapprochement et de la conservation des chefs-d'œuvre ; ce n'est pas ici la place de développer de longues théories à ce sujet.

Disons pourtant que certaines œuvres classiques, *le Jugement dernier* de Michel-Ange par exemple, sont, comme *la Cène* de Veronèse, condamnées à une perte certaine. Sans doute, une reproduction au lavis ne remplacera jamais ces originaux, mais une copie par les mêmes procédés les remplacerait encore moins. Et entre les deux modes de reproduction, nous serions tentés de donner la préférence au procédé qui consiste à interpréter par des moyens différents.

Quoi qu'il en soit, les lavis-aquarelles de MM. Bellay père, Ch. Bellay, Joseph Tourny et Stéphane Baron sont de superbes œuvres qu'il faut étudier avec soin lorsqu'on veut entreprendre la copie, l'interprétation de peintures à l'huile à l'aide du lavis-aquarelle.

Pour ce genre de dessin, il est difficile, on le comprendra, de donner des conseils véritablement utiles. Il faut, pour copier un tableau, être déjà d'une assez grande habileté, et, dès lors, on saura trouver de soi-même les meilleurs chemins pour arriver au but projeté. Aux amateurs qui tiennent à arriver le plus promptement possible, rappelons-leur cependant ceci :

Dans les notices consacrées par Ch. Blanc, dans le superbe et luxueux catalogue de la collection Thiers, aux œuvres dont nous avons parlé à propos de l'une d'elles, *les Prophètes Daniel et Isaïe* (d'après Michel-Ange), l'éminent critique a dit : « J'imagine que, pour crayonner et peindre dans tout leur caractère les prophètes et les sybilles de la Sixtine, M. Charles Bellay s'est appuyé sur la photographie, et franchement il aurait eu grand tort de ne pas le faire, car la photographie est venue non seulement nous apprendre ce que sont au vrai les grands maîtres, mais encore nous enseigner à les voir. »

S'il est donc possible de se procurer de bonnes photographies, ce sera déjà une grande simplification de travail, surtout si on peut obtenir des photographies de même dimension que le dessin projeté.

Le travail de réduction est toujours très long, la mise en place demande beaucoup de temps, beaucoup de tâtonnements, de traits, de faux traits, d'effaçages ; il faut donc, autant que possible, éviter des travaux inutiles... et ne pas rougir de s'aider d'un décalque de la photographie ; il restera encore assez de difficultés à surmonter pour ne pas négliger un peu d'aide au commencement du travail.

Le dessin bien précisé, l'esquisse faite avec une grande

pureté, on colorera légèrement les divers plans avec des teintes très fluides ne masquant pas l'ébauche. Il faut toujours réserver les blancs dans ces sortes de travaux, et ne se servir de gouache que le plus rarement possible. Bien que les touches de gouache soient séduisantes, parce qu'elles se posent comme les touches des couleurs à l'huile, bien que l'empâtement qu'elles produisent rappelle même, jusqu'à un certain point, l'épaisseur de la pâte dans les tableaux, il faut toujours se souvenir que les blancs de gouache sont sujets à s'altérer, et que si on se laissait entraîner à gouacher les lumières, peu à peu on serait conduit à gouacher aussi les demi-teintes, ce qui ôterait toute harmonie avec les teintes limpides d'aquarelle des autres parties du lavis.

Les premières teintes passées, on modèle au crayon les personnages et les fonds; on doit toujours ménager les modelés des parties claires, sauf à y revenir ensuite. Si on poussait outre mesure et du premier coup le modelé des parties claires, on aurait épuisé à l'avance toutes ses ressources pour les parties les plus foncées et on ne pourrait obtenir pour ces dernières l'effet énergique nécessaire.

On se sert, soit de mine de plomb, soit du crayon Conté. On emploie, soit un crayon très fin, soit un crayon sans pointe, pour obtenir des hachures déliées ou des grenés, suivant la nature des objets. Obtenir un grené, c'est, on le sait, frotter un crayon de telle sorte que la mine, s'usant au fur et à mesure sur le papier, produise, grâce au mouvement circulaire que l'on imprime au crayon, une sorte de grain irrégulier formé de cercles concentriques s'entrecoupant et se traduisant par un ton gris dont l'intensité augmente à mesure que l'on continue d'user le crayon sur le papier.

Parfois, pour les figures, on se sert du crayon de sanguine; dans certains cas, on emploie des crayons de pastels de diverses couleurs, — ces derniers, toutefois, avec une extrême prudence, — et par-dessus ces modelés au crayon, on passe de nouvelles teintes se rapprochant le plus possible des colorations à interpréter.

Il faut avoir soin, lorsqu'on passe une teinte sur un travail de crayon, de nettoyer souvent le pinceau chargé de teinte, car si cette teinte aide à fixer le crayon sur le papier, le pinceau se charge d'une certaine quantité de poudre de crayon qui altère la fraîcheur de la teinte primitive, et, dans les teintes d'une certaine étendue, si on négligeait cette précaution, on constaterait qu'à la partie inférieure la teinte passée serait beaucoup plus intense de ton qu'au début.

On alterne ou l'on varie ces travaux successifs, teintes et modelés de crayon; on travaille ainsi jusqu'à ce qu'on ait obtenu l'effet cherché. Mieux vaut, dans ce cas, passer une teinte plusieurs fois que de risquer du premier coup une teinte trop forte. Il est même utile de placer parfois dans la partie la plus sombre du dessin, ou même sur la marge du papier, une touche obtenue avec les teintes les plus foncées dont ou puisse disposer. On doit ne pas perdre de vue cette tache sombre : elle sert à comparer le rapport qui existe entre elle et les teintes légères. De même, il ne faut pas perdre de vue qu'il serait absolument impossible de copier à l'aquarelle un tableau à l'huile avec la même intensité de ton, comme d'ailleurs il ne faut pas oublier non plus que, en réduisant les dimensions d'une œuvre, la coloration diminue, elle aussi, d'intensité dans une certaine mesure; on aura ainsi sous les yeux le maximum d'intensité que l'on pourra obtenir, et cela permettra de graduer avec soin les teintes intermédiaires, de façon à arriver finalement à un effet aussi énergique que dans l'œuvre copiée, tout en se servant pour la copie, ou mieux pour l'interprétation, de colorations beaucoup moins intenses, si on les compare isolément aux colorations de l'original, mais d'une égale intensité si on tient compte de la *transcription,* pour ainsi dire, du même rapport exact suivant lequel elles auront été baissées de ton.

XVIII. — Lavis artistiques originaux. — Les lavis japonais.

Le véritable type des lavis artistiques, ce n'est pas en France qu'il faut le chercher, c'est au Japon.

C'est là seulement que l'on trouve ces lavis prime-sautiers et d'une si grande vivacité d'allure, en même temps que d'une énergie et d'une puissance de ton remarquables.

Certains grands panneaux de l'extrême Orient, peints sur une soie gommée d'une fabrication spéciale et qui ne se trouve qu'au Japon, peuvent donner un exemple de toutes les ressources qu'un artiste ingénieux sait tirer des couleurs à l'eau maniées habilement.

M. Ed. de Goncourt, dans son intéressant volume *la Maison d'un artiste,* a décrit avec grand soin l'exécution d'un de ces panneaux, les seuls tableaux du pays, et qui, fixés haut et bas par des rouleaux de bois laqué ou d'ivoire, et encadrés parfois d'un champ d'étoffe d'une extrême finesse de ton, sont appelés *kakémonos*.

Le Japonais que M. de Goncourt vit travailler chez M. Ph. Burty, un japonisant fervent doublé d'un écrivain de race, avait tendu sa soie sur un châssis de bois blanc. Sauf deux ou trois bâtons de couleurs, parmi lesquels il y en avait un de gomme-gutte et un autre de bleu verdâtre, l'aquarelliste se servait de couleurs au miel, de couleurs européennes.

Pour commencer, — et il faut se rappeler que les Japonais attachent un grand prix aux *kakémonos* peints du premier coup, sans aucun faux trait, sans aucune reprise, sans aucun *repentir*, en un mot, — l'artiste japonais jeta au milieu du panneau un bec d'oiseau qui devint un oiseau, puis encore trois autres becs, trois autres oiseaux : le premier grisâtre; le second au ventre blanc, aux ailes vertes; un troisième ayant l'apparence d'une fauvette à tête noire; le quatrième avec du rouge dans le cou d'un rouge-gorge. Il ajouta à la fin, au haut de son panneau, un cinquième grimpereau, un calfat au bec de corail. Ces cinq oiseaux furent exécutés avec le travail le plus précieux et presque avec le *froufrou* révolté de leurs plumes. Et c'était charmant de voir notre Japonais travailler, tenant *deux pinceaux dans la même main*, l'un tout fin et chargé d'une couleur intense, et filant le trait; l'autre plus gros et tout aqueux, élargissant la linéature et l'estompant; tout cela avec des prestesses d'escamoteur debout devant une petite table aux gobelets.

« Les oiseaux paraissant terminés, *Watanobé-Seï-Sé,*

— c'est le nom de l'artiste japonais, nous dit M. de Goncourt, — a jeté dans un coin des feuilles, des bouts de branchages, *sans* le dessin des branches. A ce moment, d'un gros pinceau sans couleur et trempé d'eau, il a mouillé le fond resté vierge de toute coloration, en épargnant autour des oiseaux de petites déchiquetures laissées par lui sèches dans le papier mou. Le panneau a été séché un moment à la flamme d'un journal dans la cheminée, et retiré lorsqu'il conservait un rien d'humidité. Alors, brutalement et comme sans souci de la délicatesse de son dessin, il a laissé pleuvoir sur tout son panneau de gros pâtés d'encre de Chine, qui, étendus avec un blaireau, ont tout à coup mis la plus douce demi-teinte autour des branchages et des oiseaux, enfermés dans une couche de neige faite miraculeusement par les espèces d'archipels gardés secs dans le papier. Puis quand le panneau a été ainsi préparé, ainsi avancé dans certaines parties, ne voilà-t-il pas que notre peintre japonais s'est mis à le laver à grande eau, donnant sur la tête colorée des oiseaux de petits coups de pouce amortissants, et ne laissant sur le papier que la vision effacée de ce qui y était tout à l'heure. Et le panneau est encore une fois remis au feu et retiré mollet, et l'artiste indique le tronc tortueux par un large appuiement, mais interrompu cassé, et *pique* avec la plus grande attention, dans le vide et l'effacement, les petites fleurs rouges d'un cognassier du Japon, ne plaçant qu'au *dernier moment* la *valeur noire* de son dessin, la tache intense à l'encre de Chine du tronc de l'arbuste. »

La description est charmante, et l'on excusera cette

citation un peu longue ; mais, pour celui qui a manié un pinceau, elle est attachante et instructive.

A l'une des expositions qui se succédèrent rapidement, il y a quelques années, au palais des Champs-Élysées, dans les salles réservées à l'Union des arts décoratifs, on a pu voir plusieurs panneaux de ce genre d'une exécution merveilleuse. L'un d'eux représentait trois petits oursons blottis à l'ombre d'un coin de rocher, et l'un, placé sur un plan supposé en avant, s'enlevait seul en vigueur sur les deux autres, dont la masse avait été lavée et frottée de telle façon que les extrémités des poils, se confondant avec le fond, s'harmonisaient d'une façon charmante.

Mais, sous toutes les latitudes, les procédés d'exécution de la peinture à l'eau sont les mêmes. On a pu voir seulement, dans la description qui précède, que la légèreté de main, la prestesse d'exécution ne sont pas à dédaigner pour des œuvres de premier jet. Autant il faut travailler avec prudence, avec timidité même, lorsqu'on cherche à reproduire une œuvre par le lavis ; autant il faut, si l'on copie un tableau, étudier ses teintes, les essayer même avant de les appliquer ; autant, au contraire, il faut se lancer vivement et audacieusement dans les lavages, les séchages et les reprises, quand on exécute une fantaisie dans le genre de ces élégantes compositions japonaises dont la valeur est indiscutable, et que l'on devra toujours étudier avec soin lorsqu'on aura occasion d'en trouver de beaux spécimens ; car à leur seule inspection on découvrira facilement, pour peu qu'on ait l'habitude du pinceau, nombre de ficelles et de tours de main dont on pourra faire son profit.

XIX. — Les lavis pour la reproduction en héliogravure.

Le lavis à l'encre de Chine peut rendre de grands services de nos jours pour les compositions destinées à être reproduites par les nouveaux procédés d'héliogravure.

Ces nouveaux procédés de gravure ayant pour point de départ la photographie, il est de toute nécessité, si on veut obtenir des reproductions exactes et avec le moins de retouches possible, — dans l'état actuel, il n'y a pas d'héliogravure sans retouche, — de donner des œuvres telles que l'effet n'en soit pas changé par la traduction photographique. Si, en effet, on veut reproduire photographiquement une aquarelle où dominent le jaune et le rouge, et qui, par suite, est très éclatante, on sait qu'après l'opération photographique on obtiendra une épreuve très noire et n'ayant nullement l'éclat de l'original, les couleurs employées n'étant nullement photogéniques et ne se traduisant pas sur le cliché par des teintes de même valeur que celles de l'original.

Si, au contraire, on a conçu un effet très brillant, et si, à l'aide de blanc et de noir seulement, on a bien rendu cet effet, — et on sait qu'avec du blanc et du noir on peut obtenir des dessins plus colorés, c'est-à-dire plus montés de ton qu'avec toutes les couleurs de la palette, — on livre ainsi au photograveur une œuvre dont il donnera aisément une traduction d'une exactitude absolue.

Il n'y aura pas à craindre de transposition de tons, il n'y aura pas à craindre de changement d'effet : le dessin au lavis à l'encre de Chine ne fera que gagner à la réduction. Il sera d'un effet plus concentré d'abord, et ensuite la réduction rendra plus fins encore les détails déjà délicatement rendus.

Dans ce genre de dessin, cependant, il faut ne pas se contenter de teintes plates, qui donnent toujours à l'œuvre, même terminée, un aspect un peu mou ; il faut savoir ajouter quelques accents à la plume, et, pour varier même la valeur de ces accents, on peut ajouter des traits d'encre de Chine plus ou moins foncés et suivant les plans auxquels on désire donner de la fermeté, et, ainsi soutenu, le dessin au lavis donnera toujours d'excellents résultats à la photogravure.

XX. — Le lavis à la sépia.

Il y a une cinquantaine d'années, la mode était aux aquarelles monochromes, aux sépias.

Les sépias étaient des lavis dans lesquels des teintes aqueuses servaient à modeler les ciels, tandis que des teintes énergiques servaient à indiquer les premiers plans. On trouverait encore, dans certains parloirs de pensionnats, quelques-uns de ces dessins fort soigneusement lavés qui eurent jadis leur heure de célébrité.

Ces lavis étaient toujours d'une propreté extraordinaire ; trop froidement exécutés, ils devinrent rapidement monotones. On les délaissa, et cependant il n'y avait pas autrefois un seul *Manuel* qui ne s'étendît complaisamment sur les différentes ficelles d'exécution de ces dessins à la mode.

Pour le feuillé des arbres, on préconisait alors une sorte de touche assez semblable à celle qui fut aussi admise par les dessinateurs à la mine de plomb : une série de petits coups de pinceau, rappelant des chiffres 3, passait alors pour le *nec plus ultra* de l'habileté. Tout cela est bien démodé, répétons-le, et il nous paraît superflu de nous arrêter plus longtemps à ce genre de lavis disparu.

Disons cependant que les_blancs, dans la sépia, devaient, — d'après les vrais principes admis à cette époque, — être toujours réservés. Pour mieux obtenir ces réserves sans difficulté, certains artistes employaient une véritable *ficelle* qu'il nous paraît utile de faire connaître, car elle peut être utilisée dans certains cas avec succès pour certains lavis et pour certaines aquarelles.

Lorsqu'on voulait protéger certaines parties du dessin, lorsqu'on voulait *épargner* le blanc du papier sans avoir la peine de contourner au pinceau ces blancs, on faisait un mélange en parties égales de blanc de plomb et de bleu de cobalt. Réduites en poudres fines, ces couleurs étaient mélangées dans un godet avec un peu d'essence de térébenthine grasse, et on en formait une pâte liquide. On recouvrait au pinceau, avec cette pâte, toutes les parties que l'on voulait réserver, et on laissait sécher. On passait ensuite la teinte de sépia, et, malgré cette pâte préservatrice, on évitait de la détremper avec le pinceau. On laissait sécher, et avec un peu de mie de pain, après un léger frottement, la pâte préservatrice enlevée laissait apparaître les endroits que l'on avait voulu réserver. Il ne restait plus, dès lors, qu'à nettoyer les contours avec un petit pinceau chargé d'eau pure, et à l'aide duquel on faisait disparaître les croûtes, les excédents de teinte cernant ces réserves avec trop de dureté.

On faisait aussi des sépias sur papier teinté ; dans ce cas, on pouvait réserver les demi-teintes, mais il fallait gouacher les blancs. Certains artistes mêmes se servaient d'une teinte formée de jus de réglisse.

On avait à cette époque une grande prédilection pour les couleurs naturelles ; le ton obtenu ainsi était assez joli, la teinte était d'une fluidité parfaite, mais il y avait un inconvénient : pendant et après le travail, il fallait prendre de grandes précautions pour ne pas être assailli par les mouches.

Enfin, pour les premiers plans très énergiques, la sépia seule ne suffisait pas toujours. Quelque concentrée qu'elle puisse être, elle n'atteignait point au degré d'intensité voulu. On avait recours à divers mélanges ; on l'additionnait le plus souvent d'une pointe d'encre de Chine.

Est-ce ce dernier détail qui a poussé certains auteurs de manuels de sépia à donner aux *repoussoirs énergiques* ainsi obtenus la dénomination bizarre de *botte secrète?* Nous l'ignorons. Mais tout n'était-il pas bien singulier à cette époque?

Les lavis à la sépia ont fait leur temps, surtout comme paysages, comme dessins achevés, et cependant ces dessins si monotones avaient évidemment eu leur point de départ dans les dessins rehaussés des anciens maîtres, et ces dessins rehaussés sont aussi artistiques que les sépias véritables l'étaient peu.

XXI. — Dessins rehaussés de lavis.

Un dessin peut être rehaussé à la fois d'aquarelle et de touches de gouache.

Souvent les plus grands artistes, non seulement comme économie de temps, mais surtout comme puissance d'effet, ont ajouté à leurs dessins, soit à la plume, soit au crayon, des teintes destinées à accentuer l'effet cherché. Les dessins rehaussés ne doivent pas viser la perfection et le soin, ils ne doivent viser que l'effet. Dans une composition originale, lorsque des groupes sont indiqués par masses, lorsque les grandes lignes de perspective indiquent bien l'effet voulu, lorsque le parti pris d'éclairage est bien arrêté, il serait puéril de chercher à rendre cet effet par des hachures ou des grenés de crayon. A ce travail méticuleux et long, l'imagination de l'artiste se refroidirait trop. Il ne faut pas oublier que nous supposons que le dessin rehaussé est un dessin original. A l'aide de teintes manœuvrées hardiment et à plein pinceau, l'artiste indique son parti pris de lumière rapidement. Il indique ses grandes masses d'ombre, fait valoir les parties en pleine lumière et indique ses lointains. Puis, çà et là, si les réserves sont trop difficiles en employant concurremment les deux procédés mêmes, il pose quelques touches de gouache qui donnent de la vie, de l'animation à sa composition. En peu de temps, l'effet cherché est obtenu et l'idée de l'artiste est réalisée.

S'il ne s'agit pas d'une composition originale, s'il s'agit d'un dessin d'après nature, n'est-il pas plus commode et plus rapide, le trait effectué, de s'armer d'un pinceau et d'indiquer ainsi les ombres portées? Placé ainsi en face de la nature, une sorte de fièvre s'empare de l'artiste, et les teintes sont posées souvent avec d'autant plus de justesse qu'elles le sont du premier coup. Il ne s'agit pas là d'exécution perlée, il ne s'agit pas non plus de dessins d'un fini exagéré; ce sont de simples croquis à l'effet qu'on veut obtenir, et pour cela le lavis sommaire, avec ou sans rehauts de gouache, est le meilleur procédé à employer.

Rentré à l'atelier, le peintre pourra traiter à nouveau le sujet dont il vient de prendre un croquis; mais, autant que possible, qu'il recommence sur une nouvelle feuille l'œuvre qu'il veut obtenir mieux terminée. Qu'il n'ajoute rien dans l'atelier au travail sommaire qu'il a fait sur nature : les deux touches seraient par trop dissemblables. Dans l'atelier, on cherchera à rectifier les écarts inévitables d'un travail en plein air, on évitera les trop brusques contours dus à l'emportement avec lequel on travaillait, on fera une œuvre plus calme et plus soignée et qui, par cela même, aura d'autres qualités que le croquis sommaire qui doit conserver l'harmonie de son effet.

XXII. — Coloriage des gravures au lavis.

Enfin, on peut rehausser aussi de couleurs certaines gravures au trait ou tirées à l'encre pâle. Ceci rentre dans le coloriage, et en descendant l'échelle de ce coloriage, on arrive même à l'enluminage grossier, qui n'a rien d'artistique.

Ne parlons donc pas de ce dernier ; disons seulement que, dans certains cas, ces coloriages, ces gravures rehaussées de teintes d'aquarelle, parfois de touches de gouache, dénotent une assez grande habileté. La plupart du temps, on ne fait que reproduire un modèle que l'on a sous les yeux et qui souvent est œuvre d'artiste; ces gravures rehaussées de teintes sont donc d'une exécution assez facile. Mais là encore on peut faire preuve de talent. Souvent, cependant, les exigences commerciales n'accordant que de très faibles rétributions pour ces travaux, ces teintes sont passées sans nul souci des contours par des mains trop peu exercées ou désireuses d'expédier trop rapidement le travail qui leur est confié.

Le coloriage de gravures au trait va d'ailleurs disparaître complètement. Avec les nouveaux procédés d'impression en couleur, il est inutile de faire rehausser des gravures de teintes passées au pinceau. Tout au plus, dans certains cas, se permet-on quelques retouches discrètes, soit pour donner du piquant, soit pour éviter un nouveau tirage, lorsque la surface à colorer d'une nouvelle teinte offre peu d'étendue. Il y a ainsi des fac-similés d'aquarelles édités avec grand luxe qui, tirés d'abord à l'aide de planches en taille-douce et rehaussés de touches délicatement posées au pinceau, font illusion même aux yeux les plus exercés. C'est là de l'enluminage véritablement artistique; mais le simple coloriage de gravures tirées sur papier collé, bien qu'il soit facile de le classer parmi les distractions enfantines, peut cependant aider aux commençants à se familiariser avec les effets des teintes aqueuses. En prenant d'ailleurs la précaution de choisir d'assez bons modèles,

on se rend mieux compte de l'effet produit par les mélanges
ou par les teintes superposées ; on s'habitue même à res-
pecter les contours, à réserver les lumières. C'est là un
exercice facile qui peut encourager le débutant, et, d'ailleurs, ne pourrait-on pas citer nombre d'artistes contemporains, aujourd'hui célèbres, qui ont commencé ainsi bien
prosaïquement, et dont la vocation a été éveillée par ces
applications de teintes sur des gravures au trait que peut-
être ils se rappellent encore et qu'ils gardent même dans
quelque recoin de leurs cartons, où l'œil des profanes n'est
pas admis, mais où ils conservent comme des reliques ces
premiers témoignages d'une vocation qui leur sont chers
et qui pour eux sont de précieux souvenirs.

III

GOUACHE

OUTILLAGE ET PROCÉDÉS D'EXÉCUTION.

I. — Papier et étoffes.

Les matières propres à servir de champ sont plus nombreuses pour la gouache que pour l'aquarelle. Il est vrai que l'on réunit souvent, sous un même titre, la gouache miniature ou gouache de portraits, la gouache de manuscrits et la gouache pittoresque et décorative.

Nous traiterons plus loin de la miniature de manuscrits et des portraits, surtout en ce qui concerne les différents procédés d'exécution et du matériel spécial à chacun de ces deux genres; cependant, nous donnerons ici quelques renseignements généraux sur l'outillage de la peinture à la gouache.

Peindre à la gouache, c'est peindre avec des couleurs opaques; on peint à la gouache comme on peint à l'huile, sur un fond de tonalité quelconque. Les blancs ne se réservent pas; ils sont posés après coup et suivant la grande loi de contraste admise dans les arts et confirmée d'ailleurs par l'expérience ; les blancs sont d'autant plus intenses qu'ils sont superposés ou juxtaposés à des tons d'une assez grande intensité.

Les papiers usités pour la peinture à la gouache doivent être aussi lisses, aussi unis que possible.

En général, on emploie des cartons bristol de teintes variées, mais toujours assez foncées. Les couleurs de gouache étant opaques, on a tout avantage à se servir de papiers très montés de ton. On peut aussi peindre sur des étoffes de couleur. On exécute ainsi des feuilles d'éventail, des feuilles d'écran, des paravents; mais il faut auparavant faire subir au tissu une certaine préparation, sans quoi les couleurs n'adhéreraient pas à l'étoffe.

La plus simple de ces préparations consiste dans un mélange d'alun et de gomme arabique dissous dans un verre d'eau, et avec lequel on tamponne légèrement et bien également les deux côtés de l'étoffe, préalablement tendue sur un châssis.

On laisse sécher et, quelques instants après, on peut commencer à travailler. Si certaines couleurs refusent encore d'adhérer, on emploie une solution légère de pierre de fiel, qui, de plus, donne du brillant à certaines teintes.

Nous verrons plus loin que, pour la miniature de portraits, il était d'usage, autrefois surtout, de se servir de couleurs transparentes, de même que de couleurs opaques; aussi, dans ce cas, on devait travailler seulement sur des surfaces blanches. Pour la véritable gouache, lorsqu'on n'emploie que des couleurs épaisses ne laissant en aucune façon travailler le fond sur lequel on opère, non seulement on peut peindre sur vélin, sur ivoire ou sur coquille d'œuf, mais on peut aussi peindre sur bois, sur marbre et sur albâtre.

On trouvera, au chapitre traitant de la miniature de portrait, un certain nombre de renseignements sur les différentes matières propres à servir de champ.

Pour la gouache décorative ou pittoresque, les supports les plus fréquents sont le papier, l'étoffe et le bois.

On peut travailler, soit sur une planchette inclinée, soit même verticalement sur un petit chevalet posé sur une table, par exemple si on exécute des gouaches de dimension moyenne (fig. 126). Les couleurs à la gouache étant très épaisses, on n'a pas à craindre, comme pour l'aquarelle, de surabondance de teinte filant brusquement

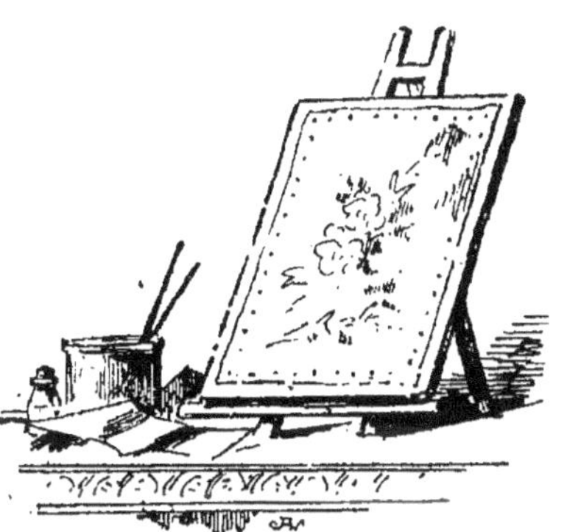

Fig. 126.

et coulant jusqu'au bas de la planchette, et pouvant ainsi produire des accidents parfois irrémédiables. Et, d'un autre côté, on juge toujours mieux de la justesse des tons et de l'effet en travaillant sur le chevalet que sur la table de l'atelier.

II. — Couleurs.

Les couleurs de gouache étaient primitivement des couleurs en poudre que l'on délayait dans une solution de gomme arabique dissoute à chaud dans l'eau.

On trouvait autrefois dans le commerce quatre gouaches de différentes couleurs :

La gouache blanche, — formée de sels de plomb ou de sels d'argent ;

La gouache rouge, — formée de chrôme foncé ou de sels rouges de plomb ;

La gouache jaune, — formée de chrôme ;

La gouache verte, — formée d'oxyde de cuivre.

Les autres nuances se préparaient en délayant les couleurs en poudre ou en pains dans de l'eau gommée.

La liste des couleurs gouachées que l'on trouve aujourd'hui dans le commerce est assez nombreuse ; elle comprend :

Treize rouges ou bruns.

Le vermillon,
Le carmin,
La garance rose,
La garance brune,
La laque écarlate,
Le rouge de Saturne,
Le brun rouge,
Le brun Van-Dyck,
La terre de Sienne naturelle,
La terre de Sienne brûlée,
La terre de Cassel,
La sépia,
La sépia colorée.

Cinq bleus.

L'outremer,
Le bleu de cobalt,
Le bleu de Prusse,
La cendre bleue,
L'indigo.

Cinq jaunes.

Le jaune indien,
Le jaune de chrôme clair,
Le jaune de chrôme foncé,
Le jaune de Naples,
L'ocre jaune.

Quatre verts.

Le vert olive,	Le vert émeraude,
Le vert de Prusse,	La cendre verte.

Enfin deux noirs, le noir de Bougie et l'encre de Chine; et un blanc, le blanc d'argent, dont il est fait une énorme consommation.

Toutes ces couleurs se trouvent aujourd'hui dans le commerce, dans des tubes métalliques à large ouverture. Ces couleurs sont toutes additionnées et mélangées de blanc; elles gouachent telles qu'elles sont au sortir du tube, c'est-à-dire qu'elles couvrent une surface quelconque avec une opacité parfaite. Malgré ces couleurs toutes préparées, malgré ces mélanges d'un emploi très facile, certains artistes préfèrent les couleurs en poudre, et lorsqu'ils ne peuvent se les procurer, ce qui devient chaque jour de plus en plus difficile, ils préfèrent tout simplement se servir des couleurs d'aquarelles, qu'ils mélangent eux-mêmes avec du blanc de gouache.

Ce blanc de gouache, dont on fait une ample consommation, se trouve dans le commerce, dans de petits flacons à large encolure, de marques diverses et de prix fort variés.

Les flacons de gouache française sont d'un prix peu élevé, mais les blancs d'argent qu'ils contiennent sont fort impurs et additionnés de quantités de gomme arabique qui en rendent l'emploi très difficile, surtout pour les petits travaux. Certains flacons étiquetés : Blanc de Chine, Chinese white, etc., etc., et portant, soit des marques anglaises, soit des marques particulièrement recommandables, sont d'un prix plus élevé, mais contiennent des produits, sinon d'une qualité supérieure, au moins fabriqués et mélangés avec beaucoup plus de soin.

Enfin, certains flacons de provenance allemande, — fabriqués à Dusseldorf, un centre artistique d'une valeur indiscutable, — contiennent du blanc d'argent d'une finesse et d'une homogénité aussi parfaite qu'on peut le souhaiter. Pour des travaux d'une très grande délicatesse, pour des traits déliés, pour les touches micros-copiques, ce dernier blanc doit être employé autant que possible; car on sait à quel point les finesses sont diffi-ciles à obtenir avec une couleur tou-jours épaisse, qui tend à gonfler d'au-tant plus les pinceaux les plus fins

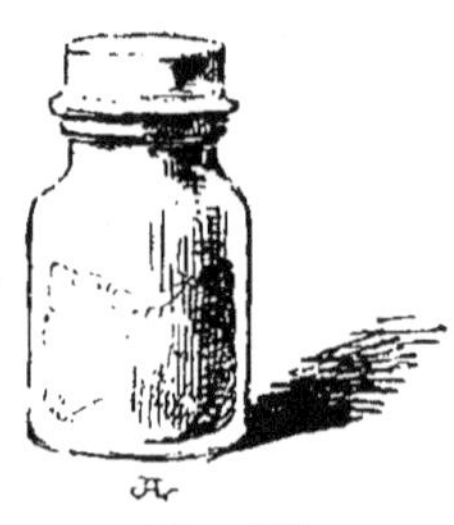
Fig. 127.

qu'elle est elle-même d'une pâte plus grossière.

Le blanc de gouache, conservé en flacons même hermé-tiquement bouchés (fig. 127), se dessèche parfois assez ra-pidement, surtout dans la température de l'atelier. Au mo-ment de l'employer, quelques minutes avant de commen-cer son travail, il est bon de laisser tomber une goutte d'eau gommée dans le flacon. Cette petite quantité de liquide détrempe légèrement la partie supérieure de la masse, et lorsqu'on introduit le pinceau pour prendre du blanc, on le fatigue moins que s'il fallait, par des frottements répétés, le charger de la quantité de blanc nécessaire pour le travail que l'on a entrepris.

En même temps que ces flacons de blanc, le commerce livre aussi, sous différents noms et sous différentes marques, des préparations, des solutions de fiel, etc., qui peuvent être employées pour faciliter l'application des couleurs sur certaines surfaces, et aussi des bruns liquides de différentes provenances (anglaises et françaises) et qui peuvent servir à esquisser au pinceau, de façon à les rendre ineffaçables, les ébauches ou les contours que certains artistes se contentent de conserver au fusain et à la mine de plomb. Ces bruns liquides sont toutefois d'un usage assez commode pour dessiner sur les étoffes, sur lesquelles, après ces bruns, ce sont les crayons blancs qui laissent encore des traces les plus visibles et qui doivent être employés de préférence à la mine de plomb; enfin parfois certains traits indiqués avec ce brun sont conservés pendant toute la durée du travail et contribuent même à l'effet général.

Toutes les couleurs ne gouachent pas aussi également les unes que les autres, c'est-à-dire toutes les couleurs ne couvrent pas également. Les artistes d'autrefois avaient noté avec soin toutes les couleurs se gouachant bien.

C'étaient : le jaune de Naples, le jaune d'or, l'ocre jaune, la terre de Sienne naturelle, la terre d'Italie, le vermillon, l'ocre rouge, le carmin, le bleu de Prusse, l'indigo, le vert minéral, le vert de cobalt, la terre de Cologne et les noirs d'ivoire et de Bougie. Ces deux dernières couleurs, se gouachant avec une extrême facilité, permettent non seulement d'obtenir une gamme de tons gris d'une grande étendue, mais encore une grande quantité de tons très variés, lorsqu'on additionne ces gris de quelques-unes des autres couleurs gouachant facilement.

Pour des travaux d'une certaine étendue, on doit disposer sur la palette le blanc de gouache en deux petits tas : le premier, très gommé, pour les mélanges ; le second, beaucoup moins gommé et qui est destiné aux rehauts et aux teintes légères, aux glacis, etc., etc.

Le jaune de Naples, composé de minium et d'antimoine, offre l'inconvénient de pousser au noir lorsqu'il est mélangé de blanc ou de vermillon. Mais il peut, par d'autres mélanges, donner des verts légers d'une grande finesse. C'est malgré cela une couleur d'un emploi assez difficile, et elle ne doit être employée qu'avec une extrême circonspection.

La gomme-gutte n'était pas employée autrefois dans l'état ou le commerce la livrait ; les artistes réduisaient en poudre les morceaux qu'ils achetaient, lavaient cette poudre à plusieurs eaux, décantaient la solution et n'additionnaient jamais la gomme-gutte d'eau gommée. L'ocre jaune se traitait d'ailleurs de même quant au lavage successif de la poudre, et la pierre de fiel, elle non plus, ne devait jamais être additionnée d'eau gommée.

Parmi les rouges, on préconisait beaucoup autrefois le vermillon de Chine et le carmin de cochenille. Le vermillon de Chine était alors livré dans de petits sachets, et sa tonalité se rapprochait beaucoup de celle du carmin. Il y avait aussi du vermillon de Hollande, lequel était d'un ton un peu plus jaunâtre. En général, on préférait le vermillon en poudre très fine et d'un ton très intense. Quant au carmin, il avait et a encore aujourd'hui le défaut de noircir à l'air. Tous les roses, d'un bel éclat d'ailleurs, ne sont pas solides. Il faut prendre de grandes précautions pour conserver les roses ; il y a des teintes roses qui, exposées à une vive lumière, se décolorent en quelques heures. Aussi on a souvent recours pour la gouache des carmins à des gommages excessifs; on essaye ainsi d'emprisonner la matière colorante sous une épaisseur qui la protège. Enfin, pour obtenir des touches d'un rose un peu violacé, on employait, soit des laques, soit la couleur qui était connue sous le nom de pourpre de Cassius, et qui offrait une grande solidité de ton. Les peintres de miniature employaient fréquemment cette pourpre de Cassius pour *piquer* les parties les plus vigoureuses des chairs, et cette pourpre, d'un ton légèrement violacé et beaucoup plus résistante que le carmin, explique le ton de certains portraits, qui sont maintenant ce qu'ils n'étaient pas lorsqu'ils furent achevés, c'est-à-dire modelés parfois avec un excès de tons violets qui nous paraît aujourd'hui quelque peu étrange.

L'outremer oriental naturel que les artistes employaient autrefois était de la poudre de *lapis-lazuli*. C'était une couleur que l'on payait jadis au poids de l'or. Certains artistes préféraient l'outremer pâle, se réservant de le gommer extraordinairement pour le faire monter de ton.

Aux verts que le commerce pouvait fournir, on ajoutait aussi le vert d'iris. Cette couleur, les artistes la fabriquaient encore eux-mêmes, « recueillant l'épiderme satiné qui revêt le dessus de l'iris ou lis blanc ». On laissait infuser à froid dans de l'eau d'alun légèrement gommée, on broyait, on filtrait et on séchait par évaporation à air libre.

Indépendamment de ces quelques couleurs que fabriquaient les artistes eux-mêmes, les couleurs livrées par le commerce étaient le plus souvent en poudre ou en pains, et étaient déjà additionnées de gomme.

III. — Mélange et application des teintes.

Pour les employer, on se servait d'eau gommée, et la préparation de cette eau était fort soigneusement élaborée. Nous aurons plus loin l'occasion de donner une autre composition d'eau gommée à propos de la miniature de portrait ; mais quant à présent, et pour les travaux d'une certaine étendue, voici le mode de préparation qui semble préférable :

On dissout dans l'eau un huitième de colle de Flandre et sept huitièmes de gomme arabique d'une pureté aussi parfaite que possible, et on conserve cette eau dans un flacon hermétiquement bouché. On puise dans ce flacon chaque fois qu'il en est besoin avec un tube formant siphon.

En principe, une couleur à la gouache qui n'offre pas un brillant excessif quand elle est sèche, une couleur qui, frottée avec le doigt, ne salit pas, est gommée dans de justes proportions.

Gommée d'une façon insuffisante, une couleur se détache par écailles sous le choc le plus léger ; gommée avec excès, cette même couleur donne des tons secs et dont le brillant exagéré nuit parfois considérablement à l'effet voulu.

Que les couleurs soient en poudre ou en tube, il est

presque toujours indispensable de les mélanger sur la palette avec du blanc avant de les employer.

Pour les mélanger, on doit se servir de préférence d'un carré de glace dépolie et d'une molette en cristal (fig. 128). Les molettes de marbre ou d'albâtre doivent être proscrites, parce que, par suite du frottement, elles finissent par

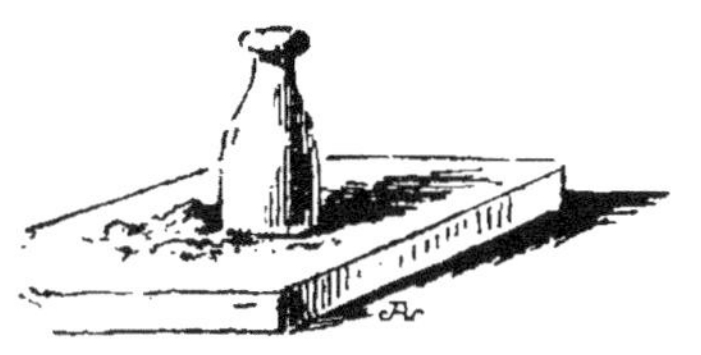

Fig. 128.

laisser se détacher des parcelles qui pourraient ternir ou altérer l'homogénéité des couleurs.

Glace et molette doivent toujours, cela va sans dire, être conservées dans un état de propreté absolue, et autant que possible à l'abri de la poussière. Enfin, il faut nettoyer avec un linge humide le carré de glace avant que la couleur ne soit sèche.

On ramasse la couleur préparée sur la palette (fig. 129)

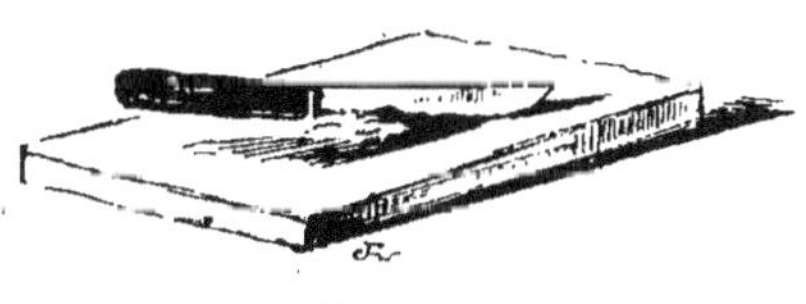

Fig. 129.

avec un couteau de forme spéciale, et ce couteau, très souple et à extrémité arrondie, sert encore à nettoyer la molette. Les teintes de gouache ne se passent pas comme les teintes d'aquarelle. Elles se passent toujours presque à plein pinceau, mais il n'est pas nécessaire, comme nous l'avons déjà dit, de travailler sur une surface inclinée. On peut parfaitement travailler à plat.

Chaque coup de pinceau doit être posé avec assez de rapidité pour que la nouvelle portion de teinte ainsi déposée sur le papier se mélange aux portions antérieurement posées et avant que ces dernières ne soient sèches. Et il faut ne pas oublier que ces teintes sèchent d'autant plus rapidement que l'eau gommée est plus forte. La teinte, très peu brillante déjà lorsqu'elle est humide, devient encore bien plus mate en séchant. Et souvent une goutte d'eau posée sur une teinte de gouache se traduit par un petit rond dont les bords laissent un cerné foncé. Enfin les touches de gouache mal continuées, mal reliées produisent des sortes de moirures irrégulières qui parfois sont d'un bizarre effet et nécessitent de recommencer entièrement la teinte, ce qui est toujours possible, puisque ces teintes sont opaques, mais ce qui offre parfois des difficultés, surtout pour la reprise des contours qu'il faut dès lors passer avec le plus grand soin et de façon à ce que la première teinte soit absolument dissimulée.

IV. — Procédés de modelé.

Il y a deux manières principales de peindre à la gouache. On peut ébaucher d'abord à l'aide de teintes d'aquarelle ; on peut, au contraire, poser du premier coup les couleurs opaques. Que l'on commence par une teinte d'aquarelle ou par une teinte opaque, il faut toujours esquisser la composition, soit au crayon, soit au fusain, soit au brun liquide. En général, cependant, lorsqu'on peint à la gouache, on n'a pas besoin d'un contour aussi précis, d'une esquisse aussi détaillée que pour l'aquarelle, parce que les couleurs opaques masquent de suite tous les détails. Les détails devant donc être rapidement rendus invisibles, il est fort inutile de se donner la peine de les esquisser. Mais, en revanche, il faut s'attendre à dessiner souvent à la pointe du pinceau, et il faut dès lors s'habituer à poser les tons avec une assez grande sûreté de main pour n'avoir pas à revenir différentes fois sur son travail.

Les teintes d'aquarelle servant d'ébauche étendues sur papier lisse ou sur papier uni se passent difficilement. Presque toujours, chaque passage du pinceau se traduit par une tache. Il ne faut pas cependant se préoccuper plus que de raison de semblables accidents, car les touches de gouache ultérieures masqueront cette première teinte.

Cette première teinte de gouache doit donc être assez vigoureuse, et il est prudent de l'additionner de fiel de bœuf, afin qu'elle ne se détrempe pas pendant les travaux ultérieurs et afin aussi qu'elle conserve son éclat.

On revient ensuite sur cette teinte foncée en posant des tons de couleurs gouachées, mais sans que le blanc domine, et on raccorde ces tons avec la teinte d'ébauche, de façon à ce que cette teinte d'ébauche forme les vigueurs.

Cela fait, on place les demi-teintes, puis les lumières, les blancs, les points lumineux.

Cette manière de terminer le travail est la seule qui convienne au véritable travail de gouache. Les dessous à l'aquarelle, les vigueurs obtenues avec des couleurs transparentes sont très difficiles à réserver avec justesse. Il est toujours plus facile de travailler directement qu'indirectement.

Ceci demande une explication : travailler directement, c'est travailler de façon à obtenir de suite l'effet voulu. Lorsque, par exemple, dans la gravure sur bois, on dé-

tache une lettre blanche sur un fond noir, le travail direct
est facile ; il suffit avec l'outil de creuser la lettre. Lorsqu'au contraire on a dessiné cette lettre sur un papier
blanc, il a fallu réserver cette lettre blanche, et, par ce
moyen, on a moins facilement le sentiment de la forme
cherchée. Que deux artistes fassent en même temps deux
lettres blanches sur fond noir, que l'un réserve le blanc
et ajoute le noir, et que le second détache avec du blanc
de gouache la lettre sur un fond noir, non seulement le
second exécutera le travail plus rapidement, mais très
problament son contour sera plus pur et sa lettre sera
mieux *jetée* que dans le dessin fait par le premier.

Le vrai principe de la gouache est bien celui qu'emploient les artistes qui ont acquis dans ce genre une habileté
remarquable et exécutent les modèles de fleurs destinés
aux fabriques d'étoffes ou de papiers. Le sujet étant tracé,
esquissé au fusain, on pose des tons locaux à la gouache,
on *taille* ensuite, — c'est-à-dire on met un ton différent
qui accuse nettement une différence de plan, — avec les
tons plus clairs. On pose d'abord les demi-teintes et,
en dernier lieu, on ajoute les lumières et les touches de
vigueur.

La gouache a l'inconvénient de jaunir à l'air et aussi de
noircir. De plus, elle s'écaille assez facilement. Les gaz sul-
fureux noircissent assez rapidement les sels de plomb qui
entrent dans la composition de la gouache.

Les différentes teintes de gouache doivent être posées
les unes sur les autres lorsqu'elles sont bien sèches, et, autant que possible, il ne faut pas passer le pinceau plusieurs
fois au même endroit, sous peine d'enlever les tons déjà

posés. Mais, dans certains cas, on obtient de très jolis effets en posant des touches de gouache sur un fond encore légèrement humide.

Ce procédé ne peut être employé que dans des cas très particuliers; mais si le moment est bien choisi, si les tons sont harmonieux, la gouache, en se fondant avec le ton déjà posé, prend un aspect moelleux et d'une charmante délicatesse de ton qui ne se modifie que fort peu après le séchage,

Seulement parfois aussi, le mélange s'effectuant mal, il se forme des afflux de teinte, des boursouflures de blancs qui ne sont pas toujours sans inconvénient. Aussi faut-il n'employer ces effets que dans le cas où les retouches sont possibles.

Les retouches sont toujours beaucoup plus faciles avec les couleurs à la gouache qu'avec les couleurs à l'aquarelle. Dans ce dernier cas, dès que le papier est sali, dès que la blancheur du papier est altérée, la fraîcheur des teintes diparaît.

Dans le premier cas, au contraire, on peut toujours obtenir des tons clairs sur n'importe quel dessous. Au point de vue de la conservation cependant, il ne faut pas abuser des tons superposés; mais, au point de vue de l'effet, on peut toujours obtenir des lumières sur un fond quelconque, et même plus ce fond est sombre, plus on obtient facilement des tons éclatants.

A côté des gouaches artistiques ou décoratives, on peut encore placer comme passe-temps la décoration des petits objets à l'aide de peintures à la gouache; cela, il est vrai, rentre plutôt dans le domaine de l'art industriel que dans le domaine de l'art pur. Il ne faut pas ce-

pendant mépriser ces petits motifs d'ornementation; bien
exécutés et bien agencés, ces détails valent bien de médiocres vues ou de trop naïfs paysages. Mais, d'ailleurs,
les procédés d'exécution sont absolument les mêmes que
ceux des gouaches artistiques, avec cette différence toutefois que l'on peut souvent tirer de jolis effets des fonds
d'étoffes, des veines de bois et de mille autres accidents qui,
bien utilisés, donnent d'excellents résultats.

IV

MINIATURE EN PORTRAITS

OUTILLAGE ET PROCÉDÉS D'EXÉCUTION.

I. — Origine des miniatures. — Miniatures peintes à l'épargne, etc.

Faire dériver le mot miniature de *minium* est évidemment une étymologie discutable, a-t-on dit quelque part, dans un vieux traité ; les miniaturistes se servent le moins possible de minium, c'est-à-dire de vermillon, dont le principal défaut est de noircir fortement.

Cependant le vieil usage faisant dériver miniature du vieux mot mignard, délicat, flatté, et qui paraissait jadis universellement adopté, ne doit pas être suivi ; ce qui a précédé ce que nous appelons aujourd'hui les miniatures des manuscrits, c'étaient de simples initiales peintes en vermillon. *Miniare,* c'était peindre en rouge ces ornements antérieurs aux miniatures, et ce devint par la suite peindre ces sujets et ces lettres aux brillantes ornementations.

La miniature est l'art de peindre en petit sur une matière quelconque, — sur une matière blanche naturellement, et *non blanchie*, avaient soin d'ajouter les vieux manuels, — de sorte que toutes les parties blanches soient obtenues avec le ton de la matière sur laquelle on travaillait.

Remarquons en passant que si l'on appliquait cette définition trop rigoureuse, un manuscrit décoré d'ornements ne serait pas décoré de miniatures; puisque, dans ce cas, les ornements sont toujours gouachés; cependant on dit et on a raison : un manuscrit décoré de miniatures.

Cette expression miniature n'a donc été employée longtemps que pour la peinture exécutée à l'aide de couleurs transparentes sur des matières absolument blanches, comme les os blanchis et séchés au soleil, le marbre blanc, l'albâtre, les pierres polies et surtout très blanches, et enfin l'ivoire.

A une époque primitive, l'usage du vélin n'étant point connu, on comprenait donc la miniature plutôt comme un lavis très léger. Peu à peu, on fut amené à rechercher des effets de modelés plus énergiques, et peu à peu aussi, on ajouta du blanc aux couleurs employées. On se borna longtemps cependant à n'employer les couleurs mélangées de blanc que pour les accessoires; pour les figures, il était de tradition de les peindre en laissant toujours travailler le blanc de la matière employée.

Peindre en réservant ainsi les blancs, c'était ce que l'on nommait *peindre une miniature à l'épargne*, et la peinture à l'épargne eut longtemps des adeptes nombreux et intraitables sur le chapitre des blancs gouachés.

On reconnaissait bien cependant que cette manière était sèche et parfois désagréable, et il se trouva de hardis (?) novateurs, tels que Van Dondre, Torentius et Hoefnaghel qui osèrent, dit-on, les premiers, employer les couleurs gouachées, sauf toutefois pour les nus. Disons de suite que ces œuvres, que citent avec emphase bon nombre d'anciens auteurs, sont de vraies miniatures de manuscrit, et qu'il y a fort peu d'aquarelle dans ces œuvres, principalement dans celles d'Hoefnaghel, qui sont d'ailleurs excessivement rares. Celui-ci est plus connu comme illustrateur des grandes cosmographies publiées dans la seconde moitié du XVIe siècle, et dont le chef-d'œuvre est une vue de Séville (Bibliothèque de Bruxelles), où les détails microscopiques sont traités avec un soin incomparable, ciselés comme de vrais bijoux, mais peints par un véritable *miniaturiste enlumineur*. A côté de ces miniaturistes méticuleux, les Carriera, les Arlaud et les Macé ont produit de véritables œuvres artistiques.

Puis vint toute une pléiade d'artistes dont les œuvres sont fort recherchées aujourd'hui des amateurs, et de nos jours encore, au Salon annuel, on trouve des miniatures de portraits qui sont traitées avec une franchise d'exécution, avec une largeur de touche même, qui montrent que, dans les œuvres de petite dimension, il y a encore place pour une certaine liberté d'allures qui n'est pas sans charme.

II. — Pupitre et loupes.

Les miniatures de portraits se peignent ordinairement sur une tablette inclinée (fig. 130), ou mieux sur un pupitre à inclinaison variable. Ce pupitre est pourvu d'une tringle légèrement saillante, qui suffit à retenir le

carton où est fixé le morceau d'ivoire sur lequel on travaille.

Parfois cependant, lorsqu'on travaille dans un musée

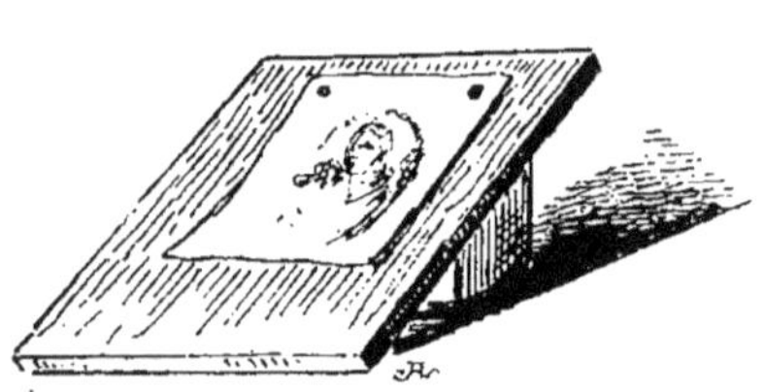

Fig. 130.

par exemple, on se contente de fixer à l'aide de pu-
naises, ou même de poser simplement dans un angle de l'intérieur du couvercle de la boîte (fig. 131) le carton sur lequel est fixé le vélin ou l'ivoire. L'inclinaison naturelle de ce couvercle remplace ainsi le pupitre.

On est aussi obligé souvent, pour les très petits détails, de se servir de loupe. Il faut, autant que pos-
sible, ne se servir que de loupes mobiles. Les lentilles montées sur de petits manches en bois et que l'on tient de la main gauche sont aussi

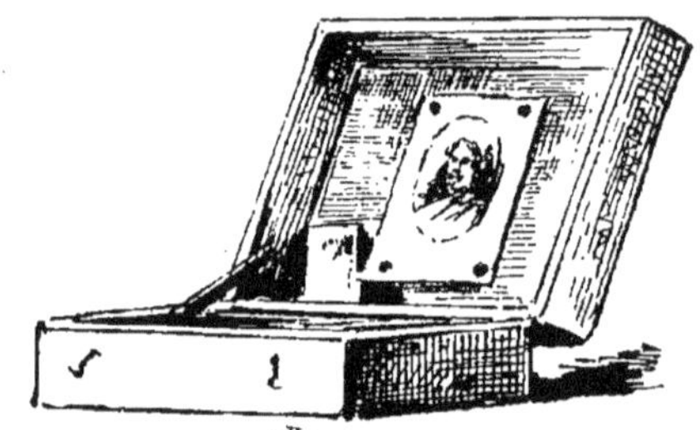

Fig. 131.

commodes que les loupes montées sur un pied avec bri-
sures articulées permettant de leur donner toutes les inclinaisons possibles, et qui, d'ailleurs, ne peuvent être
utilisées que dans les travaux d'atelier.

III. — Vélin.

Les miniaturistes ont toujours attaché un grand soin au choix du vélin sur lequel ils travaillaient.

On trouvait dans le commerce autrefois des vélins dits vélins de Flandre, de Normandie, de Picardie et d'Angleterre. Les peaux de veaux mort-nés des deux dernières provenances étaient les plus recherchées. Le vélin d'Angleterre était très doux et assez blanc, celui de Picardie l'était encore davantage. Le meilleur vélin pour la miniature doit être très blanc, sans être frotté de chaux ; il doit, autant que possible, n'avoir ni tache ni veines.

Le vélin n'étant qu'un parchemin de très belle qualité, le plus beau vélin est celui qui provient de veaux à poil blanc ; les vélins de veaux rouges et les vélins de veaux noirs ne viennent qu'ensuite, car ils sont souvent couverts de taches qu'il est impossible de faire disparaître.

Le vélin de bonne qualité doit être très blanc, sans aspérités, ni taches, ni trous, ni inégalités d'aucune sorte, et le prix des vélins provenant des *vélots* ou veaux mort-nés varie suivant le grain, la blancheur, l'épaisseur et la grandeur de la peau.

Pour les portraits, pour les petits sujets en miniature, les morceaux de vélin sont en général de si petites dimensions qu'on peut souvent les prélever, même dans des peaux défectueuses ; cependant il faut toujours s'assurer, avant de commencer son travail, que le vélin ne boit pas et qu'il n'offre pas de parties spongieuses.

En humectant légèrement l'angle d'un morceau de vélin avec un peu de salive, on s'apercevra rapidement de la bonne ou de la mauvaise qualité de celui-ci. Si le vélin ne se sèche pas immédiatement, il peut être employé sans crainte ; si, au contraire, il sèche presque instantanément, s'il absorbe rapidement l'humidité, il doit être rejeté.

Pour les miniatures de manuscrits, il ne faut pas être aussi difficile sur le choix du vélin. D'abord, parce que le format adopté peut exiger des peaux d'une assez grande dimension, ensuite parce qu'il faut travailler successivement des deux côtés. Les vélins ont deux faces, l'une presque toujours suffisamment lisse, quelque médiocre que soit l'état de la peau, l'autre bien plus rugueuse et irrégulière. Sur la première, les travaux s'exécutent facilement ; mais, pour peindre sur la seconde, on n'est pas sans éprouver parfois d'assez grandes difficultés. Les enlumineurs, les miniaturistes du moyen âge ont essayé, dans certains cas, de tourner ces difficultés ; aussi souvent les envers de certaines feuilles sont-ils moins richement décorés que les autres pages. De plus, il était impossible pour cette application de la miniature de tendre les feuilles, car, en humectant le côté déjà écrit et peint, on eût enlevé encre et couleur. On se contentait donc de poser la feuille sur une planchette bien dressée, en la maintenant fixe par deux points ; mais il faut remarquer aussi que l'enlumineur, que le miniaturiste peignant sur le vélin, à la gouache et non à l'aquarelle, c'est-à-dire avec des couleurs opaques et non avec des couleurs transparentes, pouvait, plus facilement que le miniaturiste peintre de portraits, dissimuler les défauts du vélin sous des couches de couleur.

Les miniaturistes, avant de peindre leurs petits sujets, avaient, eux, au contraire, grand soin de tendre leur vélin, et comme souvent ils n'utilisaient que de petits morceaux de deux à trois pouces de largeur, — c'est-à-dire de cinq à six centimètres, — sur une hauteur à peu près égale, voici comment ils procédaient :

Ils prenaient une feuille de carton blanc et très uni dont ils enduisaient les bords, sur une largeur de quelques millimètres à peine, d'une couche de colle de gomme arabique assez épaisse. Ils passaient, à l'aide d'un linge très fin, une couche d'eau bien égale sur le côté du vélin opposé à celui sur lequel on devait travailler, et ils appliquaient ce morceau de vélin sur le carton qui était de même dimension. Le vélin se gondolait sous l'action de l'humidité, mais en séchant, comme les bords étaient maintenus par la colle, le vélin se tendait de lui-même. Cependant, il fallait avoir la précaution de prendre un carton assez épais et assez résistant, sans quoi celui-ci se courbait infailliblement sous la tension irrésistible qu'exerçait le morceau de parchemin en se séchant. Aussi certains peintres préféraient-ils tendre leur vélin sur une glace, sur un verre assez épais, après avoir eu la précaution de placer une feuille de papier très blanc et très uni entre le vélin et la glace.

On devait aussi prendre de grandes précautions contre la chaleur et contre l'humidité ; car, sous l'influence de l'humidité, le vélin devient jaune et l'ivoire prend un ton foncé bien plus accentué encore.

Certains miniaturistes prétendaient que, pour esquisser les miniatures, il fallait ne se servir que d'aiguilles de métal. Ils employaient donc des aiguilles d'or, d'argent ou de cuivre, mais jamais de crayon.

On peignait aussi en miniature sur le marbre blanc et sur l'albâtre, et même sur des coquilles d'œuf. Cette dernière matière offrait une surface très légèrement grenue, dont certains artistes savaient tirer un excellent parti ; mais naturellement elle ne pouvait être employée que pour des miniatures de petite taille. De plus, il fallait avoir soin d'amollir ces coquilles pour les redresser, et, ceci fait, on travaillait sur les coquilles développées et coupées en ovale ou en rond comme sur une plaque d'ivoire ordinaire.

IV. — Ivoire.

Parmi les différentes qualités d'ivoire que l'on trouve dans le commerce, les miniaturistes préféraient souvent l'ivoire légèrement teinté de bleuâtre ; cette qualité, que l'on désigne aussi sous le nom d'ivoire vert, offrait, dit-on, l'avantage de moins pousser au jaune que les autres sortes. Plus les plaques d'ivoire sont épaisses, plus elles sont d'un ton foncé tirant sur le jaune roux, et plus elles montent de ton en vieillissant. On devait, autant que possible, choisir cet ivoire le moins rubanné et le moins veiné possible, par cette raison que si l'on voulait peindre une miniature à l'épargne, toutes les stries ou taches pouvaient nuire à l'effet cherché.

Enfin, les miniaturistes préparaient eux-mêmes la surface de leur plaque d'ivoire avant d'entreprendre leur travail.

Ils commençaient par aviver la surface de l'ivoire avec un morceau de verre; ils frottaient en tous sens et de façon à ne pas rayer la surface, puis, formant une sorte de tampon avec un morceau de papier ou un morceau de liège arrondi, ils passaient une couche de pierre ponce pulvérisée sur toute la surface.

Cette pierre ponce devait être tamisée avec grand soin, cela va sans dire, et l'on devait frotter jusqu'à ce que l'ivoire soit d'un ton mat. On balayait alors l'ivoire, on enlevait l'excédent de poudre à l'aide d'un blaireau ou d'un gros pinceau plat très doux, et on pouvait dès lors peindre sur l'ivoire. Seulement il fallait avoir la précaution de ne jamais poser les doigts sur l'ivoire, le moindre contact rendant la surface grasse et les teintes n'y adhérant plus. Si, par hasard cependant, ce léger inconvénient se présentait, il ne fallait pas hésiter à retoucher, à polir de nouveau l'endroit altéré avec un petit morceau de pierre ponce découpé en forme de crayon.

Quelques miniaturistes préféraient polir avec l'os de seiche; mais ce procédé était assez dangereux, la moindre lamelle de l'os pouvant rayer la surface de l'ivoire.

D'autres enfin, avant de commencer à poser des teintes, passaient sur la surface de l'ivoire un linge fin ou un petit tampon de coton imbibé de vinaigre blanc ou d'une solution d'alun. On séchait ensuite avec soin la plaque d'ivoire, on l'essuyait avec précaution et, grâce à cette légère préparation, la surface de l'ivoire étant dégraissée, les couleurs à l'eau presque sans gomme pouvaient s'appliquer facilement.

Enfin, il est utile de dire que presque toujours et pendant toute la durée du travail, il fallait avoir soin de fixer ces plaques d'ivoire sur des morceaux de carton assez épais, et entre ce carton et l'ivoire on plaçait une feuille de papier aussi blanc que possible, et l'on maintenait le tout avec un peu de gomme aux angles.

On peut aussi peindre sur plâtre, — la tablette de plâtre est d'abord posée dans un châssis ou simplement sur la table ; — on trace le dessin à l'aide d'une pointe, et le dessin étant ainsi gravé en creux, on passe les teintes. Seulement, chaque coup de pinceau laisse une trace, le plâtre happant, absorbant vivement la couleur ; on polit ensuite la surface avec la prèle ou queue-de-rat, sorte de roseau rugueux comme une lime fine, ou la dent-de-loup, sorte de brunissoir en agate. Quelquefois aussi on passe à la surface un chiffon enduit d'huile d'olive, lorsque le travail est terminé, car désormais les retouches sont impossibles.

Quant à l'ovale dans lequel on peignait ordinairement les portraits, il était utile de le tracer régulièrement avant de commencer son travail, de façon à bien placer au centre le sujet ou le portrait que l'on voulait exécuter. Le meilleur tracé à adopter est celui formé par la réunion de deux courbes dites en anse de panier et dont le tracé peut être obtenu à l'aide du compas (fig. 132).

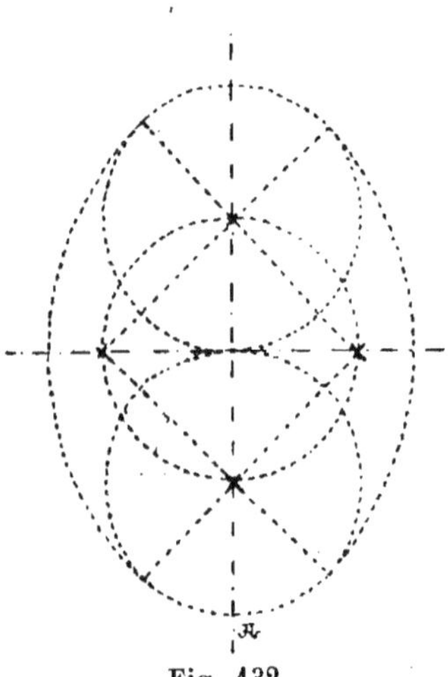

Fig. 132.

De plus, il ne faut pas perdre de vue que c'est déjà

faire preuve de sentiment artistique que de bien placer un sujet dans un ovale (fig. 133); il faut savoir, dans certains cas, *tricher* même, c'est-à-dire ne pas placer les axes du dessin et de l'ovale rigoureusement l'un sur l'autre.

Il est parfois utile de laisser plus de fond d'un côté que de l'autre, de laisser plus de vide dans le haut que dans le bas; c'est là une affaire de tact, de goût et d'habitude. Aussi fait-on bien, quand on commence, de travailler sur une plaque d'ivoire un peu plus grande que la dimension définitive, de façon à permettre

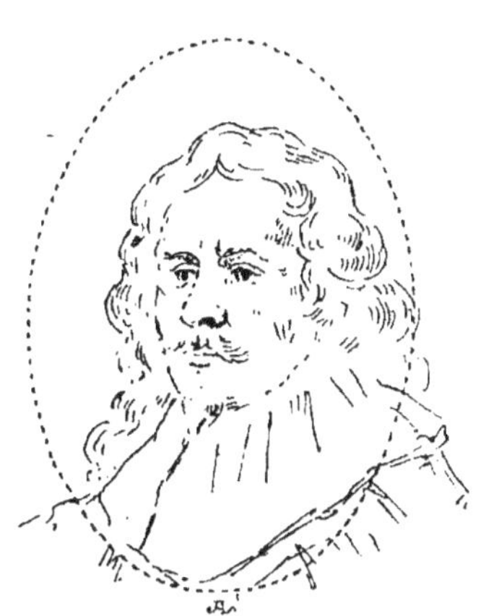

Fig. 133.

de retoucher et de prolonger certains accessoires, pour que l'œuvre achevée puisse être bien placée dans son encadrement définitif.

Avant de préparer leur palette, la plupart des miniaturistes du siècle dernier préféraient cerner tous les contours de leurs figures avec une teinte de carmin assez claire, et ils collaient aussi leur vélin sur une plaque de métal, les bords du vélin étant repliés et collés sur l'envers de cette plaque.

V. — Couleurs.

Les couleurs employées au xvii° et au xviii° siècle étaient les suivantes :

Les couleurs fixes ne s'altérant que fort peu et que l'on

employait de préférence sont marquées ainsi ×, et les couleurs nécessitant plus de gomme que les autres sont indiquées ainsi ☉.

Le carmin ×,
L'outremer ×,
La laque de Venise et du Levant,
La laque colombine,
Le vermillon ×,
La mine de plomb,
Le brun rouge ×,
La pierre de fiel ×,
L'ocre de rüe ☉,
Le stil de grain × ☉,
L'orpin. — L'orpin était une couleur d'un jaune franc ou d'un jaune orange (orpin doré ou orpin pâle). Ce sulfure jaune d'arsenic, auquel on donnait aussi le nom d'orpiment, avait le défaut de noircir les couleurs à base de plomb avec lesquelles on le mélangeait.
La gomme-gutte ×,
Le jaune de Naples,
Le massicot pâle,
Le massicot jaune,
L'ocre rouge ×,
La sanguine × ☉,
L'Inde (ou indigo),
Le noir d'ivoire,
Le noir d'acajou, que l'on obtenait en calcinant l'amande d'acajou débarrassée de sa

pellicule, plongée dans l'alcool et pulvérisée dans du vinaigre étendu d'eau.
Le noir de fumée,
Le bistre × ☉. — On le préparait simplement, à cette époque, en délayant de la suie de cheminée dans de l'eau, décantant une première fois, faisant bouillir et décantant encore après ébullition et refroidissement.
La terre d'ombre ×,
La terre d'Italie × ☉,
Le vert d'iris,
Le vert de vessie,
Le vert de montagne ou de terre,
Le vert de mer,
La cendre verte,
Le bleu de Prusse ×,
La cendre bleue × ☉,
Le blanc de céruse de Venise,
Le blanc de plomb,
L'encre de Chine,
Le fiel d'anguille ou de brochet, sorte de stil de grain d'une teinte jaune servant à différencier les verts, et que l'on employait sans gomme.

Les miniaturistes des siècles derniers, pour donner du brillant et de l'éclat aux verts, aux noirs, aux gris et aux jaunes, se servaient de fiel de bœuf, de fiel de carpe ou de fiel d'anguille. Ils estimaient fort ce dernier et le préparaient avec soin, écorchant les anguilles eux-mêmes, suspendant à des clous le fiel que l'on devait laisser sécher.

On l'employait alors en le détrempant dans l'alcool étendu d'eau.

Entre autres propriétés, le fiel d'anguille rendait plus facile l'application de toutes les couleurs même sur un vélin un peu gras, et de plus il empêchait les couleurs de s'écailler.

Inutile de dire que maintenant on trouve en petits flacons des fiels de bonne qualité qui évitent ces préparations assez désagréables, mais que, par de vieilles traditions d'alchimistes, les peintres d'autrefois étaient si fiers de préparer eux-mêmes.

Les couleurs de miniatures doivent se conserver dans des coquilles ou dans des godets de porcelaine, jamais, — recommandent les anciens auteurs, — dans des godets d'ivoire ou de bois, qui dessèchent et *ruinent* ces couleurs.

On en plaçait deux pincées environ dans la coquille, et on les détrempait avec un peu d'eau de gomme arabique à consistance de crème un peu épaisse, la difficulté étant de savoir gommer chaque couleur au degré suffisant.

Nous avons indiqué les couleurs demandant plus de gomme que les autres; pour voir si une couleur est suffisamment gommée, on en prend une petite goutte avec le bout du doigt et l'on dépose cette goutte dans le creux de la main. On attend quelques secondes, on laisse sécher et on ferme la main; si la couleur s'écaille et se fend, la couleur est trop gommée; si, au contraire, elle s'efface sous le doigt, la couleur n'est pas assez gommée.

Avec un peu de pratique, on arrive aisément à trouver la quantité de gomme dont on doit additionner chaque couleur.

Dans leur tiroir « secret », les miniaturistes ne dédaignaient pas non plus de placer des pastels de toute couleur, des coquilles d'or et d'argent vraies et fausses, de l'or et de l'argent en feuilles, de la purpurine ou clinquant de toutes les couleurs et toute sorte de bronzes.

En appliquant ces ors avec discrétion, en glissant sous certains vélins des feuilles de clinquant, on augmentait ainsi l'éclat des miniatures, et ce d'une façon durable ; mais en se servant des pastels, si on obtenait des finesses exquises, ces tons délicats étaient bien peu solides. La poudre légère de ces crayons de couleurs posée adroitement et à demi fixée par un léger glacis d'eau gommée donnait en effet un aspect très moelleux à certains modelés. Mais, nous ne saurions trop le répéter, ce ne pouvait être là qu'un artifice qu'employaient sans aucun doute les miniaturistes d'autrefois pour séduire les amateurs, et qui explique alors pourquoi certaines œuvres tant vantées par les contemporains de l'artiste nous paraissent aujourd'hui si fades et si décolorées.

Les artistes qui parfois à ces époques, non contents d'acheter les couleurs les plus fines qu'ils pussent trouver, avaient coutume de les faire broyer à nouveau dans leur atelier, avaient aussi coutume d'épurer certaines d'entre elles en les chauffant. La céruse, l'ocre jaune, le brun rouge, l'outremer et la terre d'ombre pouvaient seules être chauffées. Sous l'influence de la chaleur, toutes les autres couleurs noircissaient et, sous celle d'une température élevée, deux de ces cinq couleurs se modifiaient de ton : la céruse devenait couleur citron et l'ocre jaune prenait une teinte rouge ; mais toutes, sauf l'outremer, qui devenait plus dur à travailler, étaient beaucoup plus douces et plus faciles à employer.

VI. — Palettes.

La palette des miniaturistes consistait autrefois en une plaque d'ivoire de 6 pouces de long à peu près (16 centimètres environ) sur 3 à 4 pouces de large (10 centimètres). On choisissait de préférence une plaque assez épaisse pour ne pas se déformer à l'usage ; certains artistes employaient des plaques ovales, d'autres se servaient de plaques rectangulaires à coins arrondis. Enfin d'autres miniaturistes employaient des palettes fort épaisses et même des godets de forme hémisphérique et disposés symétriquement. Cette sorte de palette offrait l'avantage de contenir plus de couleur que les palettes plates, mais elle se conservait moins propre et se nettoyait plus difficilement que ces dernières.

On se servait aussi de palettes de nacre et de marbre blanc et d'albâtre. Enfin on se servait encore de glaces assez épaisses, et sous lesquelles on avait pris soin de coller au préalable une feuille de papier blanc.

On posait les couleurs sur la palette, à peu de distance du bord, et on les espaçait convenablement.

Si les couleurs conservées dans des coquilles étaient déjà séchées, on les détrempait à l'aide du doigt humecté d'une très petite goutte d'eau, et en posant le doigt ainsi chargé sur la palette on déposait assez de couleur pour tout le travail d'une séance ; car, à moins de traiter des fonds, et encore ! il ne faut pas oublier que la quantité de couleur nécessaire pour l'exécution d'une miniature est presque infinitésimale, et des coquilles de couleurs préparées à l'avance pourraient servir pendant des années, si on les conservait avec soin à l'abri de la poussière.

Malgré cela, il ne faut rien exagérer, et parfois il est prudent de renouveler les coquilles trop vieilles et certaines couleurs qui tendent à s'altérer sous l'influence de l'air.

Plusieurs miniaturistes préféraient ne se servir que d'une seule palette, dont ils chargeaient les deux faces. Un côté était réservé aux couleurs nécessaires pour les carnations, l'autre côté était réservé aux couleurs destinées aux accessoires, draperies, fonds, etc.

Sur la palette des carnations on plaçait : du blanc en assez grande quantité ; du massicot ; du stil de grain ; de l'orpin ; de l'ocre ; un vert formé en parties égales d'un mélange d'outremer, de stil de grain et de blanc ; un bleu pâle formé d'un mélange d'outremer, d'indigo et de blanc ; du vermillon ; du bistre et du noir.

Sur le revers de la palette destinée aux accessoires on disposait du blanc et la couleur dominante qui devaient servir à les traiter.

Autant que possible, il vaut mieux employer, soit une palette un peu plus grande, soit même deux palettes, si on préfère les petites palettes comme plus faciles à manier, et il est toujours préférable de préparer les couleurs de telle sorte qu'un ton posé sur une surface quelconque soit toujours au-dessous de la valeur cherchée, le pointillé, les hachures, les différents travaux accessoires devant achever de hausser le ton et de l'amener à l'intensité voulue.

Au siècle dernier, certains miniaturistes chargeaient ainsi leurs palettes :

Les noirs, les rouges, en commençant par la teinte la plus foncée, pour finir par la nuance la plus claire; les jaunes classés de même; les verts; les bleus; les violets; les laques, en commençant au contraire par la nuance la plus claire, pour finir par la nuance la plus foncée; enfin le blanc.

Le milieu de la palette devait toujours rester libre pour les mélanges.

VII. — Pinceaux.

Les. miniaturistes du siècle dernier attachaient une grande importance au choix des pinceaux.

Mais presque tous avaient des préférences fort différentes. Tandis que les uns recherchaient des pinceaux avec beaucoup de pointe, c'est-à-dire peu garnis et très longs, d'autres préféraient employer des pinceaux bien nourris de poils, pas trop longs et n'ayant pas trop de pointe. La raison que les artistes donnaient de ce dernier choix était qu'un pinceau de cette forme pouvait contenir une assez grande quantité de teinte, et que par suite cette teinte, étant exposée à sécher moins vite, la touche pouvait être plus large et plus moelleuse. Dans le cas contraire, le travail était plus sec et surtout plus pénible d'aspect.

En général, les pinceaux doivent être suffisamment fermes et faire ressort sur eux-mêmes. Lorsque l'on appuie la pointe du pinceau sur une feuille de papier et qu'on le relève, le pinceau doit se redresser de lui-même en continuant à présenter une pointe bien fine.

Emmanchés avec soin, pourvus de hampes que l'on enduisait parfois de cire, là où le tube de plume se terminait, afin que lors du lavage l'eau ne s'introduise pas dans la partie supérieure, les pinceaux étaient conservés avec plus de soin encore par les miniaturistes d'autrefois.

Leurs travaux terminés, ils renfermaient leurs pinceaux dans de petites boîtes avec quelques grains de poivre, voulant surtout éloigner une espèce de mite qui se logeait entre les poils, rongeait en fort peu de temps toute une série de pinceaux, parmi lesquels il y en avait souvent plusieurs d'un certain prix.

VIII. — Eau de gomme.

Au siècle dernier, les peintres miniaturistes préparaient leur eau de gomme de la manière suivante :

Dans un verre d'eau pure, on laissait dissoudre à froid un morceau de gomme arabique de la grosseur d'une noix ordinaire. On choisissait naturellement la gomme la plus pure et la plus transparente possible ; malgré cela, on filtrait avec soin la solution, qui pouvait se conserver indéfiniment dans un flacon hermétiquement bouché.

Quelques artistes ajoutaient à la solution, avant de la filtrer, des miettes de sucre candi ; d'autres, lorsque la liqueur était filtrée, l'additionnaient de plusieurs gouttes d'alcool. Ces additions avaient pour but de rendre les couleurs plus fluides et plus brillantes ; cependant on a constaté que certaines couleurs étaient d'un plus joli ton lorsqu'on se contentait de les délayer dans l'eau de gomme pure.

IX. — Dimensions des miniatures.

On admettait généralement, au siècle dernier, que les dimensions d'une miniature ne devaient pas excéder certaines mesures. Quelques auteurs ont même écrit que, lorsqu'on représentait des personnages de quatre à cinq pouces de hauteur, — c'est-à-dire douze centimètres environ, — on n'exécutait plus de véritables miniatures, parce que, dans ce cas, il fallait « grossir la touche, et l'œil du connaisseur la découvrant, l'œuvre perdait tout le mérite du fini ». Il fallait donc, à cette époque, que le travail fût invisible ; c'était là l'essentiel ; que le moindre coup de pinceau soit dissimulé ; telle était la devise. Il ne faut pas oublier pourtant que plusieurs grands artistes du siècle dernier ont su fort à propos relever la mièvrerie du travail par d'habiles touches franchement posées. De plus, grâce à cet artifice, les parties délicatement touchées paraissent encore d'une exécution plus délicate.

Autour d'une tête soigneusement modelée ou pointillée, une draperie indiquée par de larges touches et modelée de franches hachures, délibérément lancées, fera toujours un bon effet. Toutefois, il ne faut pas exagérer ce parti pris, — et surtout il faut que la dimension des miniatures permette cette liberté d'exécution.

On ne croyait pas non plus autrefois que les miniatures devaient être exécutées dans de très petites dimensions. D'un côté comme de l'autre, il y avait des limites infranchissables. Lorsque des figures en pied, par exemple, ne mesuraient que deux pouces et demi de hauteur, — c'est-à-dire que le personnage ayant six centimètres environ, le visage n'offrait que quelques millimètres de haut, — elles ne pouvaient être vues qu'à la loupe, disaient quelques critiques, et, vues ainsi, l'illusion du grand fini cessait, les couleurs paraissaient dures, égratignées, et la touche, quelque légère qu'elle fût, semblait toujours disproportionnée à l'objet. Il y a pourtant des dessus de boîtes de ces époques où sont représentés une multitude de personnages dont les plus grands n'ont pas un centimètre de hauteur, et ces miniatures ne pouvaient être exécutées qu'à l'aide de la loupe pour les lointains aussi bien que pour les plus importants détails des premiers plans. Mais cette préoccupation du fini fut toujours la règle des miniaturistes, et pour préserver leur travail de la poussière, — le moindre grain étant capable de détruire des milliers de pointillés, — les miniaturistes prenaient des précautions considérables. Jamais une miniature ne restait à l'air libre et, la séance terminée, elle était renfermée dans une boîte et fixée solidement au couvercle, ou parfois glissée dans une sorte de cadree formé de deux glaces maintenues à égale distance et sur trois côtés par des rainures en bois.

Peindre à l'épargne, c'est, nous l'avons dit, peindre en

réservant soigneusement les blancs, et ce fut longtemps la règle absolue des miniaturistes du siècle dernier, qui ne travaillaient dès lors que sur des matières blanches, — ivoire, parchemin, — le fond ou plutôt le blanc de la matière devant paraître partout entre les coups de pinceau, car il ne faut pas oublier que la seule touche admise était le pointillé.

On délayait donc les couleurs en poudre sans y ajouter de blanc, et on n'obtenait la dégradation qu'en posant des touches de plus en plus légères.

Au siècle dernier, on exécutait aussi des miniatures monochromes, — des grisailles, des imitations de bas-relief, des camées, camaïeux, etc., etc., mais toujours par le même procédé de modelé.

X. — Pointillé.

Le pointillé fut longtemps la seule touche admise en miniature. Il consistait à poser les couleurs non en appuyant la pointe du pinceau sur la matière servant de champ, mais en piquant de la pointe avec assez de légèreté de main pour que le pinceau ne s'aplatisse en aucune façon.

Le travail du pointillé se traduisait donc par une série de petits points aussi parfaitement ronds et aussi égaux que possible qui, se touchant, laissaient entre eux un petit espace vide par lequel apparaissait, soit le fond blanc de la matière servant de champ, soit les teintes plates posées précédemment sur cette matière. En modelant au pointillé d'abord avec des teintes légères, ensuite avec des teintes plus fortes, on accusait ainsi la forme des objets, les ombres et les reflets.

Peu à peu, ce faire parut monotone. On se lassa de cet extrême fini, et plusieurs artistes cherchèrent une autre touche.

Modeler au pointillé les chairs aussi bien que les étoffes, les ciels aussi bien que les terrains, modeler de la même façon des objets solides et des formes vaporeuses, c'était évidemment violer le précepte de l'art, qui prescrit de modeler chaque chose suivant sa nature. Le pointillé était parfois plus ou moins gros, — c'était la seule différence, — mais d'un pointillé plus ou moins varié; il ne pouvait résulter que mièvrerie et aspect monotone.

C'est alors que des artistes songèrent à appliquer à la miniature le modelé par hachures. Les uns se servirent d'abord de hachures parallèles, puis de coups de pinceaux croisés dans divers sens de gauche à droite, de droite à gauche et perpendiculairement. D'autres artistes, proscrivant surtout les hachures verticales ou horizontales, qu'ils trouvaient d'un aspect désagréable, cherchèrent à modeler les différents objets, soit à l'aide de petites hachures tremblées ou décrivant de petites courbes, soit à l'aide de hachures formées de lignes courbes se terminant par des points de grosseurs différentes.

Il va sans dire, cependant, que tous ces travaux devaient être exécutés avec des teintes assez légères, et devaient être répétés un certain nombre de fois pour obtenir l'effet cherché. Exécutées du premier coup avec le ton énergique voulu, ces hachures ne donnaient qu'un modelé beaucoup trop dur. Pour atténuer ce qu'elles pouvaient avoir encore de trop accentué lorsqu'on les exécutait même avec des teintes légères, il fallait avoir soin de passer des sortes de glacis, c'est-à-dire des teintes plates assez légères pour ne pas obscurcir le fond, et suffisantes néanmoins pour adoucir l'aspect trop accentué des hachures. Toutefois, ces glacis étaient d'une grande difficulté, car on sait

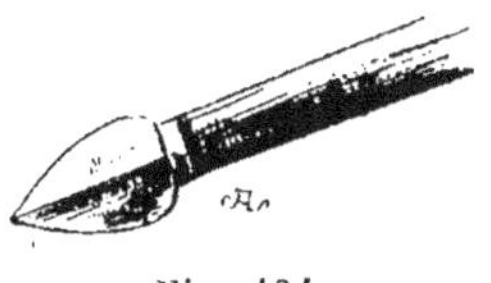

Fig. 134.

combien la gouache file facilement lorsqu'elle est détrempée.

Le grattoir qui sert à enlever des teintes manquées ou dont l'épaisseur pourrait nuire au fini du travail (fig. 134)

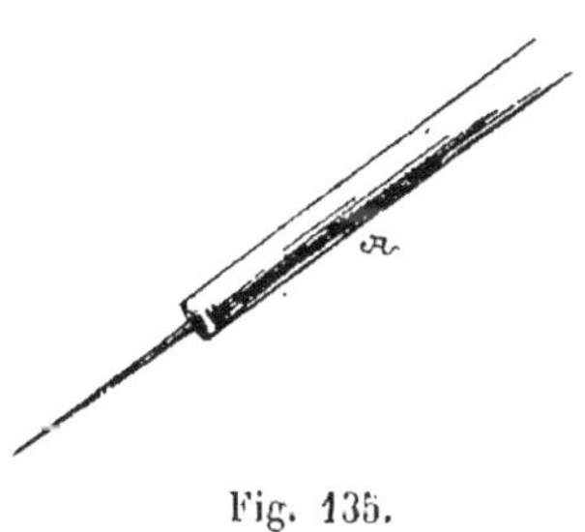

Fig. 135.

peut servir aussi à régulariser certains pointillés. Mais, dans ce cas, il vaut mieux, au lieu de la pointe obtuse de cet instrument, se servir d'aiguilles fines emmanchées dans une courte hampe en bois (fig. 135). A l'aide de cet instrument, on peut, soit rectifier, enlever de petits points, de manière à baisser un ton en créant ainsi une sorte de pointillé se détachant en clair sur un fond plus sombre.

XI. — Modelé des figures.

Pour les carnations, on procédait ainsi :

On indiquait le tracé, soit avec du carmin léger, soit avec un ton brun clair.

Puis, pour les figures de femmes ou d'enfants, on appliquait d'abord une couche de blanc légèrement teintée de bleu ; pour les figures d'hommes, on additionnait le blanc de vermillon, et pour les têtes de vieillards, on remplaçait ce vermillon par de l'ocre.

Ensuite on recherchait tous les traits avec un mélange de vermillon, de carmin et de blanc, et on ébauchait toutes les ombres avec ce mélange, dont on variait les proportions suivant l'intensité de ton cherché. C'était ce qu'on appelait ébaucher de rouge, et les miniaturistes ne se préoccupaient même pas de dépasser souvent l'intensité de tons cherchés, car quelques touches d'un ton vert leur suffisaient à atténuer cet excès de coloration.

Après avoir ébauché de rouge, on recouvrait les méplats fuyants de la tête et du cou avec un mélange de blanc et d'outremer, et certaines autres parties du visage s'indiquaient avec un mélange d'ocre ou d'orpin, et de vermillon ou de blanc.

Les pointillés sur les tons clairs se font avec divers mélanges, blanc, vermillon, carmin, additionnés de bleu ou de vert.

Les derniers pointillés se font avec des tons très clairs, à peine sensibles, et ne doivent servir que pour adoucir les transitions entre les parties en pleine lumière et les parties dans l'ombre.

Les auteurs des anciens traités, toujours méticuleux, indiquaient même que le globe de l'œil devait être modelé d'un mélange de bleu et du ton ayant servi aux carnations. Du côté du nez, on plaçait une petite touche de blanc et de vermillon avec un petit accent de carmin bien

PLANCHE V

EXEMPLES DE MINIATURES

ÉBAUCHE D'UN PORTRAIT ET D'UN SUJET

EN MINIATURE DE MANUSCRIT

EXÉCUTION D'UN ORNEMENT ET D'UNE LETTRE ORNÉE

AVEC ENLUMINURES ET REHAUTS D'OR.

EXEMPLES DE DIFFÉRENTS GENRES DE MINIATURES

I. — L'Ébauche d'un portrait ayant été indiquée à l'aide de teintes plates, ces teintes doivent être couvertes de hachures et de pointillés. La facture doit varier suivant les dimensions du portrait; mais pour harmoniser certains plans, pour atténuer certaines sécheresses, il est parfois utile de faire disparaître certains travaux par des glacis de teintes légères, sauf à accentuer les modelés en dernier lieu à l'aide de quelques touches énergiques, posées avec franchise.

II. — L'exécution d'une miniature dans le style des anciens manuscrits sur parchemin ou sur papier du Japon doit être obtenue à l'aide de teintes de gouache. Les tons locaux étant posés, le modelé s'obtient à l'aide de hachures et les parties lumineuses sont indiquées par de petites touches d'or posées au pinceau. Les blancs sont gouachés et le modelé des blancs peut s'obtenir à l'aide de teintes grises légères d'aquarelle; mais dans ce cas les contours sont souvent irréguliers, tandis que ces mêmes tons gris, formés de teintes de gouache, permettent de tracer de très fines hachures sans détremper la teinte de blanc de gouache servant de fond.

III, IV, V. — L'exécution d'un ornement de manuscrit comprend trois phases principales. Le ton local étant placé (III), on pose les effets de vigueur (IV) pour déterminer le modelé; puis, à l'aide d'un très petit pinceau chargé de blanc pur (V), on pose de petits points, on trace de petits ornements qui non seulement rompent l'uniformité du ton local, mais encore contribuent à lui donner de l'éclat et une certaine finesse de ton.

VI, VII, VIII, IX. — Pour l'exécution d'une initiale ornée, on trace d'abord à l'aide d'une plume très fine le contour de la lettre et des ornements (VI), puis on applique l'assiette à dorer sur les parties qui doivent être dorées (VII) soit à l'aide d'or liquide, soit à l'aide d'or en feuilles; la grande difficulté consiste à appliquer cette assiette sans excès de maigreur ni d'épaisseur, et surtout sans que le moindre grain de poussière s'incruste dans cette pâte. Cette couche étant préparée, on applique l'or et on lui donne du brillant à l'aide du brunissoir, en frottant d'abord avec précaution, car sous la moindre aspérité la couche d'or se déchirerait, et dans ce cas il serait de toute nécessité de recommencer avant d'enluminer (IX), de poser les petits rehauts de blanc destinés à donner de la légèreté aux détails, et avant de tracer les enjolivements extérieurs qui doivent toujours être exécutés en dernier.

I

Ébauche d'un portrait
à l'aide de teintes plates et de
travaux préparatoires
de hachures et de pointillé.

II

Exécution d'une miniature
dans le style des anciens manuscrits
par application
de teintes plates de gouache
avec rehauts d'or
pour indiquer les lumières.

III

EXÉCUTION

Application des teintes
de gouache
formant le ton local.

IV

D'UN ORNEMENT DE

Modelé à l'aide
de teintes foncées.

V

MANUSCRIT

Rehauts de blanc
et pose de petites touches
pour rompre l'uniformité
du ton local.

VI

EXÉCUTION D'UNE

Tracé à la plume
de l'initiale et des ornements.

VII

INITIALE ORNÉE

Application de l'assiette à dorer.

VIII

Application de l'or et brunissage.

IX

Enluminure des ornements
et application
des rehauts de blanc.

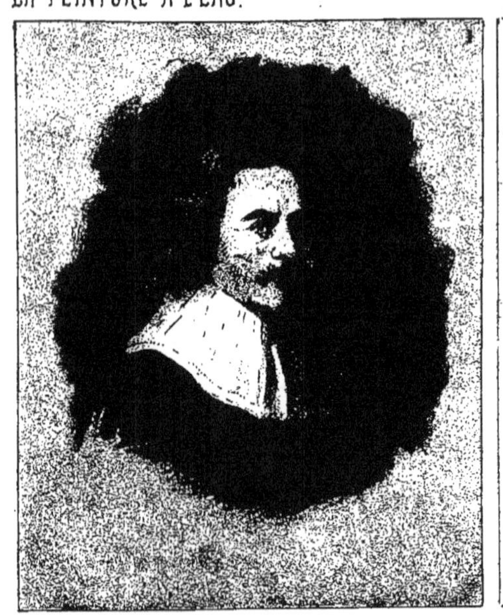

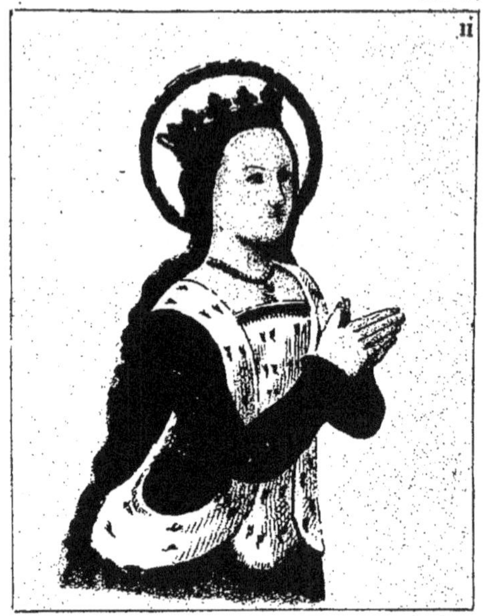

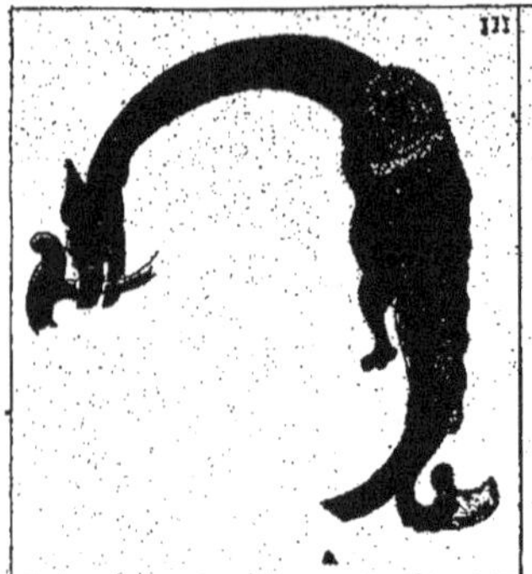

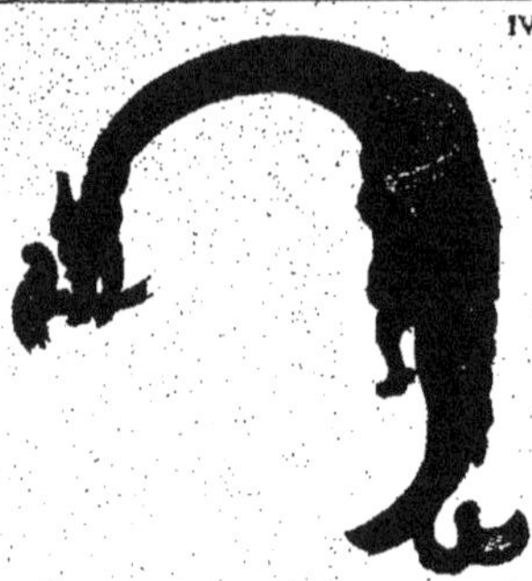

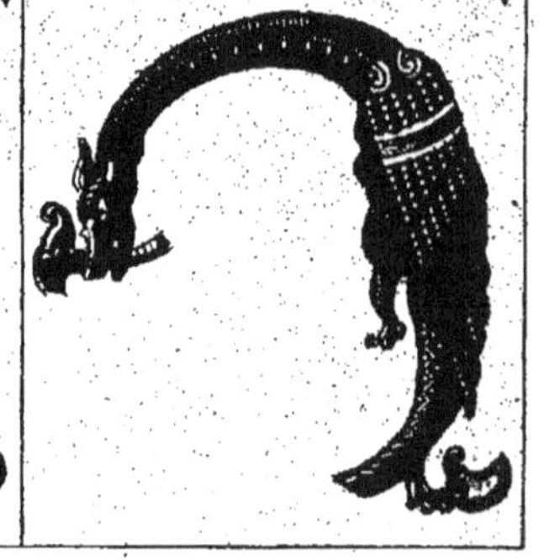

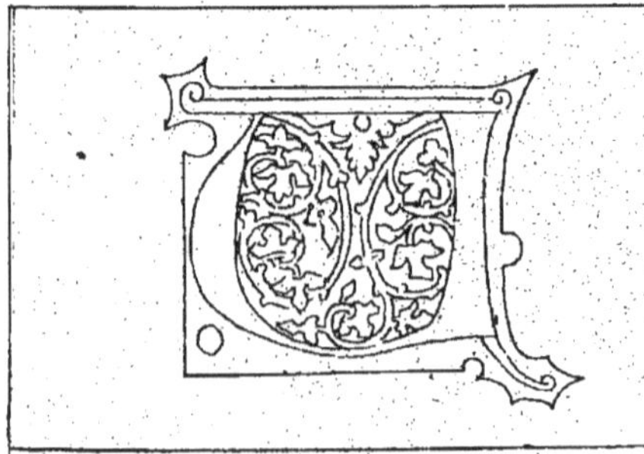

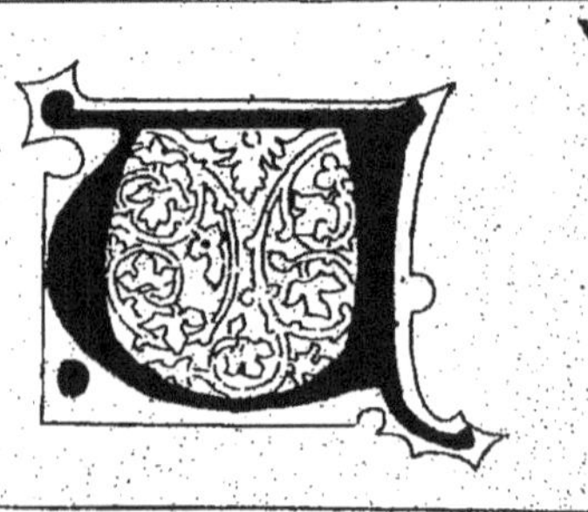

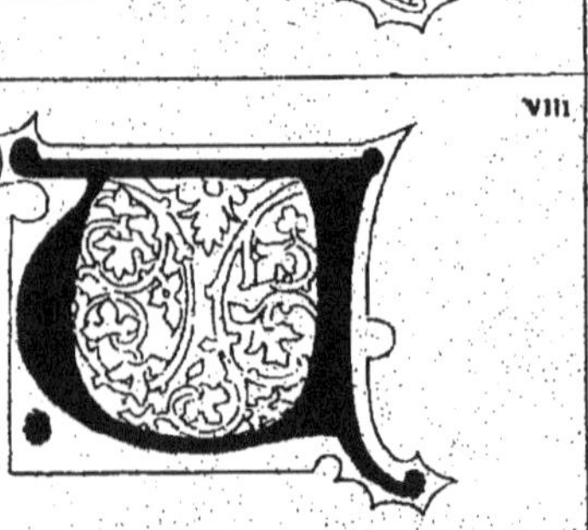

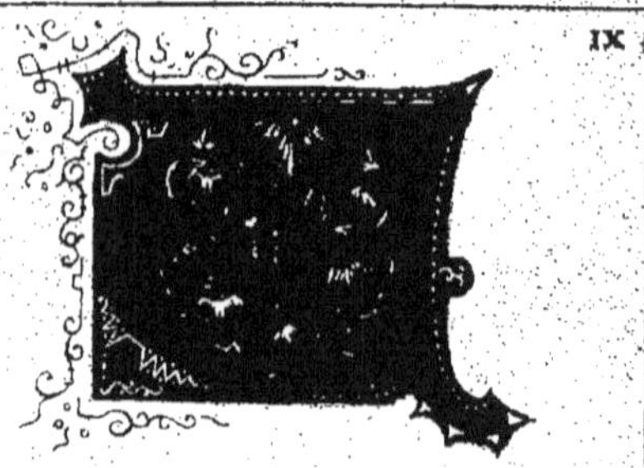

énergique, et on adoucissait tout le travail avec un mélange de vermillon, de carmin, de blanc et parfois d'un
peu d'ocre.

Les prunelles s'indiquaient avec un mélange d'outremer et de blanc, avec un peu de bistre ou de noir; le cris-
tallin s'indiquait avec de l'indigo, du bistre ou du noir, et
parfois on le cernait d'un petit accent de vermillon pur
pour donner de la vivacité au regard; ce dernier accent,
toutefois, devait souvent être atténué en partie par des
travaux ultérieurs.

XII. — Les ors.

Pour les ors, plaques, bijoux, auréoles même, les
artistes se contentaient autrefois de peindre avec l'or en
coquille, et sur ces aplats d'or on modelait avec la pierre
de fiel. Pour l'argent, on procédait de même, mais on
ombrait avec de l'indigo.

L'or en coquille se fabriquait ainsi :

On jetait des feuilles d'or sur des plaques de marbre.

On broyait le métal avec du miel jusqu'à ce qu'il fût
très doux sous la molette, puis on mettait le tout dans un
vase plein d'eau claire, et on remuait. On devait renouveler l'eau jusqu'à ce qu'elle ne fût plus trouble.

Alors le résidu d'or retiré, on y ajoutait de l'acide nitri-
que étendu d'eau. On laissait l'or deux jours dans cette
solution, puis on le retirait à nouveau, en le déposant
enfin dans la coquille.

L'or en coquille s'appliquait à l'aide de l'eau gommée,

ou mieux, pour le rendre plus brillant, avec de l'eau de savon.

Préalablement, on devait avoir passé un lavis de pierre de fiel sur tous les endroits que l'on voulait dorer ; cette sorte d'assiette rehaussait vivement l'éclat de l'or.

Sans doute, toutes ces précautions et tous ces détails sembleront bien inutiles aujourd'hui. Il est si facile de se procurer dans le commerce des coquilles à bon marché ou des petits flacons qui évitent tous ces ennuis de préparation. Cela est vrai ; mais que l'on compare l'éclat et la solidité de ces ors à bon marché avec ceux des miniatures des siècles passés, et on verra que tout l'avantage restera aux œuvres exécutées par les procédés méticuleux chers aux miniaturistes d'autrefois.

XIII. — Les fonds.

Les fonds employés pour les portraits étaient ordinairement de quatre nuances principales : brun, brun jaunâtre, gris ou vert.

Les fonds bruns étaient composés d'un mélange de bistre et de terre d'ombre ou de terre de Cologne, additionné d'un peu de noir et de blanc.

Les fonds brun jaunâtre étaient composés du même mélange, auquel on ajoutait beaucoup d'ocre.

Les fonds gris étaient composés d'un mélange d'indigo, de noir et de blanc.

Les fonds verts étaient composés d'un mélange de stil de grain, de noir et de blanc.

Ce dernier fond était le plus facile à traiter et avait de plus l'avantage de faire bien valoir le rose des carnations. On l'étendait d'abord en couche légère aussi rapidement que possible, puis en couche plus intense; et il était rarement besoin de revenir à sa surface à l'aide de pointillés pour en régulariser l'aspect, ce qui était très souvent nécessaire pour les autres fonds.

Pour traiter les ciels, on employait un mélange d'outremer et de blanc, l'horizon s'indiquant par un mélange de blanc, de vermillon et de mine de plomb.

Les nuages rougeâtres se couchaient d'abord, c'est-à-dire s'étendaient par teintes plates aussi unies qu'on pouvait les passer, puis régularisées par des pointillés de vermillon, de pierre de fiel et de blanc. — Pour les nuages gris, on ajoutait du massicot et de l'indigo. — Pour les nuages très foncés, on ajoutait encore du noir.

XIV. — Les draperies.

Les draperies bleues, s'exécutant avec un mélange d'outremer et de blanc, étaient modelées, pour les parties dans l'ombre, avec de l'outremer aussi gommé que possible, pour le rendre foncé, et même avec un peu d'indigo, pour donner les effets de vigueur.

Les draperies d'un rouge rose recevaient d'abord une couche de vermillon, puis une couche de carmin. On les modelait à l'aide de la même teinte, plus foncée et très gommée, et parfois additionnée légèrement de bistre. Les lumières étaient toujours gouachées, c'est-à-dire obtenues par des touches de vermillon et de carmin mélangées de blanc.

Les draperies rose pâle, les draperies violettes, les draperies de diverses nuances se traitaient de même. Toutefois, dans certains cas, dans certaines draperies jaunes que l'on couvrait d'abord d'un ton local de massicot, on recouvrait ces tons d'une couche de gomme-gutte, mais en réservant les lumières que donnait la première couche uniforme de massicot. Le modelé était obtenu avec les mêmes couleurs employées à l'état de teintes plus foncées, et les vigueurs étaient données à l'aide de pierre de fiel et de bistre.

On trouve aussi dans les anciennes miniatures des exemples de draperies à tons changeants, c'est-à-dire dont les ombres étaient d'une couleur, tandis que toutes les parties éclairées étaient de coloration différente.

Lorsqu'ils avaient à traiter une draperie violette à reflets bleus et jaunes, par exemple, on procédait ainsi : on étendait une couche fort pâle d'outremer et de blanc sur les parties claires, puis on indiquait les ombres avec un mélange d'outremer, de carmin et de blanc. Les grandes parties éclairées restaient donc seules de couleur bleue ; quant aux parties jaunes, elles étaient recouvertes d'une teinte formée de massicot et de blanc, et on se servait d'un même ton violet pour indiquer les vigueurs.

Les auteurs des anciens traités de miniature avaient bien soin encore de rappeler que les linges blancs se modelaient d'un mélange de noir et de blanc additionné d'outremer et parfois de bistre, que la mousseline transparente s'interprétait à l'aide d'un glacis blanc posé sur un ton servant de fond ; que pour les étoffes de crêpe, il fallait avoir soin de marquer les plis, les ombres, les jours et les bords à l'aide de petits filets noirs. Pour *tabiser* une étoffe, c'est-à-dire pour lui donner l'aspect du tabis, de cette étoffe de soie ancienne, unie et ondée, qui, passée à la calandre sous un cylindre, recevait l'impression des inégalités onduleuses gravées sur ce cylindre même, on devait tracer, avec un pinceau bien délié, de petites ondes se détachant en clair sur les parties lumineuses et sur les ombres de l'étoffe.

Enfin il n'est pas inutile de remarquer que, suivant la nature de l'étoffe, soie ou laine, le modelé devait varier : les étoffes de soie brillantes et miroitantes s'accusaient par teintes plates, tandis que les étoffes de laine, mates et moelleuses, exigeaient des ombres pointillées ou hachées pour interpréter le grain du tissu.

Les dentelles s'exécutaient avec un ton local de bleu, de noir et de blanc ; les fleurons, les motifs d'ornementation, les festons, les dentelures se rehaussaient de blanc pur ; puis on modelait ces fleurons et l'ensemble à l'aide du ton local renforcé, et les points des dentelles se posaient après coup et s'exécutaient avec du blanc pur pour les parties en pleine lumière, et avec du blanc légèrement teinté pour les parties dans l'ombre.

Les fourrures, ébauchées de bistre et de blanc, devaient être touchées, non pas par pointillés, mais par petites hachures courbes tournées en tous sens. Les lumières des fourrures brunes se touchaient de même, mais avec un mélange d'ocre jaune et de blanc, tandis que les lumières des fourrures grises s'indiquaient à l'aide d'un mélange de blanc et de bleu.

On voit par ces détails quels sont les principes généraux des colorations diverses. Dans la pratique, on sera amené de soi-même à modifier et à augmenter le nombre des mélanges que nous ne pouvons qu'indiquer sommairement. Mais il faudra toujours, dans la miniature, ne pas se laisser entraîner à exagérer le fini, car la sécheresse résulte infailliblement de l'emploi exagéré du pointillé et des hachures, et même dans des œuvres de dimensions microscopiques, on peut interpréter le modelé avec une certaine liberté de touche.

V

MINIATURE EN MANUSCRITS

OUTILLAGE ET PROCÉDÉS D'EXÉCUTION.

I. — Écriture et enluminure des manuscrits.

La miniature en manuscrits rentre tout naturellement dans la peinture à la gouache.

Le nombre des miniaturistes en manuscrits est aujourd'hui plus que fort restreint : on trouve à peine deux ou trois amateurs qui, patients et soigneux, ont encore le courage de faire, comme autrefois, de précieux volumes qui leur demandent plusieurs années de travail.

C'est encore là, cependant, un passe-temps fort agréable. Celui qui est doué d'une certaine habileté de main peut produire de fort jolies choses. De plus, celui auquel ses études ont rendu les styles d'ornementation assez familiers peut composer, dans un style donné, des lettres ou des bordures puisées aux sources authentiques.

D'un autre côté, certaines publications exigeant la reproduction fac-similé des miniatures de manuscrits célèbres, on a encore recours à des enlumineurs contempo-

rains pour exécuter les modèles destinés à être chromoli-
thographiés.

Pour une publication célèbre, éditée il y a plusieurs
années, et comme on ne pouvait transporter le manuscrit
original à l'imprimerie, on dut faire photographier les miniatures, et ces photographies furent remises à des artistes
qui enluminèrent ces épreuves et les transformèrent en
véritables fac-similés. Ce fut d'après ces fac-similés que
les chromolithographes préparèrent et exécutèrent leurs
pierres.

A côté de ces reproductions, on peut encore placer,
sinon parmi les volumes exécutés, au moins parmi les volumes projetés, le superbe manuscrit que devait faire enluminer le célèbre illustrateur des *Récits mérovingiens.*

On sait avec quelle perfection les dessins de M. Jules
Laurens, qui ont figuré à diverses expositions, avaient été
exécutés. L'artiste désirait conserver ces originaux avec un
texte de l'ouvrage d'Augustin Thierry, mais de façon à
faire de cet exemplaire unique un véritable chef-d'œuvre.

L'artiste avait donc pensé à faire exécuter sur parchemin un véritable manuscrit grand in-folio, avec lettres
ornées de très grandes dimensions empruntées aux manuscrits de la bibliothèque de l'Arsenal.

Pour diverses raisons, le projet ne se réalisa pas. Mais
cet exemple, cité au hasard, n'ouvre-t-il pas des horizons
nouveaux à ceux qui voudraient se passionner pour la miniature des manuscrits?

Nous avons vu plus haut qu'au point de vue de l'imprimerie, il faut encore faire des modèles de miniature pour
en obtenir la reproduction ; nous voyons que l'on peut

aussi faire dans ce genre des œuvres originales, et que l'on peut ainsi produire des exemplaires uniques que les bibliophiles rechercheront à cause de leur rareté, et que les artistes apprécieront s'ils sont exécutés avec soin.

L'exécution d'un manuscrit, aujourd'hui comme autrefois, comprend deux opérations bien distinctes : l'écriture et l'enluminage.

De la première opération, nous ne parlerons que fort brièvement, renvoyant aux nombreuses publications spéciales ceux qui voudraient de plus amples détails. L'écriture, comme le style des ornements des manuscrits, a varié suivant chaque époque.

Autrefois, le scribe écrivait seulement le texte, et son travail achevé, il le remettait à l'enlumineur, qui, aux places réservées à cet effet, peignait à la gouache des ornements et des lettres ornées, parfois d'une richesse et d'une ingéniosité de composition remarquable.

L'écriture gothique, exécutée par le *scriptor*, se traçait à l'aide de roseaux taillés. De nos jours, des plumes d'oie coupées carrément permettent de remplacer ces roseaux. Mais la plus grande difficulté pour celui qui voudra écrire des pages entières est non seulement de tracer des lettres dans le style de l'époque choisie, mais surtout de tracer ces lettres avec une régularité absolue.

Il y a des manuscrits anciens de plusieurs centaines de pages dans lesquelles on ne remarque pas la plus petite différence d'une extrémité à l'autre de l'ouvrage. Ce n'est qu'avec de la pratique qu'on peut parvenir à se rapprocher de la magnifique régularité de ces manuscrits.

Quant aux grandes lettres ornées, aux riches bordures, aux sujets mêmes, aux figures qui forment la véritable décoration du manuscrit, et qui étaient confiés autrefois à celui que l'on appelait *illuminator* ou *paginator*, nous allons ne traiter ici que de l'exécution de ces miniatures, et non du choix et du style des sujets à traiter.

Chaque époque a laissé des spécimens caractéristiques de son ornementation; un choix parmi ces époques ayant été fait, on procède à l'exécution des miniatures de la manière suivante :

II. — Parchemin et papier du Japon.

On exécute aujourd'hui les manuscrits sur parchemin ou sur japon. Le parchemin étant fort cher, on préfère généralement le papier du Japon, qui, de force moyenne, est d'un joli ton nacré et d'épaisseur suffisante pour ne pas se déformer pendant le travail. Seulement ce papier doit être manié avec la plus grande précaution, et il ne faut jamais se servir de gomme élastique pour enlever des tracés au crayon devenus inutiles. De plus, la moindre tache est ineffaçable; aussi les marges de la page doivent-elles être protégées avec soin pendant toute la durée du travail. Le meilleur moyen pour arriver à ce résultat consiste à découper rectangulairement un vide dans une feuille de carton bristol (fig. 136), cet espace ne laissant apercevoir que le

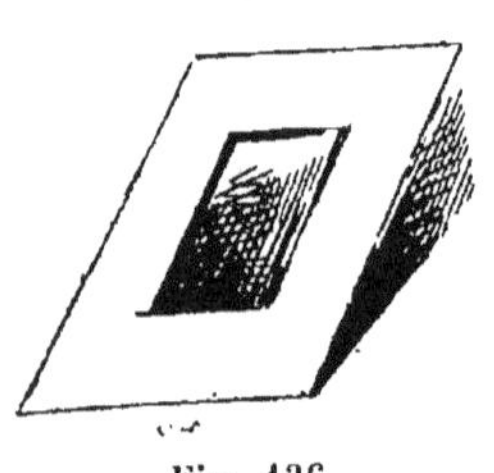

Fig. 136.

cadre exact de la page, cette partie où l'on travaille restant seule à découvert pendant que le reste de la page est encore protégé par une feuille volante servant de garde-main (fig. 137).

Que l'on enlumine sur japon ou sur parchemin, on ne doit jamais coller, tendre la feuille sur laquelle on travaille, et, pour la régularité des tracés, il est bon de faire couper à l'avance toutes les feuilles de même dimension et de façon à ce qu'elles soient d'une forme rectangulaire absolument régulière.

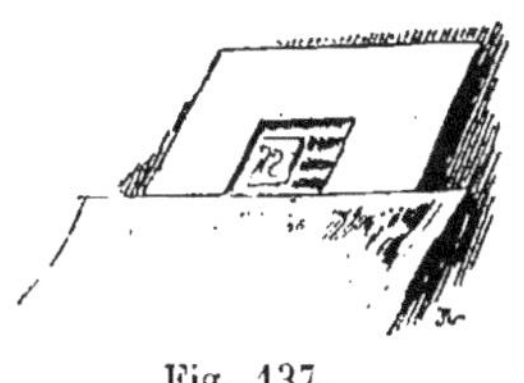

Fig. 137.

De plus, on doit toujours travailler sur des feuilles doubles (fig. 138), c'est-à-dire dont le recto et le verso forment quatre pages; autrement, le manuscrit achevé, au lieu d'une simple couture par cahier, il faudrait monter sur onglet chaque feuillet, ce qui est plus coûteux d'abord, et ensuite ce qui rentre moins dans le caractère des anciens manuscrits, dont les différents cahiers étaient cousus comme le sont aujourd'hui nos volumes.

Fig. 138.

III. — Esquisse.

La composition de chaque motif d'ornementation doit être cherchée à part, et le motif trouvé, il faut le décalquer. Si ce motif est une bordure, cette bordure, on le comprend aisément, doit être décalquée avant que d'écrire la page (fig. 139), puisque cette bordure détermine par sa largeur la dimension de la page. Il en est de même des

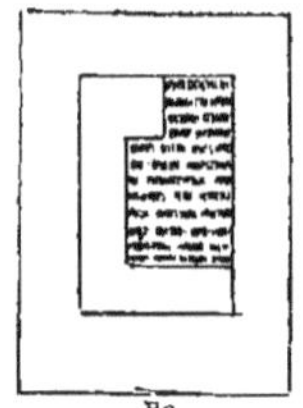

Fig. 139.

lettres ornées (fig. 140), dont l'emplacement doit être réservé avec soin, car, en général, sans exception aucune, il vaut mieux ne procéder à l'enluminure que sur une page écrite.

On décalque les motifs de plusieurs façons : l'un des procédés les plus simples consiste à calquer le motif choisi et agencé, à l'aide d'un crayon extrêmement fin sur une feuille de papier végétal peu épais et d'une transparence parfaite. On appuie assez fortement en traçant les contours. Le trait terminé, on retourne la feuille de papier à calquer et on gratte avec le canif un peu de poudre de mine de blomb; on en prend une très petite quantité et on frotte avec le doigt toutes les parties de ce calque où s'étend le motif dessiné. On doit frotter

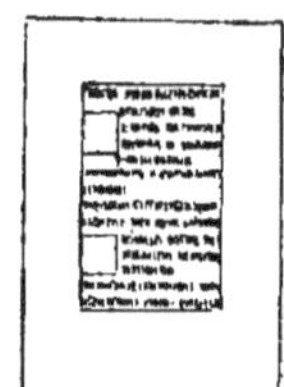

Fig. 140.

assez longtemps pour que l'envers du côté où l'on a dessiné soit d'un ton gris assez pâle, qu'il n'y ait aucun danger à appuyer ce calque sur une feuille blanche, et qu'il ne laisse même sous la plus légère pression aucune trace de mine de plomb.

On applique alors la feuille de papier à calquer à l'endroit précis où on veut décalquer le dessin, et on repasse au crayon soigneusement chaque trait à l'aide du crayon ou d'une pointe d'ivoire. La pointe d'ivoire offre l'avantage de ne pas s'émousser pendant la durée du travail, mais elle offre l'inconvénient de n'accuser les traits passés que par une dépression trop peu sensible, et rend toujours hésitant entre les parties déjà décalquées et celles qui restent à décalquer. Elle ne permet de se tenir au courant de l'avancement du travail qu'en soulevant le calque, ce qui peut occasionner des accidents, s'il n'est pas replacé chaque fois fort exactement.

Le calque terminé, il ne reste plus, la feuille de papier enlevée, qu'à repasser avec soin, à l'aide d'une plume très fine chargée d'encre de Chine assez pâle, tous les traits indiqués par des traits gris. On épure les contours, on précise bien les masses d'un trait fin et aussi égal que possible, et le dessin ainsi solidement fixé, on se dispose à commencer l'enluminure.

IV. — Applications des ors.

La première opération et la plus délicate consiste à appliquer l'or. Pour les grandes surfaces, l'or doit être appliqué avant toutes les autres couleurs. Pour les très petites touches, pour les très petits points qui seraient impossible à réserver, on applique bien les ors sur les teintes de gouache; mais ces ors ne peuvent être brunis, tandis qu'au contraire, en commençant par l'application de l'or, on n'éprouve aucune difficulté pour le brunissage, ainsi que nous allons le faire voir tout à l'heure.

L'application de l'or, il faut le dire cependant, est la partie la plus difficile de l'enluminure.

Nombre d'amateurs de ce genre de travaux échouent devant la dorure des manuscrits, et cependant les procédés divers ne manquent pas.

Voici, d'après un manuscrit de la bibliothèque de Naples, découvert par M. Lecoy de la Marche, comment on procédait vers la fin du xıv° siècle et au commencement du xv° siècle, et quel était le meilleur moyen pour appliquer l'or sur le parchemin.

On prenait du plâtre bien cuit et bien préparé, et on le mêlait avec un quart de bol d'Arménie, qui n'était autre chose que de la poudre de sanguine. On broyait le tout sur la pierre de porphyre avec un peu d'eau claire. On prenait ensuite une partie de ce mélange et on y ajoutait un peu de colle de parchemin additionnée de miel. On étendait cette sorte de mixtion, à l'aide du pinceau, sur toutes les parties à dorer, parties que l'on avait eu soin de frotter préalablement avec un morceau de colle de poisson que l'on humectait avec les lèvres. On passait ainsi plusieurs couches les unes sur les autres si cela était nécessaire, puis on égalisait la surface au moyen de la lame d'un couteau ; on la polissait à l'aide d'une patte-de-lièvre, et on l'imprégnait d'un peu de blanc d'œuf à l'état de mousse.

Ceci préparé, on découpait avec le couteau le nombre de feuilles d'or qui était nécessaire, et on appliquait ces morceaux sur les parties ainsi préparées. L'or adhérait et séchait en peu de temps ; il ne restait plus dès lors qu'à le polir, qu'à le brunir à l'aide de la dent-de-loup. L'auteur, cité par M. Lecoy de la Marche, termine enfin la description de son procédé en disant : le même procédé s'emploie pour l'argent. Bien que les détails d'exécution contenu dans cet extrait d'un curieux manuscrit soient pour la plupart assez exacts, il y a cependant beaucoup à dire au point de vue de l'exécution et des moyens donnés par cet enlumineur.

Ainsi d'abord, il n'est pas rigoureusement vrai que le procédé soit le même pour l'argent que pour l'or, parce que l'assiette indiquée pour dorer l'or est d'un ton rouge, et que si l'on se servait d'un dessous de cette couleur pour l'argent, la couleur rouge, transparaissant à travers le métal, lui donnerait une teinte rousse d'un aspect fort désagréable. Lors donc que l'on veut appliquer de l'argent, il faut ne composer l'assiette que de céruse et non de sanguine.

La difficulté de dorer la miniature est telle que nombre d'amateurs, se livrant au travail d'enluminure, se contentent même de découper dans des petites feuilles d'or des petits morceaux qu'ils fixent tant bien que mal sur les parties à dorer à l'aide d'un peu de gomme arabique, cherchant ensuite à raccorder le mieux possible au pinceau ces appliques toujours fort mauvaises. A ce procédé, qui ne vaut absolument rien, d'autres personnes préfèrent le suivant : étendre sur les parties à dorer une couche d'or au pinceau, or que l'on prend dans des coquilles et que l'on trouve dans le commerce à des prix variables, mais or qui n'est toujours que du bronze plus ou moins finement broyé. Ce procédé vaut certes mieux que les découpures; il permet d'obtenir une plus grande netteté de contours, mais il ne donne pas l'aspect des ors des anciens manuscrits.

Les ors des nombreux anciens manuscrits qui sont parvenus jusqu'à nous sont, en effet, d'un relief et d'un éclat extraordinaires aujourd'hui encore. Si l'on veut obtenir des ors aussi beaux et aussi éclatants, il faut suivre le procédé suivant, procédé auquel nous donnerons le nom de « procédé Alfred Olivier », du nom d'un amateur rouennais, qui, en exécutant de fort beaux manuscrits, a été amené à étudier les procédés des anciens et a trouvé le mode d'exécution suivant.

On commence par dissoudre un blanc d'œuf dans un demi-verre d'eau, on agite, puis on laisse reposer pendant deux jours. On décante alors la liqueur jaunâtre et on la met à part. C'est cette liqueur qui va servir pendant presque tout le temps du travail, qui comprend plusieurs opérations.

La première opération consiste à étendre la pâte destinée à donner du relief aux ors. La composition de cette pâte est encore fort problématique. Le mélange de gélatine et de craie que les doreurs emploient pour les bordures de cadres, par exemple, résiste bien, parce qu'elle est étendue sur un fond solide, mais cette même pâte casse trop facilement sur le vélin ; au moindre pli de la feuille de vélin, la pâte se brise et s'écaille. Il a donc fallu chercher un mélange présentant l'avantage de mieux résister aux cassures. Le premier de ces mélanges n'est autre que le vulgaire mastic des raccommodeurs de faïence, formé de chaux vive qu'on a laissée s'effriter à l'air et que l'on additionne d'albumine ; le second est un mélange de sanguine et de vermillon que l'on applique à chaud avec de l'albumine qui doit être chauffée avec grande précaution et au bain-marie, de façon à ne pas être coagulée.

Cette pâte à gaufrer les ors doit être étendue assez épaisse, sans excès toutefois, et elle doit produire sur le papier l'aspect d'un renflement allant en augmentant au centre de la partie à dorer et s'amincissant sur les bords.

C'est sur cette pâte à gaufrer que l'on étend l'assiette à dorer.

L'assiette à dorer se compose de sanguine réduite en poudre extrêmement fine et additionnée de la liqueur jaunâtre dont nous avons parlé plus haut.

L'assiette à dorer est d'une application difficile; elle glisse, s'applique inégalement, s'enlève même sous un coup de pinceau donné mal à propos. La grande difficulté consiste à appliquer, aussi également que possible, une couche bien uniforme, sans excès ni maigreur. Si, après séchage, quelques petits points apparaissent non recouverts d'assiette, il faut les reboucher, mais avec une grande précaution, à l'aide d'un pinceau très fin, et en veillant avec soin à ne pas enlever les parties environnantes. Cette application de l'assiette comme celle de l'or demandent toutes deux à ce que l'on évite la poussière de l'atmosphère le plus possible. Le moindre grain de poussière peut compromettre parfois le travail au point d'obliger à le recommencer entièrement.

L'or peut être appliqué après séchage de la couche d'assiette, soit en feuille, soit en poudre.

On sait sous quelle forme l'or en feuille est livré dans le commerce. Dans un petit cahier de feuilles de papier rougeâtre séparées, isolées avec soin les unes des autres, les feuilles d'or sont classées. Sous le moindre souffle, la feuille d'or se soulève et se plisse; en hâlant, au contraire, sur la feuille on l'étend; elle s'applique, se colle, adhère énergiquement sur une surface unie. Les ouvriers doreurs ont une extrême habileté pour enlever au couteau cette feuille frissonnante au moindre souffle, pour la manier, la retourner toujours à la pointe du couteau. Pour celui qui n'en a pas l'habitude, ce maniement est assez difficile, et ce n'est qu'après plusieurs essais infructueux qu'on arrive à en-

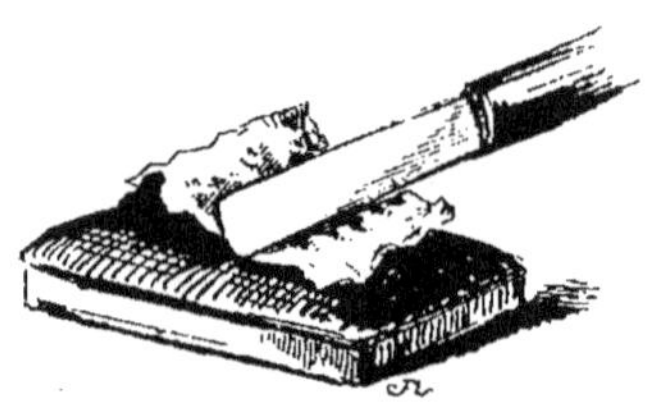

Fig. 141.

lever une feuille et à l'étendre sur le petit coussin d'étoffe dont se servent les doreurs. C'est sur ce coussin que l'on coupe la feuille en petits morceaux (fig. 141) à l'aide d'un couteau spécial sans tranchant, qui, appuyé assez fortement sur la feuille, doit la séparer avec netteté.

On prépare autant de morceaux qu'il est nécessaire pour recouvrir la surface à dorer, sans se préocuper des contours à suivre; en disposant, par exemple, un morceau carré pour dorer une partie de forme circulaire (fig. 142); mais en combinant cependant ce décou-page de telle sorte que les morceaux soient le moins nombreux possibles, les coutures, les superpositions d'une feuille

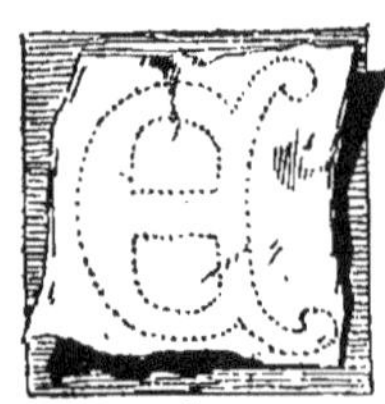

Fig. 142.

d'or sur une autre laissant toujours des traces, parfois d'un effet désagréable. Disons toutefois qu'en général la partie à dorer dans une miniature étant toujours de peu d'étendue, sauf pour certaines parties, les coutures sont faciles à éviter; mais il faut toujours avoir présent à l'esprit les inconvénients qu'elles peuvent produire pour ne pas se laisser entraîner à utiliser trop de petits morceaux d'une matière fort chère; car ce que l'économie conseillerait de faire doit, cette fois, être proscrit par la raison.

On enlève alors chaque morceau à l'aide d'un pinceau

plat spécial formé de très longs poils fins. Ce pinceau
(fig. 143), auquel les doreurs donnent le nom de palette, doit
toujours être conservé dans un état de pro-
preté absolu, et il happe la feuille d'or avec
vivacité. On transporte ainsi cette feuille
sur la partie à dorer et on la pose. Comme
elle adhère plus vivement sur la surface

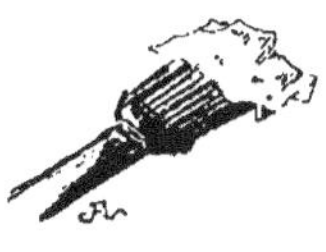

Fig. 143.

recouverte d'assiette et d'une couche de la solution indiquée que sur le pinceau, elle se détache d'elle-même de ce
pinceau. On la tamponne légèrement avec un blaireau
très doux, et on la fait ainsi adhérer dans toute
son étendue. Moins elle fait de plis, meilleur
sera le résultat. C'est alors qu'avec le brunissoir (fig. 144), on frotte doucement d'abord,
puis plus énergiquement, et l'or, qui était d'un
ton mat, devient brillant et d'un bel éclat.

Cependant l'application de l'or en poudre est
plus facile que l'application de l'or en feuilles, et
donne des ors tout aussi brillants; mais on ne
doit se servir pour cela que d'or très pur. L'or
désigné dans le commerce sous le nom d'*or de
Sèvres* ou d'*or à mille millièmes* est le seul que
l'on puisse employer. Réduit en poudre impalpable, on le
délaye dans un godet avec un peu de la solution obtenue
ainsi que nous l'avons dit plus haut.

Fig. 144.

Puis, lorsqu'il est passé à l'état de teinte assez épaisse,
sans excès pourtant, mais cependant de façon à ne pas épais-
sir par trop le pinceau, on en passe une couche bien régulière sur toute la surface déjà recouverte d'assiette à dorer.
On laisse sécher, et, s'armant alors de la dent-de-loup ou du

brunissoir, sorte de crochet d'agathe emmanché à une hampe à l'aide d'une virole de métal, on frotte vivement toute la surface dorée. Pour éviter les déchirures, pour ne pas froisser le métal brusquement, on peut interposer entre

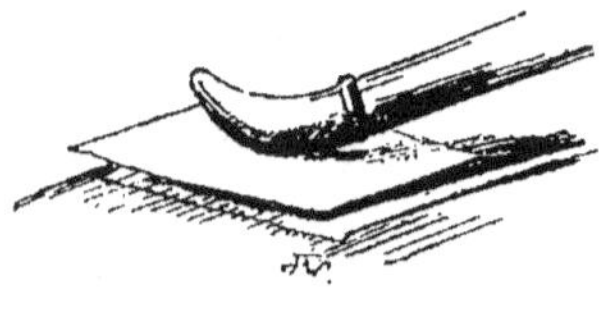
Fig. 145.

la surface dorée et le brunissoir une feuille de papier bien satinée (fig. 145) ; puis, cette précaution prise pour les premiers frottements, on enlève cet intermédiaire et on frotte vigoureusement sur toute la partie dorée. Sous l'influence de ce frottement, le métal prend un beau ton bruni, mais si le moindre grain de poussière s'est interposé sous la couche d'or au pinceau, l'or déchire sous le brunissoir. Parfois on peut dissimuler les accidents de ce genre, surtout s'ils se produisent sur une petite étendue, mais en général ils sont difficiles à réparer, et en principe toute dorure qui n'est pas réussie complètement doit être enlevée et recommencée à nouveau sur toute la surface. C'est un parti héroïque à prendre, nous le savons, c'est un long travail à recommencer, de minutieuses opérations à refaire, mais cela est indispensable si on veut obtenir un résultat à la fois d'un bon aspect et d'une grande durée.

Une bonne précaution à prendre avant d'étendre les ors sur certains parchemins un peu gras consiste à barbouiller de blanc d'œuf en neige la partie sur laquelle on veut travailler. On laisse sécher, on frotte avec un chiffon de papier, et alors seulement on commence les diverses opérations décrites plus haut. Lorsqu'on enlumine sur du papier du Japon, il n'y a d'autre précaution à prendre que de ne pas froisser inutilement le papier, qui, sous la moindre égratignure, perd son poli nacré et devient rugueux et filandreux.

Les ors posés, c'est alors seulement que l'on enlumine à l'aide des différentes couleurs.

V. — Les couleurs.

Presque toutes les couleurs se broyaient autrefois sur la pierre de porphyre avec de l'eau ordinaire, sauf le vert de bronze cependant, qu'on délayait avec du vinaigre, et l'azur d'Allemagne, que l'on broyait dans de l'eau gommée.

L'outremer se détrempait dans une solution d'eau albuminée mélangée d'eau sucrée ou miellée, et le cinabre était parfois additionné d'un quart de minium.

Le cinabre et le minium s'employaient le plus souvent purs, parfois additionnés d'un peu de céruse ; les tons violets s'obtenaient par des mélanges de bleu, de rouge et de blanc en quantités variables, suivant que l'on voulait en augmenter ou en diminuer l'intensité.

Les enlumineurs d'autrefois ne se contentaient pas du ton pourtant déjà brillant obtenu par ces couleurs gommées : leur travail achevé, ils voulaient donner à leurs enluminures un brillant, un satiné qui rappelle l'effet produit par le vernis sur des tableaux à l'huile. On prenait alors deux parties égales de gomme arabique et de blanc d'œuf bien battu ; on mélangeait dans un vase de terre et on laissait sécher. Puis quand on voulait lustrer les couleurs, on prenait un peu de ce mélange, on l'additionnait d'une petite quantité d'eau pure et on y ajoutait une goutte de miel. On passait à l'aide du pinceau une couche de cet enduit qui équivalait à un vernis, mais au préalable il fallait l'essayer ; si en séchant il produisait des crevasses, c'est qu'il n'était pas suffisamment additionné de miel ; si au contraire il adhérait aux doigts et ne séchait pas, c'est qu'il en contenait trop.

Bien qu'emprunté à un ancien manuscrit cité par M. Lecoy de la Marche, ce procédé de vernis nous paraît des plus dangereux à employer.

On sait, en effet, combien les touches de gouache filent avec facilité, c'est-à-dire se fondent irrégulièrement lorsqu'on les détrempe quelque peu que ce soit. Il fallait donc que ce vernis soit passé assez rapidement pour que les couleurs n'aient pas le temps de s'humidifier ; mais, d'un autre côté, il y a parfois des petites retouches d'une telle épaisseur que le plus léger frottement de pinceau peut les faire filer et rendre leurs contours baveux. Il vaut donc mieux, selon nous, se contenter du brillant naturel des couleurs gommées et ne pas risquer, pour avoir un peu plus d'éclat, de gâter et de perdre un travail qui parfois a demandé beaucoup de temps.

Les procédés d'enluminure ne comportent qu'un très petit nombre de couleurs, beaucoup de blanc, un ou deux rouges : vermillon et carmin ; deux bleus : outremer et bleu de Prusse ; un jaune ; une terre de Sienne ; une sépia et de l'encre de Chine. Avec ce modeste assortiment, on peut obtenir des entourages d'une étincelante richesse de coloration, surtout si on sait y ajouter à propos des touches d'or.

VI. — Procédés de modelé.

Si l'on traite des miniatures à sujets, l'exécution rentre absolument dans le genre des procédés décrits dans la miniature de portraits, avec cette différence toutefois que la miniature de manuscrits doit s'exécuter avec un senti-ment de naïveté qui se traduit par une plus grande sim-plicité de travail. Des teintes à plat pour les parties dans l'ombre, avec des hachures pour accentuer les vigueurs, tel doit être le seul procédé de modelé admis dans les mi-niatures à sujets. L'exécution de ces sujets devant pour-tant toujours se rapprocher autant que possible du style des miniatures des différentes époques. Il est évidemment inutile d'insister sur ce point qu'une miniature du xi⁰ siècle doit être touchée avec moins de finesse qu'une miniature du xiv⁰ siècle. Mais, à toutes les époques, il y a une simplicité, une franchise d'exécution dont il faut chercher à se rapprocher.

De même qu'il ne faut pas exagérer le fini méticuleux dans ces miniatures modernes que l'outillage actuel per-mettrait de mener très loin, de même aussi il ne faut pas exagérer la barbarie de certaines époques. On croit volon-tier rentrer dans la couleur locale en affectant même la négligence du dessin ; il n'en est rien. Que l'on étudie consciencieusement les miniatures des différentes styles et on verra, surtout si l'on regarde les miniatures des bonnes époques, que ces compositions si naïves ne sont pas dépourvues de science, et que la barbarie d'aspect, que l'intensité des colorations est souvent très voulue, très cherchée et beaucoup plus savante même qu'on ne le croit généralement.

Pour l'ornementation, les mêmes principes sont applicables.

Si, par exemple, on veut modeler un rinceau ou une fleur, il faut d'abord poser le ton local, puis ce ton une fois sec, poser la demi-teinte, et enfin achever le modelé à l'aide de hachures d'un ton plus vigoureux.

Les points lumineux, les effets de lumière et les piqués, — c'est-à-dire les petits points d'une tonalité énergique qui, posés avec discrétion, donnent de la vigueur à l'ensemble, — se placent en dernier.

VII. — Rehauts blancs et or.

Indépendamment de ces lumières, il est aussi certain travaux de la dernière heure dont nous devons dire encore quelques mots.

Nous voulons parler des filets blancs et des points d'or dont l'effet dans une miniature est tel, que parfois ces petites touches suffisent à changer complètement la coloration d'un motif d'ornementation.

Les petits filets blancs, les points, les zigzags doivent être tracés d'un pinceau très délié.

Ces petits détails demandent à être tracés du premier coup, sans reprises ni hésitations.

Leur effet est celui-ci : d'abord faire disparaître, rompre une surface d'une tonalité unie, trop étendue; ensuite modifier et atténuer le ton de cette même surface, au point qu'un rouge intense paraît diminuer d'un tiers environ. De plus, ces petits filets servent à accentuer les contours de divers motifs.

Dans les initiales enluminées, par exemple, ces petits filets peuvent d'abord suivre les contours de la lettre, puis d'autres filets en zigzags entremêlés de points peuvent servir à remplir le centre de la lettre. Il y a différentes combinaisons de traits rectilignes et curvilignes dont on trouvera de nombreux exemples dans les anciennes miniatures et qui, devenus familiers, seront d'un grand secours dans la pratique. Seulement, répétons-le, mieux vaut s'abstenir de ces filets, si on ne possède pas la sûreté de main nécessaire pour les enlever du premier coup. Si, tracés d'une main légère, ils contribuent à donner le fini à une miniature, lourdement peints ils peuvent rendre cette même miniature d'une lourdeur et d'un mauvais effet déplorables.

Il en est de même des points d'or, sortes de petits globules qui, dans les miniatures de certaines époques, sont jetés sur des fonds sombres. Ces disques de très petites dimensions, ronds comme des perles, et que l'on cerne parfois d'un très léger trait d'encre de Chine légèrement renforcé du côté de l'ombre, doivent être dorés comme les grandes parties d'or dont nous avons parlé plus haut.

On peut seulement se dispenser de poser de la pâte à gaufrer, à cause de leur petite surface.

A cause de cette petite surface également, il faut toujours dorer ces points à l'aide de l'or en poudre, et il ne faut point les brunir, car en les brunissant on altérerait par le frottement les teintes environnantes.

Ces points d'or, comme les filets blancs, modifient complètement les teintes sur lesquelles on les applique. Mais les points d'or en général réchauffent les tons et en augmentent l'intensité, tandis que les filets blancs, se confondant à distance avec la partie colorée sur laquelle ils sont appliqués, paraissent faire baisser de ton ces mêmes parties colorées.

Voilà donc deux moyens *in extremis* de modifier les effets de coloration d'une enluminure de manuscrit.

Que l'on ne nous en veuille pas de nous être attardé peut-être plus qu'il ne convenait à la miniature des manuscrits. Sans doute, les perfectionnements de l'impression en couleur rendront de jour en jour plus facile la fabrication des ouvrages avec ornements polychromes, et les manuscrits décorés par les anciens procédés, après un labeur fort long, ne seront jamais que des objets de haute curiosité.

Mais, précisément à cause de cela, cette miniature de manuscrits peut servir de fort agréable passe-temps. Des collectionneurs de goût ont cherché depuis longtemps à placer dans leur bibliothèque des exemplaires plus riches encore que ceux avec différentes suites de gravures livrées par l'éditeur. Les uns ont fait enrichir leurs volumes de dessins originaux couvrant les marges des volumes, les autres y ont intercalé des dessins dus à divers artistes, chacun interprétant avec son goût particulier et suivant ses aptitudes les épisodes les plus saillants de l'ouvrage.

A côté de ces exemplaires illustrés, mais *imprimés,* bien des collectionneurs seraient heureux de placer des volumes entièrement *manuscrits.*

Sans doute, le choix des ouvrages à exécuter ainsi est assez restreint; il faut ne pas commettre d'anachronismes, autant que possible; il ne faudrait pas, par amour de l'enluminure, encadrer de bordures du xvi° siècle un ouvrage du xix° siècle; mais cependant plusieurs pastiches en vieux langage se prêteraient encore assez bien à des motifs de décoration d'un certain archaïsme.

A côté de ces exceptions modernes, il faut placer les vieux contes, les vieux fabliaux si curieux pour l'histoire du langage, des mœurs et des coutumes de nos ancêtres; il faut placer ces vieux psaumes, ces livres d'heures dont les prières naïves et touchantes sont parfois d'une tournure si poétique, et y ajouter les volumes purement religieux qui, eux aussi, réclament presque impérieusement des ornementations dans ce goût.

Les volumes à illustrer de miniatures sont donc encore assez nombreux, et, d'ailleurs, il ne faut pas oublier, avant de commencer l'exécution d'un ouvrage de ce genre, que cette exécution, même avec un travail régulier, demande énormément de temps.

Nous pourrions citer un artiste contemporain qui a passé plusieurs années sur un volume de deux cents pages environ.

Il est vrai que cet amateur avait poussé le luxe et l'amour de son travail jusqu'à enrichir chaque page de bordures absolument différentes de dessin et de coloration, sans compter les lettres ornées, dont certaines pages réunissaient jusqu'à deux ou trois spécimens, parfois d'assez grande dimension.

Nous n'avons d'ailleurs parlé dans ce volume que de l'enluminure ; nous avons laissé de côté l'écriture de toutes ces pages, qui demande à elle seule de longues journées de travail.

Mais il importe peu : dans une œuvre d'art, le temps ne fait rien à l'affaire, l'excellence du résultat justifie le long temps passé et, dans l'enluminure du manuscrit, il n'y a pas de procédés expéditifs, il n'est pas possible de simplifier l'exécution au delà des limites permises. Les procédés sont simples mais rigoureux, et c'est seulement avec du temps et de la patience que l'on pourra obtenir des miniatures rivalisant avec celles des temps passés.

TABLE DES PLANCHES HORS TEXTE

**En regard de chaque planche est placée une légende
explicative détaillée.**

Tableau d'ensemble indiquant la manière dont les principales couleurs à
l'aquarelle peuvent être combinées entre elles, soit à l'état de couleurs pures, soit additionnées de teintes plus ou moins sombres et
montrant qu'à l'aide de *quatorze* couleurs seulement, on peut obtenir
plus de *cent* tons différents.

Exemples de différents procédés d'aquarelle. — Effet comparé des teintes
à plein pinceau et à pinceau presque sec. — Modelés à la sépia avec
teintes colorées superposées. — Enlevages à l'éponge. — Frottis au
pinceau.

Étude comparative d'une fleur traitée par des couleurs transparentes ou
à l'aquarelle et traitée par des couleurs opaques ou à la gouache.

PLANCHE IV. — EN REGARD DE LA PAGE 156.

Exemple de différents genres de lavis. — Lavis pittoresque. — Lavis d'architecture. — Modelés par teintes plates. — Modelés par teintes fondues.

PLANCHE V. — EN REGARD DE LA PAGE 242.

Exemples de miniatures en portraits et de miniatures en manuscrits. — Esquisse d'un portrait et d'un sujet de miniature de manuscrits. — Exemples d'ornements et de lettres ornées, enluminées et rehaussées d'or.

TABLE DU TEXTE

II. — PROCÉDÉS D'EXÉCUTION.

II. — LAVIS.

OUTILLAGE ET PROCÉDÉS D'EXÉCUTION DES DIVERS GENRES DE LAVIS.

III. — GOUACHE.

OUTILLAGE ET PROCÉDÉS D'EXÉCUTION.

IV. — MINIATURE EN PORTRAITS.

OUTILLAGE ET PROCÉDÉS D'EXÉCUTION.

V. — MINIATURE EN MANUSCRITS.

OUTILLAGE ET PROCÉDÉS D'EXÉCUTION.

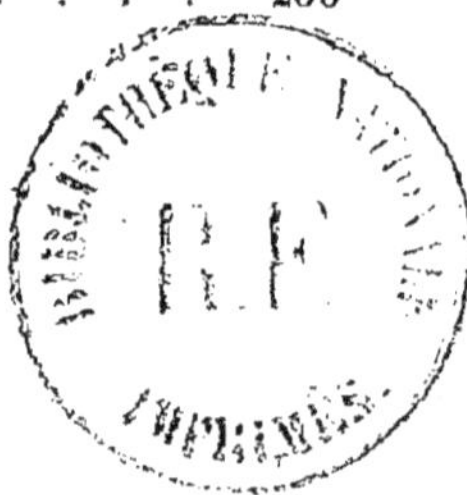

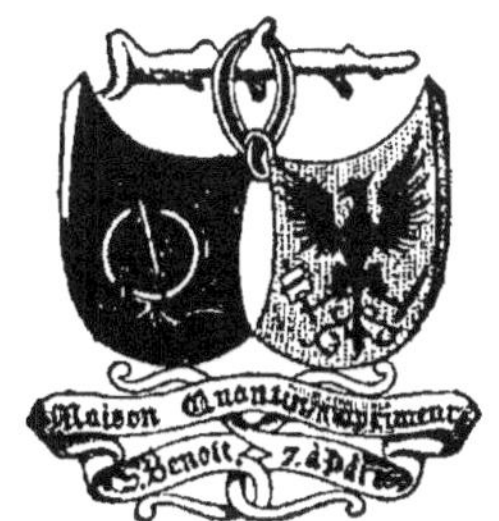
Maison Quantin Warzhmann
C. Benoît   7. à Par.